# Government leadership with Chinese characteristics

# 中国特色的
# 政府领导力

张郁达 ⊙ 著

当今和未来世界的竞争，说到底就是国家**领导力**的竞争。
这种竞争一刻也没有**停息**，而且随着世界形势的发展变化越来越激烈，越来越复杂，越来越**深刻**。
本书主要研究在这个**大变革**、**大调整**和竞争激烈的社会大环境中，
面临国际交流、信息技术和科技创新等诸多挑战，
通过借鉴**西方发达国家**在领导科学发展的有益经验，结合中国特有的国情，
提出建设具有中国**特色的政府领导力**。

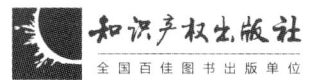

知识产权出版社
全国百佳图书出版单位

图书在版编目（CIP）数据

中国特色的政府领导力/张郁达著. —北京：知识产权出版社，2017.8
ISBN 978-7-5130-5087-6

Ⅰ.①中… Ⅱ.①张… Ⅲ.①国家行政机关—行政管理—研究—中国 Ⅳ.①D630.1

中国版本图书馆 CIP 数据核字（2017）第 210465 号

内容提要

当今和未来世界的竞争，说到底就是国家领导力的竞争。这种竞争一刻也没有停息，而且随着世界形势的发展变化越来越激烈，越来越复杂，越来越深刻。本书主要研究在这个大变革、大调整和竞争激烈的社会大环境中，面临国际交流、信息技术和科技创新等诸多挑战，通过借鉴西方发达国家在领导科学发展方面的有益经验，结合中国特有的国情，提出建设具有中国特色的政府领导力。

责任编辑：龚 卫 崔 玲　　　　　　责任校对：王 岩
特邀编辑：张凤丽　　　　　　　　　　责任出版：刘译文

**中国特色的政府领导力**

张郁达 著

| 出版发行：知识产权出版社有限责任公司 | 网　址：http://www.ipph.cn |
|---|---|
| 社　址：北京市海淀区气象路 50 号院 | 邮　编：100081 |
| 责编电话：010-82000860 转 8121 | 责编邮箱：cuiling@cnipr.com |
| 发行电话：010-82000860 转 8101/8102 | 发行传真：010-82000893/82005070/82000270 |
| 印　刷：北京嘉恒彩色印刷有限责任公司 | 经　销：各大网上书店、新华书店及相关专业书店 |
| 开　本：720mm×1000mm　1/16 | 印　张：15.75 |
| 版　次：2017 年 8 月第 1 版 | 印　次：2017 年 8 月第 1 次印刷 |
| 字　数：270 千字 | 定　价：48.00 元 |
| ISBN 978-7-5130-5087-6 | |

出版权专有　侵权必究
如有印装质量问题，本社负责调换。

# 目　录

第一章　领导力 ······················································· 1
　　第一节　领导力定义 ··········································· 1
　　第二节　中国特色的定义 ····································· 4
　　第三节　领导力主要特征 ····································· 6
　　第四节　政府领导力的影响因素 ···························· 9
　　第五节　领导力有关理论 ···································· 11
　　第六节　领导力有关模型 ···································· 20
　　第七节　提升领导力的重要性 ······························ 35

第二章　国内外领导理论研究 ···································· 38
　　第一节　现代西方领导研究的基本理论 ················· 38
　　第二节　中国文化视角下的领导力研究 ················· 54

第三章　领导科学的中国化及国际比较 ······················ 70
　　第一节　领导科学的中国化 ································ 70
　　第二节　领导科学的国际比较 ······························ 72

第四章　中国政府领导力建设 ···································· 74
　　第一节　组织结构建设 ······································· 74

第二节　政府能力建设 ························· 83
　　第三节　领导艺术建设 ························· 86
　　第四节　干部任用机制建设 ····················· 93
　　第五节　思想建设 ···························· 105
　　第六节　组织建设 ···························· 107
　　第七节　作风建设 ···························· 109
　　第八节　形象建设 ···························· 113
　　第九节　决策建设 ···························· 116
　　第十节　执行力建设 ·························· 120
　　第十一节　政府绩效考核建设 ·················· 133
　　第十二节　公务员选拔录用建设 ················ 140

第五章　中国政府领导力提升 ························ 150
　　第一节　坚定共产主义理想信念 ················ 150
　　第二节　提高国家领导人领导行为影响力 ········ 156
　　第三节　加强政府执行力和公信力 ·············· 162
　　第四节　深化国家行政体制改革 ················ 164

第六章　中国特色领导力的实践及影响 ················ 175
　　第一节　中国政府领导力建设水平对国际政治的影响 ···· 175
　　第二节　中国政府领导力建设水平对世界稳定的影响 ···· 181

第七章　中国政府领导力发展的启示与思考 ············ 183
　　第一节　我国政府领导力建设需要把握的基本问题 ···· 184
　　第二节　加强我国政府领导力建设的主要内容 ······ 186
　　第三节　加强我国领导力建设的路径与方法 ········ 193

附　录 ············································ 198
　　附录一：《中华人民共和国公务员法》 ·············· 198
　　附录二：公务员公开遴选办法（试行） ············ 214

附录三：公务员考核规定（试行） ………………………… 219
附录四：公务员培训规定（试行） ………………………… 224
附录五："十三五"行政机关公务员培训纲要 …………… 229
附录六：国家公务员通用能力标准框架（试行） ………… 235

**参考文献** ……………………………………………………… 238

# 第一章

# 领 导 力

## 第一节 领导力定义

"领导力"一词是由英文 leadership 翻译来的。从英语词源来分析，Leadership 的词根是 lead，意为引导、领导。Lead 后面有两个后缀，er 表示从事某种职业或参与某种活动的人，leader 可译为领导者。ship 意为才能、状态、资格、品质等，因此就词源解构来说，leadership 就是从事领导活动的人所应具备的状态、才能、资格与品质，简译为领导力。《牛津高阶英汉双解词典》中"leadership"意为：①领导，领导地位；②领导才能，领导应有的品质；③领导班子，领导层。从词典对"leadership"的定义来看，这几层解释都蕴含在领导过程中，是领导主体在实践领导过程中所体现的状态、素质和能力。

国内外领导学界对"什么是领导力"至今没有达成共识。领导力的内涵在特质理论、行为理论、权变理论和当代领导理论的演进中不断地发生变化。

在国内外学术领域，研究者主要从以下几个方面对领导力进行了界定：

1. 领导力是能力

普查曼和奥尼尔认为，所谓领导力，就是影响他人的能力，尤其是要激励他人实现那些极具挑战性目标的能力。[1]

本尼斯（Bennis）认为，"领导力就是把愿景转化为现实的能力。"[2]

库泽斯和庞瑟（Kouzes & Ponser）认为，"领导力是领导者如何激励他人自愿地在组织中作出卓越成就的能力。"[3]

奚洁人（2012）指出，"领导力，本质上就是一种影响力，尤其是能引导人们朝着正确方向前进的能力或是组织和影响人们为实现某种目标的能力。"[4]

李永瑞（2011）认为，"领导力就是正确规划个人或组织发展方向，有针对性地整合、内化相关资源，并积极影响相关人员决策与行为，从而实现个人价值或组织效益最大化的能力。"[5]

2. 领导力是影响力

德鲁克（Peter F. Drucker）认为，"领导力就是与人打交道并影响他们。"[6]

约翰·C. 马克斯韦尔（John C. Maxwell）认为，"领导力就是影响力。"[7]

3. 领导力是一个过程

巴斯（Bass）认为，"应该在某种程度上把领导力看成是群体发展过程的关键。"[8]

苏珊和温迪等（Susan R. Komives, Wendy Wagner, and Associates）认为，"领导力就是一种有目的性的，合作性的，且以价值观为基础的旨在促进积极

---

[1] 李永瑞. 领导力与组织管理 [M]. 北京：清华大学出版社, 2011：27.
[2] 李永瑞. 领导力与组织管理 [M]. 北京：清华大学出版社, 2011：27.
[3] 李永瑞. 领导力与组织管理 [M]. 北京：清华大学出版社, 2011：27.
[4] 奚洁人. 中国大学生领导力教育的战略思考化, 当代青年研究, 2012 (5)：23.
[5] 李永瑞. 领导力与组织管理 [M]. 北京：清华大学出版社, 2011：28.
[6] 科恩. 德鲁克论领导力：现代管理学之父的新教诲 [M]. 黄京霞, 等, 译. 北京：机械工业出版社, 2011：210.
[7] 约翰·C. 马克斯韦尔. 领导力 21 法则 [M]. 萧欣忠, 林静仪, 译. 北京：新华出版社, 2003：20.
[8] 李永瑞. 领导力与组织管理 [M]. 北京：清华大学出版社, 2011：28.

的社会变革的过程。"❶

苏珊·R.考米维斯、南斯·卢卡斯、蒂默西·R.麦克玛洪（Susan R. Komives, Nance Lucas, Timothy R. Mcmahon）把领导力看作"人们共同致力于完成积极变化的关系过程和道德过程。"❷

4. 领导力是一种合力

李春林（2001）从领导者自身出发把领导力界定为："领导者素质、能力及其影响力等各个方面的总和。"❸

边慧敏（2012）认为，"领导力在本质上是一种复合性能力，它由自我认知、自我管理、人际沟通、思维与决策等诸多能力构成。"❹

5. 领导力是一种力量

李冲锋（2008）认为，"领导力是在一定的社会环境下，（潜）领导者发出的，指向（潜）追随者进而指向目标实现的一种力量。"❺

陈尤文（2012）认为，"领导力是一种整合的力量，是一种符合规律的力量。"❻

6. 领导力是学问与艺术

吴维库认为，"领导力就是关于如何成功领导的学问。"❼

马克思·德普利（Max De Pree）认为，"领导力就是更多是一种艺术、一种信仰、一种心境，而不是去做一系列事情。艺术性领导力的可视标志最终都在它的实践中得以呈现。"❽

大多数国内外学者对领导力的界定，主要立足于组织行为学、领导学与

---

❶ Susan R. Komives, Wendy Wagner, and Associates. Leadership for a Better World: Understanding the social Change Model of Leadership Development [M]. John Wiley & Sons, PⅫ, 2009.

❷ 苏珊·R.考米维斯，南斯·卢卡斯，蒂默西·R.麦克玛洪. 大学生领导力 [M]. 马龙海，蓝宝江，等，译. 北京：中国人民大学出版社，2014：14.

❸ 李春林. 西部领导力开发论析——西部领导力开发的另一个视角 [J]. 内蒙古大学学报：人文社会科学版，2001（2）：66.

❹ 边慧敏. 大学生领导力提升 [M]. 成都：西南财经大学出版社，2012：73.

❺ 李冲锋. 领导力认识误区辨析 [A]. 研究领导科学 实现科学领导 [C]. 2008：253.

❻ 陈尤文. 社会变革与领导力变革 [M]. 北京：人民出版社，2012：6.

❼ 李永瑞. 领导力与组织管理 [M]. 北京：清华大学出版社，2011：27.

❽ Susan R. Komives, Wendy Wagner, and Associates. Leadership for a Better World: Understanding the social Change Model of Leadership Development [M]. John Wiley & Sons, PⅫ, 2009.

管理学的领域，对领导力内涵的分析大多都是基于领导者与追随者的关系，领导者与组织发展的关系来进行界定的。随着领导理论的演进，领导者的角色也随之变化，领导力概念也就不断地被赋予新的内涵。"特质论"认为领导力与领导者的自身素质、品质有关；"行为论"把领导力投放到领导者的领导行为中去进行界定，以领导行为和领导绩效来考核领导力的高低；"权变论"认为领导力受环境的变化而变化；20世纪70年代来，陆续出现一些新领导理论，如魅力型领导理论、交易型领导理论、变革型领导理论、服务型领导理论等，这些理论主要基于领导者的角色定位来界定其领导力的构成。领导力的主体不同，领导力所拥有的内涵就不同。

领导力可以被形容为一系列行为的组合，而这些行为将会激励人们跟随领导去要去的地方，不是简单的服从。根据领导力的定义，我们会看到它存在于我们周围，在管理层，在课堂，在球场，在政府，在军队，在上市跨国公司，在小公司直到一个小家庭，我们可以在各个层次，各个领域看到领导力，它是我们做好每一件事的核心。一个头衔或职务不能自动创造一个领导。❶

领导力是一种领导能力和人际影响力，是领导者与追随者相互作用而产生的一种思想与行为的能力，就是在管辖范围内充分利用人力和客观条件，以最小的成本完成所需的事，从而提高整个团队的办事效率。

## 第二节　中国特色的定义

当今和未来世界的竞争，说到底就是国家领导力的竞争。这种竞争一刻也没有停息，而且随着世界形势的发展变化越来越激烈，越来越复杂，越来越深刻。大家都竭力从比自己发展快、竞争实力强的国家学习经验，也从一些失败者身上汲取教训。由于这种意识的强弱和自觉程度不同，国家的体制不同，各国在这方面提高的幅度也不同。我们党在改革开放以后，在坚持四项基本原则

---

❶ 领导力——一个头衔或职务不能自动创造一个领导［J/OL］．［2016-8-15］．科大纵横，搜狐门户网．

的前提下，一直强调加强和改善党的领导，这实际上就是在强调提高自己的领导力，而且在实践中采取了许多措施，取得了长足的进展。与此同时，世界各国及其执政党，也在国内和国际的改革建设和斗争中提高着自己的领导能力，它们在世界角逐中的每一次大大小小的胜利，都是它们领导力的一次成功展示。各国人民选择自己的执政党，也越来越关注其实际的领导力，这又反过来促进着各国政党在提高自身领导力方面的努力和竞争。我们应当积极学习借鉴各国在这方面的有益经验和教训，切实加强党和国家的领导力建设。❶

自"中国特色社会主义理论"提出以来，"中国特色"就成了诸多名词的前置定语。"特色"到底是不是统一在"中国特色社会主义"这一体系之中的呢？最初的中国特色社会主义理论，是用马克思理论体系中那些具有普遍性和规律性的原理，结合中国特有的国情而构成的特色观。结合中国特殊的意识形态，就是中国特色的社会主义；结合中国特殊的经济模式，就是中国特色的市场经济；结合中国特殊的政治体制，就是中国特色的民主政治。概括来说，中国特色，就是根据中国的本国国情，选择自己国家发展的制度和方法。这个理论体系经过二十多年的实践检验，正在显示出它愈发强大的生命力。党的十七大报告在反复强调走"中国特色社会主义"这条伟大道路的同时，进一步提出了五条具体道路，包括"中国特色自主创新道路""中国特色新兴工业化道路""中国特色农业现代化道路""中国特色城镇化道路"及"中国特色政治发展道路"。

随着中国综合国力的增强，中国在国际舞台上的影响力逐渐凸显出来，"中国力量"在世界范围内引起广泛关注，越来越多的研究者对改革开放以来中国取得巨大成就的"秘钥"怀有强烈的兴趣。大家对此取得的普遍共识是，中国共产党作为领导中国特色社会主义事业的核心力量是关键所在。实现中华民族伟大复兴的中国梦，关键在人，关键在党，关键在中国共产党的领导力。

英国阿什里奇商学院副院长菲利普·米克斯（Philip Mix）教授认为，中国带给世界的影响不仅仅是经济上的，更有文化上的、思想上的，中国的历史、哲学和文化，将影响全世界的领导力教育，以及日常的领导力实践。中国经济和社会上的实践与探索会启发人们创新领导力研究和领导力建设方面的理论和模式，

---

❶ 杨文明. 提高中国特色社会主义事业的领导能力［EB/OL］.［2012-9-13］. 人民网.

这必将对世界产生深远影响。

在经济全球化的背景下，如何基于全球视野开展中国领导力本土管理研究，创立中国领导力管理学派，为增进人类的管理知识作出中国人的贡献，已成为海内外华人管理学者共同关心的重大问题，更是关心中国领导力问题研究的国际学者越来越感兴趣的话题。

## 第三节　领导力主要特征

### 一、领导力特征[*]

1. 积极进取

努力进取包括对成功的强烈欲望，不断地努力提高，具有雄心、抱负、精力、毅力、主动性。在一些国家，高层管理者成功的欲望与组织的增长率显示了高度的相关性。但是，如果领导者只集中于个人成就，不充分授权的话，对成功的欲望就会成为一个障碍。

2. 强烈欲望

伟大的领导者不仅有进取精神，而且他们还有领导的愿望，他们有强烈的权力欲望，喜欢领导别人，而不想被人领导。强烈的权力欲望促使人们试图去影响别人，并在领导过程中获得满足和收益，当权力需要是符合道德的，而不是损害别人时，领导者将激发更多信任、尊重和对远景的认同。

3. 正直

正直即是言行一致，诚实可信。它除了是个人较重要的性格特征外，对领导者来说更重要，因为这些特点能激发对别人的信任。

---

[*] 领导力——一个头衔或职务不能自动创造一个领导［J/OL］.［2016-8-15］. 科大纵横，搜狐门户网.

4. 自信

自信是非常重要的。领导者角色是具有挑战性的，挫折是难免的，自信能让领导者克服困难，在不确定的情况下敢于作出决策，并且能逐渐将自信传给其他人。

一个有效的领导对他们的行业、公司和技术问题了解颇多。领导者必须有足够的才智才能使他可以解释大量的信息，高学历在职业生涯中是重要的。但最终也不如对有关组织的事务专长更重要。

最后，有种个人技能可能是最重要的，感知别人的需要和目标并据此调整领导方式方法的能力。领导意味着能评价别人，评估环境，并且选择或改变行为以便能更有效地对环境的要求作出反应，这种品质是领导情境理论的基础。

## 二、当代领导力的五个特征

1. 战略远见

没有远见的领导力，在本质上讲不是领导力。不比别人看得远，不具有远见卓识，就缺乏领导他人的资本。所以说，战略远见是领导力与生俱有的本质特征。

在强调执行力的同时，作为一个企业的领导，为服从更加长远的战略，必须对今天所从事的各种业务进行整合，有些目前看起来非常有价值的、现金流很好的业务可能得放弃，而要进行更加符合长远利益、股东利益的产业选型。在这个过程中，可能寝食不安，可能割舍不下，但这是战略选择的必然。一个没有创新意识无法有效进行战略思考的企业领袖，在领导力方面一定是低能的。根据观察，在中国当前特定的发展阶段，最缺乏的是企业领导人的战略远见，其表现为普遍陷入无战略危机。

2. 依赖直觉

当我们把目光更多地注视到科学的时候，往往会忽略直觉，其实直觉本身也是科学研究的对象。在现实经济生活中，直觉还不能有理有据地进行解释或者判断。

当年美国企业家杰克·韦尔奇在中国寻找合作伙伴，首先到了上海。在那里跟一家国有企业谈得很好，交流得很到位。最后，韦尔奇说我能否去你的办公室看看？于是两个人从会议室沿着走廊到办公室。短短的一段路，改变了韦尔奇与其合作的想法，原因是从会议室到办公室这段路，沿路门口竟挂着30多块牌子，这绝对是一个结构臃肿的企业，不会高效率。这就是韦尔奇的直觉。看起来瞬间的决定，背后却是千锤百炼的积淀。直觉是一种洞察力，它是领导力的杰出表现。因而，在日常领导力的锤炼过程中，要更锤炼自己的洞察力、判断力和想象力。

3. 重视他人

为什么要特别提出重视他人，因为今天的他人已经不是往昔的他人。整个社会受教育的程度越来越高，以人为本的理念深入人心，人们更加强调个性，希望获得重视的需求也就越来越强烈。如果一个企业领导不能很好地针对这种现实，有效地体现出对他人的重视，那么领导力就一定是有缺陷的，会产生离心力。

重视他人是一种以非常低调的方式表现出来的非常高级的领导力。在当代生活中，学会让别人感到你对他的重视，是一种良好的沟通。重视他人的方式有很多种，像蒙牛的老板牛根生，他重视他人的方式是分钱，在企业做大之后，他不断地散财，他认为，只有散财才能聚人。

4. 管理艺术

美是什么，美是一种恰当的匹配，就像一个人需要在不同的场合有不同的装束。到德国的汽车制造公司去看看吧，那里的汽车制造已经不仅仅是一种机械行业所能概括的全部内涵，它还有物理、化学的概念。德国人能够把汽车复杂的运作、装饰都容纳到紧凑的空间当中，而且还有不断变化的外壳，深刻地体现了德国人崇尚复杂的思维之美。当社会经济发展到一定阶段之后，如果能够很好地在这方面大做文章，一定会给企业可持续发展带来重要的支撑力量。

5. 国际视野

加入WTO后，中国企业不出国门就已面临着国际竞争。在这种背景下，假如领导力不能与时俱进地给自己提出新的要求，那么，就会使领导力失去方向。比如国际并购，走出去到国外开设工厂，就需要有在全球范围内处理各种事务的能力。

## 第四节 政府领导力的影响因素

政府领导力是一个集合性概念,它包括政府领导者、领导班子和行政人员整体素质等多方面内容。因此,政府领导力的强弱和发挥程度受到领导体制、领导环境、领导文化、社会认同度以及行政人员素质等多方面因素的影响。

1. 领导体制

政府领导体制对其领导力发挥的影响是不容忽视的。就政府而言,"领导体制是指为了实现领导意图和领导职能的机构设置以及管理权限划分的制度,它涉及组织层次与管理幅度、领导机构内部各部门之间的职责与权限的划分,以及领导机构外部的职权关系等内容。"❶ 各部门行使职权是否明确、组织层次与管理幅度是否合理、上下级政府职位划分是否适当,这些因素都会对政府领导力的发挥产生一定的影响。因此,应当本着与社会经济形势相适应的原则、权利与责任统一原则、职能精简高效原则,构建科学合理的政府领导体制,切实有效地提高政府领导力。

2. 领导环境

"领导环境是实现领导活动的基本条件,任何一个组织的领导活动,都是在一定的环境中产生、形成和发展的。"❷ 一个领导要想不断地取得成功与其对环境变化的灵活感知有着密切的关系。政府的领导活动是根植于一定的社会环境中,而不是独立存在于客观环境之外。政府领导力的发挥会受到国际国内政治经济形势的变换、执政党的政策以及科学技术创新、社会群体心理的变化等多方面因素的影响。随着世界全球化、信息化和民主化趋势的发展,当今世界的时空维度、组织维度和逻辑维度也发生了根本性的变化,政府领导力的发挥也受到了很大的影响。面对客观环境的变化作出积极地回应,不断发挥政府领导力的功效,已变成了各国政府的头等大事。

---

❶ 李平. 政府领导体制与行政效率研究阴 [J]. 政治学研究, 2001 (1).
❷ 成光琳. 关于优化领导环境的思考 [J]. 学习论坛, 2001 (1).

3. 领导文化

领导文化对政府领导力的发挥起着决定性作用，它决定着政府领导活动的行驶方向和运作目标，制约着整个政府领导活动的性质，同时更是政府领导力的价值基础。"领导文化是一般意义上的文化在领导学这一特定领域中表现出来的一种特殊文化样式，是指领导主体在领导实践中形成并通过后天学习和社会传递得到发展的、关于领导活动的过程、本质、规律、规范、价值以及方式方法等各方面内容的综合形式，是客观领导过程在领导主体心理反应上的积累或积淀，是领导主体开展领导活动的内驱动力和精神导向。"❶ 政府领导文化是指在领导过程中政府所体现出来的领导意识、领导理想、领导道德、领导原则、领导气质和领导价值等一系列因素的总和。

4. 社会认同度

社会认同度指的是公众对于政府领导力来源的合法性、正义性、规律性的检验，公众对政府行为、政府形象以及政府权威的认同度影响着政府领导力的发挥，同时也是政府领导力正当性的体现。反之，如果社会认同度较低，那么政府领导力的正当性也必然受到质疑，政府的决策也无法有效开展，公众也必然无法接受政府的领导行为。政府领导活动不是一个单向的线性过程，而是在主客体之间互动的过程中发挥领导作用。

5. 行政人员素质

行政人员的个人素质和综合能力的发挥构成了领导力发挥的核心，同时领导理念、领导作风、知识结构和个人修养等都影响着政府领导力的发挥。政府是通过行政人员使其成为现实力量的人的集合体，它的一切制度设计和技术手段的应用都是通过各个行政人员来实现的，因此政府领导力的提升不仅是政府整体素质的提高，更重要的是各个行政人员的个体素质的提升。同时，一个成功的政府领导也能够使得个体人员的能力得到提升，而且在强有力的领导班子下，更能拓展个人能力，在整体上提升政府领导力。

---

❶ 冯秋婷. 西方领导理论研究 [M]. 北京：人民出版社，2008：450.

## 第五节 领导力有关理论

领导力的重要性众所周知,它关乎企业甚至是整个国家的兴衰。但是尽管如此,历经了一百多年,对于领导力的研究至今也没有形成一个统一的定义。从最初研究的内在特质,到之后的行为、认知和特性以及与下属交互的情境,都可以看出领导力的研究已经走上了整合的道路。

### 一、"伟人"理论

对领导力的研究可以追溯到高尔顿的研究,他认为"领导力"应该定义为那些具有变革性杰出个体的特质,并且这些特质是天生遗传的或是由基因组成的。他主张领导者与追随者本身就有差异。领导者不仅更有能力,而且具有一系列完全不同的个性特质。这些特质不是后天培养的,而是天生就有的。许多人都认为领导是天生的,所以对他们拥有坚定信念,这也符合封建统治者的需要。特质理论是 20 世纪最流行的领导理论,也是最早对领导活动及行为进行系统研究的。研究方法就是从优秀的人物身上寻找共同的东西,人们希望了解:为什么他们能够成为领导,什么是领导力的决定因素,领导者区别于普通人的到底是什么?

受到高尔顿的影响,早期的研究主要集中在领导者应具备的素质上。这一理论的出发点是:领导效率的高低主要取决于领导者的特质,根据领导效果的好坏,找出领导者在个人品质或特性方面有哪些差异,由此确定优秀的领导者应具备哪些特质。

但是由于早期的领导特质理论不能提供领导与非领导之间的明确的差异,也不能解释领导行为中的环境变量,因而领导特质理论呈现衰退的趋势。

## 二、纯情景理论

有些研究者认为时势造英雄,伟人也都是社会的产物。佩罗认为造成领导力有效或者非有效的主要原因是领导力的结构特征,它所反映出来的是领导者的选人机制,它会受到不同的情景所影响。佩罗表示我们不应把领导力看作是独立的变量。他们的管理风格必须随着小组成员的成熟度和任务的详细程度改变。领导者本人既不能过分强调任务,也不能过分强调关系,这一切都应该根据具体的情况而定。长期的研究结果显示这种观点是正确的,领导的变化很少会影响组织结果的变化。赫西根据领导人的行为差异以及被领导者的成熟度差异,将领导者的领导风格分成了四个类别:告知型、销售型、参与型和代理型。在这四种不同的领导风格中,告知型和销售型领导主要关心任务是否能够完成,参与型和代理型领导则更关心团队成员能力的发展。

如果正如佩罗所说,领导的变化并不会影响组织效率的变化,那么谁作为领导者或者领导者怎么做也就都无所谓了。后来,纯情景理论也受到了质疑。领导者所面临的各种挑战充满了不确定性,尤其是在行为差异上也有很多解释的空间。后期的研究者们开始着力于研究在不同情境中都有效的领导的特质,尤其是权变理论的研究较为显著。

## 三、权变理论

Fiedler 于 1962 年提出了一个"有效领导的权变模式",即费德勒模式,第一个完整地提出包括领导特质和情境变量在内的模型。这个模式把领导人的特质研究与领导行为的研究有机地结合起来,并将其与情境分类联系起来研究领导的效果。他通过 15 年调查之后提出:有效的领导行为,取决于领导者与被领导者之间相互影响的方式及情境给予领导者的控制和影响程度的一致性。权变理论关心的是什么类型的人和行为在不同情境中是有效的。他将领导分为员工导向型和工作导向型。他研究了这两种类型的领导在八个情景中的效率。这八个情景是由三个维度的二分变量产生的,这三个变量分别是:领导—成员关系、工作结构、领导者的职位权力。

Fiedler 理论的含义就是使领导处于一个适合他风格的情境中。根据 Fiedler 的领导权变理论，提高领导者有效性的方式有两条途径：第一，替换领导者或改变领导者的领导方式以适应环境。第二，在有可能的条件下设法改变环境以适应领导者。

这些年来，这一理论也受到了一些质疑和反对，但是不管怎样，Fiedler 的理论在以往的理论基础上有了创新。

## 四、领导特质理论

早期的领导力研究把领导特质看成是天生的，不可改变的，但是这个观点已经得到了转变。近几年来发现个性特质与领导知觉确有联系。优秀领导者总是能够发现别人不能发现的问题，能够洞察别人无法感知的现象。领导者某些方面就是与众不同，重新关注富于想象和具有超凡魅力的领导者，Zaccaro 等人提出了新的领导特质理论，他们定义的领导特质有三个成分：第一，领导特质被认为是影响领导绩效的属性的整合。第二，领导与非领导的区别不仅是领导特质不同，而且在动机、认知能力、社会和解决问题能力、专业知识上也不同。第三，领导特质具有相对持久性，在领导行为中能产生于情景交互的稳定性。在他的理论中，"核心特质"是一个人的人格中最基本的，而"次要特质"是较为外围的。"共同特质"是那些在一种文化内部和各种文化之间公认的特质。"首要特质"是其中那些使个体能被强烈辨识出来的特质。由于在奥尔波特的时代，特质理论家都更侧重于群体统计而不是单个的个人。奥尔波特将这两种分别称为"常规的"和"独特的"。

这一特质理论不同于最早的"伟人"理论，它在原来的基础上加入了领导情境这一元素。

## 五、WICS 领导力系统模型

WICS 领导力系统模型是由塔夫茨大学的斯腾伯格提出来的。[1] 该模型把

---

[1] 胡中锋，王红. 斯腾伯格的 WICS 教育领导力模型述评 [J]. 中小学管理，2015（9）.

领导力看作是一个人如何形成决定、作出决定和执行决定的过程。这个模型由三个部分构成：创造力、智力和智慧。这三个成分都包括技能和倾向性。该模型的一个基本观点就是要这三个成分整合在一起才能高度有效。

（1）创造力。创造力是为产生新颖、高质量能够解决现有的任务和想法而服务的。（Sternberg & Lubart，1995）。

（2）成功智力。成功智力被定义为生活中成功所需要的技能和倾向性。成功智力是由分析智力和实践智力组成的，分析智力即我们平时所讲的智力，而实践智力则主要用于解决日常的一些问题，是技能和倾向性的集合。

（3）智慧。智慧被定义为成功通过智力、创造性和知识的使用来达到共同利益，实现自己与他人间，及企业之间利益的平衡。明智的领导认为短期那有效的行为长期来看不一定有效。领导不成功的原因有可能就是忽略了某一方的利益。一个人或许很聪明，有创造性，但这不能保证他很明智。

（4）综合。相对来讲真正的"领导力"并不常见，它需要把各种能力通过一种综合能力融合起来。作为领导需要有创造性，来提出构想，此时分析智力就要对这些构想进行分析，是否是好的构想。那么实践智力就是具体的执行、运作这些构想，并且让别人知道、确信这一构想的价值。智慧则是兼顾多方面的利益并均衡。如果一个领导者缺乏创造性，那么他就不能够更好的处理新的情境；如果一个领导者缺乏成功智力和实践智力，那么他就不能对构想进行合理的推测，更无法进行具体的实施；如果一个领导者缺乏智慧，那么所带来的后果便是无法顾及下属及自身的利益。

以上的几个领导力模型都包含认知、行为、情境和特质，但是在对这些因素进行融合时都形成了不同的理论模型。目前领导力还没有一个统一的定义，自然领导力模型也难以统一。在以后的研究中可以考虑在现在的元素上再加上性别、文化等，以形成一个更完整的模型。

## 六、领导力关键因素理论

所谓领导力关键因素理论即研究者就领导力的某个或某些关键性的变量而构建的模型或者理论。其中主要的构成有权变理论，也就是领导—成员交换理论，我们也称为费德勒模型。该模型主要论述了领导关系、职位权力和任务结构之间进行不同组合，而构成的不同的领导情境，同时这种领导情境所带来的不同的绩效。经调查显示，影响领导效果的情境因素主要有三点：第一点是领导者与被领导者的关系，可以理解为领导者对下属的吸引力而致使下属对于领导者信任、忠诚并且愿意追随的程度。第二点是工作任务的结构，也就是作为下属所担任的工作是否明确。第三点是领导者的固有权利，即领导者所处的职位具有相应的职权，以及整个组织上下所给予的支持。费德勒模型表明，任务导向的领导者在非常有利的情境和非常不利的情境中表现得更好。❶

在领导—成员交换理论中表明，由于时间的因素导致领导者与下属之间的交集不同，少部分人可能与领导者的交流更多，从而与领导者建立了特殊关系，而得到领导者的关照，这些人则成为圈内人，与此同时其他人也就成为圈外人。Bass 对于交易型和变革型领导类型并不认同，他坚持认为交易型和变革型虽然是两种相对独立的领导行为维度，但是可以体现在同一个人身上❷。

## 七、领导力精神——心理特质论

领导力精神——心理特质论主要有魅力型领导理论、诚信领导论和伦理领导论。这一理论主要是从个体的精神方面或者心里维度来研究领导者与一般人不同的特征。

（1）魅力型领导理论。从字面上我们可以简单地理解为由于领导者自身的魅力而吸引的大批量的追随者，并作出重大组织变革的领导理论。RobertHouse（1977）认为，魅力型的领导者普遍都具有三种人格特征：高度自信、支配他人的倾向和坚定不移自己的信念。❸ 德国社会学家韦伯（1998）认为，魅力首先是被被领导者所承认的，是领导者对下属产生的一种天然吸引力、感染力和影响力。❹ 我们不难发现，魅力领导理论与特质领导理论很相似，二者都是在探讨领导者在心理以及精神方面的特征。魅力型领导理论也可

---

❶ Fieldler F E. A Theory of Leadership Effectiveness [M]. New York: Wiley, 1977.
❷ Bass B M. Leadership and Performance Beyond Expectations [M]. New York: The Free Press, 1985.
❸ House R J. A 1976 theory of charismatic leadership [M] // Hunt J G, Larson L L, Leadership: The Cutting Edge. Carbondale: Southern Illinois University Press, 1977.
❹ [德] 马克思·韦伯. 经济与社会 [M]. 林荣远, 译. 北京: 商务印书馆, 1998.

以说是特质理论的抽象化，所以它的展开一定会与特质理论相类似。

（2）诚信领导论。Avolio（2004）等学者认为，诚信领导者的诚信水平较高，他们一般都将行动建立在自己个人的信仰和价值观上，能够对自己的信仰和价值观高度理解，在与他人共同行动时都会毫无隐瞒。诚信型领导者性格率直，对于自身的不足能够勇于承认，敢于对下属的成功作出承诺，帮助下属养成诚实、正直的优秀品质。这一系列领导行为都会促使下属对领导者产生个人认同，比如在价值观、信念或者目标方面等。诚信领导者在与下属交往过程中还会创造一些更深层次的道德价值感，来促使下属对其产生社会认同感。

（3）伦理领导论。作为领导者个体，在其品格或者领导行为中含有一定的伦理道德的特征，这种我们把它叫做伦理领导论。道德行为是需要通过道德目的和道德手段来评判的，如果作为领导者的行为能够与道德标准保持一致，那么毋庸置疑，这个领导者的行为也就是道德的。如果行为的结果是好的，并且也是有益于他人的，那么这种领导者也是符合伦理领导论的。

## 八、领导力行为理论

领导力行为理论主要解答的问题是领导者应该做什么、具体应该怎么做，在解答这些问题的过程中还需要解答关于领导任务、领导风格和领导方式等方面。这几种概念具体到领导行为理论中存在相同、相似或者包含的关系。领导行为理论主要有五种，分别是：权力维度的领导力行为理论、任务—关系维度的领导力行为理论、领导过程维度的领导力行为理论、领导职能维度的领导力行为理论、领导能力的领导力行为理论。

（1）权力维度的领导力行为理论。美国爱荷华大学的 KurtLewin 在 1939 年与他的同事们进行研究时曾经表明，领导者行为普遍具有民主、独裁和放任三个维度。❶ 他们的这一研究为领导者行为理论奠定了基础。

（2）任务—关系维度的领导力行为理论。1948 年，美国俄亥俄州立大学的 Stogdill 在对这一理论进行研究的过程中，他与他的整个团队对 2000 名领导

---

❶ Lewin K, Llippit R, White R. K. Patterns of aggressive behavior inexperimentally created social climates [J]. Journal of Social Psychology, 1939, 10 (2): 271-301.

者的行为进行了观察,从而得出了领导者定规和关怀两个维度。而美国密歇根大学的 Judge 在 2004 年对领导行为进行研究的过程中得出了任务导向和员工导向两个维度。受任务导向的领导者在实现目标的过程中更加注重对自己和员工角色的界定,而员工导向的领导者更倾向于与下属在交往中建立相互信任的关系,同时尊重员工的想法和情感,更加关怀员工的生活。❶

(3) 领导过程维度的领导力行为理论。2007 年美国塔夫茨大学的 Sternberg 提出了一个 WICS 领导力系统模型,在该模型中,领导力被看作是一个个体形成决策、作出决策并且执行决策的过程。主要是由创造力、智力和智慧三部分构成。这一模型的基本观点就是只有这三个部分整合在一起领导者的行为才能高度有效。❷

(4) 领导职能维度的领导力行为理论。领导职能与领导行为是直接相关的,那么领导职能指的就是领导所起到的作用和本身具有的功能。领导职能维度的领导力理论主要有愿景领导论、文化领导伦、变革领导论。Benni 作为愿景领导论者在 1984 年时提出,一名杰出的领导者应该具有愿景和目标意识、表达愿景的能力、执着地实现愿景、发挥自我优势四大能力。简而言之说的是一种愿景能力,愿景是领导的核心,作为一名领导者,首先应该有一种凝结集体智慧去构建共同愿景的能力。1998 年,愿景领导论者圣吉提出,共同愿景不仅可以作为一种感知框架来帮助领导者和追随者更好地归属重要的任务和使命,同时也可以促进组织愿景和个人愿景相互促进成长,进而形成学习型组织。文化领导论者沙因则认为领导过程与文化建设过程有着紧密的联系。因为只有文化可以在加强组织外部适应的同时,组织任务、方法、目标的确定等,还可以加强一定的内部凝聚,比如在权力地位、成员关系和发展共同语言等一系列问题等。约翰·P. 科特也曾指出以领导力为核心的企业文化制度是领导的最终目标。变革型领导论在一定程度上是领导行为论和领导权变论的综合,但是由于社会环境的不断变化,使得领导的重要职能转变为变革,所以变革型领导论也被归为领导力行为理论之中。美国学者伯恩斯认为所谓的变革型领导

---

❶ Judge T A, Piccolo R F, Ilies R. The forgotten ones? The validity of consideration and initiating structure in leadership research [J]. Journal of Applied Psycholo-gy, 2004, 89 (1): 36-51.

❷ Sternberg R J. A systems model of leadership: WICS [J]. American Psychologist, 2007, 62 (1): 34-42.

是领导者使员工意识到自身所承担的任务的意义和责任,以此来激发下属的发展和扩展的愿景,这样下属的自身发展可以激发组织或团体政治利益的最大化。亨利·明茨伯格和科特于1900年也对领导的重要职能进行了论证,他们认为重要职能之一是面向未来,并且推动变革。Avolio 将变革型领导行为分为四个方面:理想化影响力、鼓舞性激励、智力激发和个性化关怀。普遍具有这些因素的领导者也都具有强烈的影响力和正确的价值观,他们不仅能够激励员工,同时对于整个集体的相互合作、共同奋斗也起着巨大的推动作用。Bass 等人通过一系列的研究也验证了变革型领导行为的三大组成要素可以概括为魅力和感召力、对下属智力激励和与下属的人际关系。

(5) 领导能力的领导力行为理论。Bennis 在对美国最有成就的90名领导者进行研究之后,发现魅力型领导者都具有的四种能力:有远大目标和理想、让下级明确这种目标和理想并使之认同、对理想贯彻始终和执着追求、知道自己的力量并善于利用这种力量。Bennis(2007)提出所有领导者可仿效的六个能力:创建(使命)愿景,激发其他人因使命而追随他们,为下属创建适宜的社会平台,建立信任和乐观的氛围,使其他领导者进步,最终实现目标。❶ 2007年美国学者哈格斯、吉纳特、柯菲对基本领导技能和高级领导技能进行了区分,他们认为基本的领导技能主要是:从经验中学习、沟通、倾听,果断,提供建设性反馈;有效的压力管理;配置人员—职位的能力;与各级同事构建良好关系的能力;设置目标;奖惩;召开会议。高级领导技能主要有:授权,调解冲突,谈判;解决问题,提高创造力;诊断个人、群体及组织层面的绩效问题;工作团队的塑造,高层团队的构建;领导力开发计划。❷ 美国领导学学者 Cashman 认为领导是由内向外的,它是来自个体内部的某个地方,领导者可以通过目标控制、变化控制、人际控制、本质控制、平衡控制、行动控制和个人控制七种路径来实现由内之外的领导。同时 Cashman 认为这七种路径也是作为领导者所必备的能力。

---

❶ Bennis W. The challenges of leadership in the modern world [J]. American Psychologist January 2007, 62(1):2-5.

❷ 哈格斯,吉纳特,柯菲. 领导学:在经验积累中提升领导力 [M]. 朱舟,译. 北京:清华大学出版社,2007.

## 九、领导力研究综合论

研究者在领导力综合研究论中，在构建领导力理论的过程中一定程度上把领导者精神结构理论和行为理论进行了综合。Kotter、钱门和奥内尔就是这方面理论的主要代表人物。

20世纪90年代初，Kotter将魅力领导论、愿景领导论、文化领导论和变革领导论进行了综合，对领导力理论进行了较为系统的综合。他的主要观点有几点：（1）从领导行为的核心视角来界定领导力概念，也就是核心领导行为是与领导技巧、风格和情境无关的，在不同的时期和行业中都是不变的。也就是领导在制定战略和目标的过程中，要将相关的人员相联合，克服障碍，最终实现目标。（2）将管理和领导的概念作出区分。管理是指通过组织人员、计划、预算、控制和解决问题来维持系统运作的一系列活动，是面向现在的。而领导指的是通过层级来发挥作用，这其中不掺杂情感，尊重原则，与管理相比更注重的是未来。领导不仅能够推动变革，更能够通过个人来发挥作用，是充满热情的。（3）领导力产生的源泉是作为领导的使命、愿景力以及个人的奉献精神。（4）明确领导职能。要对领导的主要作用有个明确的认知，其主要作用在于确立方向、计划和预算同时组织配备人员，通过激励员工，最终解决问题。（5）探讨研究领导与愿景、文化以及变革之间的关系。领导与其他三者之间是相互依存的关系，首先愿景的构成是在整个领导过程中，愿景是领导的核心和义化的载体，而组织的文化又推动和制约了变革。愿景的构建和实现的过程间接相当于文化传播和形成的过程。（6）对现代的团队领导进行论述。在一个领导团队中，存在多种领导角色。由于每个领导的自身特质和角色的不通，不同领导角色在关系网络中所承担的也有所不同，那么在愿景规划和控制上的角色自然也有所不同。❶

钱门和奥内尔作为领导六要素论的代表，他们认为领导力之所以能够形成离不开六个要素：即充满理想色彩的使命感、果断而正确的决策、共享报酬、高效沟通、足够影响他人的能力和积极的态度。与此同时，领导力主要来源于

---

❶ 约翰·P. 科特. 领导力革命［M］. 廉晓红，译. 北京：商务印书馆，2005.

被领导者,是被领导者给予领导者力量。他们还总结出了一个领导力公式,领导力是源自一种使命感、果断而正确的决策、共享报酬、高效沟通、足够影响他人的能力这五个要素之和与积极态度的乘积[1]。

## 第六节 领导力有关模型

### 一、管理方格模型

管理方格理论(Management Grid Theory)是研究企业的领导方式及其有效性的理论,这种理论倡导用方格图表示和研究领导方式。他们认为,在企业管理的领导工作中往往出现一些极端的方式,或者以生产为中心,或者以人为中心,或者以 X 理论为依据而强调靠监督,或者以 Y 理论为依据而强调相信人。为避免趋于极端,克服以往各种领导方式理论中的"非此即彼"的绝对化观点,他们指出:在对生产关心的领导方式和对人关心的领导方式之间,可以有使二者在不同程度上互相结合的多种领导方式。为此,他们就企业中的领导方式问题提出了管理方格法,使用自己设计的一张纵轴和横轴各 9 等分的方格图,纵轴和横轴分别表示企业领导者对人和对生产的关心程度。第 1 格表示关心程度最小,第 9 格表示关心程度最大。全图总共 81 个小方格,分别表示"对生产的关心"和"对人的关心"这两个基本因素以不同比例结合的领导方式,见图 1-1。

---

[1] 钱门,奥内尔. 发现,然后培育你的领导力[M]. 郑春蕾,译. 北京:京华出版社,2004.

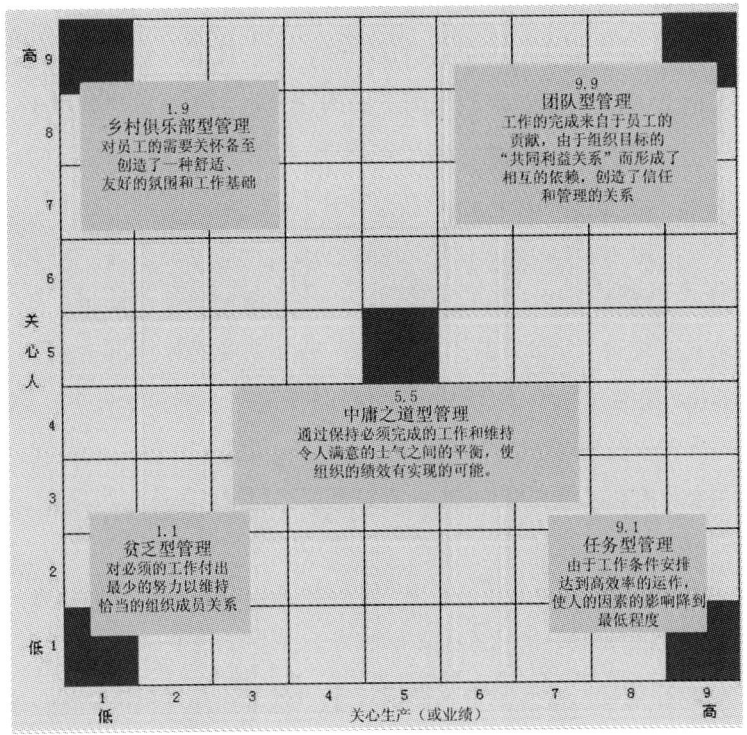

图 1-1 管理方格模型

管理方格图是一张纵轴和横轴各 9 等分的方格图，纵轴表示企业领导者对人的关心程度（包含了员工对自尊的维护、基于信任而非基于服从来授予职责、提供良好的工作条件和保持良好的人际关系等），横轴表示企业领导者对业绩的关心程度（包括政策决议的质量、程序与过程、研究工作的创造性、职能人员的服务质量、工作效率和产量），其中，第 1 格表示关心程度最小，第 9 格表示关心程度最大。

## 二、利克特领导风格模型

利克特于 1967 年提出了领导的四系统模型，即把领导方式分成四类系统：剥削式的集权领导、仁慈式的集权领导、洽商式的民主领导和参与式的民主领导，见表 1-1。

管理方式1被称为"剥削式的集权领导式"或"专制—权威式"。采用这种方式的主管人员非常专制，很少信任下属，采取使人恐惧与惩罚的方法，偶尔兼用奖赏来激励人们，采取自上而下的沟通方式，决策权也只限于最高层。

管理方式2被称为"仁慈式的集权领导式"或"开明—权威式"，采用这种方式的主管人员对下属怀有一定的、或恰当的、或适当的信任和信心；采取奖赏和惩罚并用的激励方法；允许一定程度的自下而上的沟通，向下属征求一些想法和意见；授予下级一定的决策权，但牢牢掌握政策性控制。

管理方式3称为"洽商式的民主领导式"或"协商式"。采取这种方式的主管人员对下属抱有相当大的但又不是充分的信任和信心，他常设法采纳下属的想法和意见；采用奖赏，偶尔用惩罚和一定程度的参与；从事于上下双向沟通信息；在最高层制定主要政策和总体决策的同时，允许低层部门作出具体问题决策，并在某些情况下进行协商。

利克特认为管理方式4是最有参与性的方式，可称为"参与式的民主领导"或"群体参与式"。采取第四种方式的主管人员对下属在一切事务上都抱有充分的信心和信任，总是从下属获取设想和意见，并且积极地加以采纳；对于确定目标和评价实现目标所取得的进展方面，组织群体参与其事，在此基础上给予物质奖赏；更多地从事上下之间与同事之间的沟通；鼓励各级组织作出决策，或者，本人作为群体成员同他们的下属一起工作。

表1-1 领导的四系统

| 领导风格的变量 | 专制—权威式 | 开明—权威式 | 协商式 | 群体参与式 |
| --- | --- | --- | --- | --- |
| 下属对领导人的信心和信任程度 | 毫无信心和信任 | 有点信心和信任 | 有较大的信心和信任 | 有充分的信心和信任 |
| 下属与领导讨论重要问题的自由度 | 根本没有自由 | 只有非常少的一点自由 | 有较大的自由 | 有充分的自由 |
| 领导征求和采用下属所提意见和建议的程度 | 很少采用下属的意见和建议 | 有时采用下属的意见和建议 | 一般能听取下属意见和建议，并能积极地采用 | 经常听取下属意见和建议，并总是积极运用 |

他认为只有第四种方式——"参与式的民主领导"才能实现真正有效的

领导，才能正确地为组织设定目标和有效地达到目标。鉴于这种领导方式采取激励人的办法，所以利克特认为，这是领导一个群体的最有效方式。

## 三、领导连续流模型

坦南鲍姆（R. Tannenbaum）和沃伦·施密特（Warren H. Schmidt）于1958年提出了领导行为连续体理论。他们认为，经理们在决定何种行为（领导作风）最适合处理某一问题时常常产生困难。他们不知道是应该自己作出决定还是授权给下属做决策。为了使人们从决策的角度深刻认识领导作风的意义，他们提出了连续体模型，见图1-2。

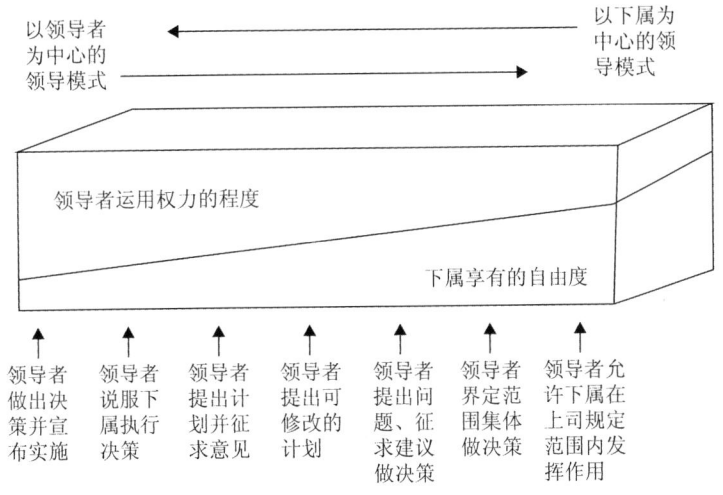

图1-2 领导行为连续体模型

（1）领导作出决策并宣布实施。在这种模式中，领导者确定一个问题，并考虑各种可供选择的方案，从中选择一种，然后向下属宣布执行，不给下属直接参与决策的机会。

（2）领导者说服下属执行决策。在这种模式中，同前一种模式一样，领导者承担确认问题和作出决策的责任。但他不是简单地宣布实施这个决策，而是认识到下属中可能会存在反对意见，于是试图通过阐明这个决策可能给下属带来的利益来说服下属接受这个决策，消除下属的反对。

（3）领导者提出计划并征求下属的意见。在这种模式中，领导者提出了一个决策，并希望下属接受这个决策，他向下属提出一个有关自己的计划的详细说明，并允许下属提出问题。这样，下属就能更好地理解领导者的计划和意图，领导者和下属能够共同讨论决策的意义和作用。

（4）领导者提出可修改的计划。在这种模式中，下属可以对决策发挥某些影响作用，但确认和分析问题的主动权仍在领导者手中。领导者先对问题进行思考，提出一个暂时的可修改的计划。并把这个暂定的计划交给有关人员进行征求意见。

（5）领导者提出问题，征求意见做决策。在以上几种模式中，领导者在征求下属意见之前就提出了自己的解决方案，而在这个模式中，下属有机会在决策作出以前就提出自己的建议。领导者的主动作用体现在确定问题，下属的作用在于提出各种解决的方案，最后，领导者从他们自己和下属所提出的解决方案中选择一种他认为最好的解决方案。

（6）领导者界定问题范围，下属集体作出决策。在这种模式中，领导者已经将决策权交给了下属的群体。领导者的工作是弄清所要解决的问题，并为下属提出做决策的条件和要求，下属按照领导者界定的问题范围进行决策。

（7）领导者允许下属在上司规定的范围内发挥作用。这种模式表示了极度的团体自由。如果领导者参加了决策的过程，他应力图使自己与团队中的其他成员处于平等的地位，并事先声明遵守团体所作出的任何决策。在上述各种模式中，坦南鲍姆和施米特认为，不能抽象地认为哪一种模式一定是好的，哪一种模式一定是差的。领导者应根据具体的情况，如领导者自身的能力，下属及环境状况、工作性质、工作时间等，适当选择连续体中的某种领导风格，才能达到领导行为的有效性。

领导风格与领导者运用权威的程度和下属在做决策时享有的自由度有关。在连续体的最左端，表示的领导行为是专制的领导；在连续体的最右端，表示的是将决策权授予下属的民主型的领导。在管理工作中，领导者使用的权威和下属拥有的自由度之间是一方扩大另一方缩小的关系。一个专制的领导掌握完全的权威，自己决定一切，他不会授权下属；而一位民主的领导在制定决策过程中，会给予下属很大的权力，民主与独裁仅是两个极端的情况，这两者中间还存在着许多种领导行为。

## 四、情境领导模型

情境领导模式又称情境领导理论（Situational leadership theory）。保罗·赫塞（Paul. Hersey）博士在20世纪60年代率先提出了"情境领导模式"理论。"情境领导模式"理论认为我们在领导和管理公司或团队时，不能用一成不变的方法，而要随着情况和环境的改变及员工的不同，而改变我们领导和管理的方式。

因为任何领导总是在一定的环境条件下，领导者通过与被领导者的交互作用，去完成某个特定目标的行为。情境理论认为领导的有效性是领导者、被领导者、环境相互作用的函数，它可用下列公式来表达：领导的有效性 = f（领导者、被领导者、环境），见图1-3。

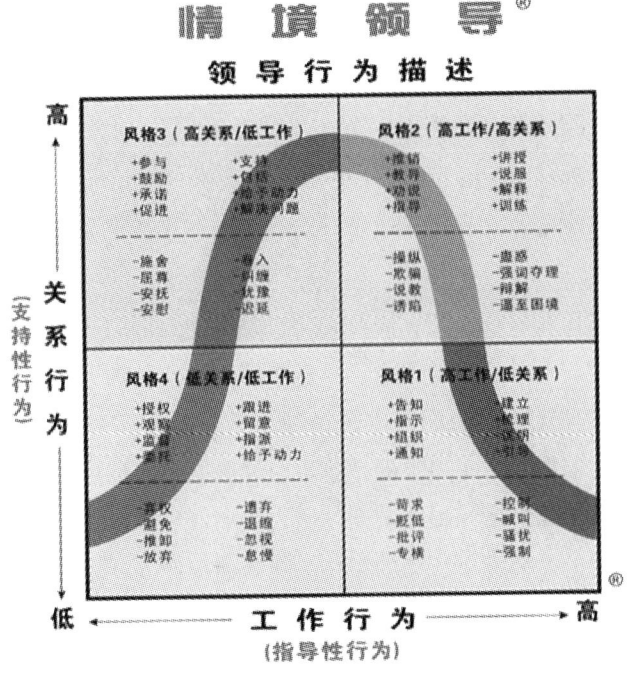

图1-3 情境领导模型

下属工作准备度：

准备度是指被领导者完成某项特定工作所表现出来的能力和意愿水平。其中能力是指表现出来的知识、经验与技能，意愿是指表现出来的信心、承诺与动机。根据员工能力与意愿的高低程度不同组合，可以形成以下四种不同的准备度水平。

准备度一（R1）：没能力，没意愿或不安。
准备度二（R2）：没能力，有意愿或自信。
准备度三（R3）：有能力，没意愿或不安。
准备度四（R4）：有能力，有意愿并自信。

使用情境领导模式可以帮助管理者理解领导与管理的差异；根据四种领导类型进行自我诊断，改变"一刀切"的传统管理模式，实现员工差异化管理意识的形成。随着下属成熟水平的不断提高，领导者可以减少对下属活动的控制，而且还可以减少关系行为。

### 五、马斯洛需求层次模型

马斯洛需求层次理论是人本主义科学的理论之一，由美国心理学家亚伯拉罕·马斯洛在1943年提出。其将人类需求像阶梯一样从低到高按层次分为五种，分别是：生理需求、安全需求、社交需求、尊重需求和自我实现需求，见图1-4。

在管理中的应用我们知道，需要和动机是推动人们的行为的原因，也是激励的起点和基础，而马斯洛的学说正是着重研究需要的内容和结构以及它们推动人们的行为的理论。学者们根据这一理论结合管理实践，进行了很好的总结：对应生理的需要，员工追求的是薪水、健康的工作环境、各种福利。企业要通过建立决策参与制度、提案制度、研究发展计划、劳资会议等手段，为员工实现更高层次的需要提供活动的舞台。在具体操作中要注意做到满足不同层次的需要。

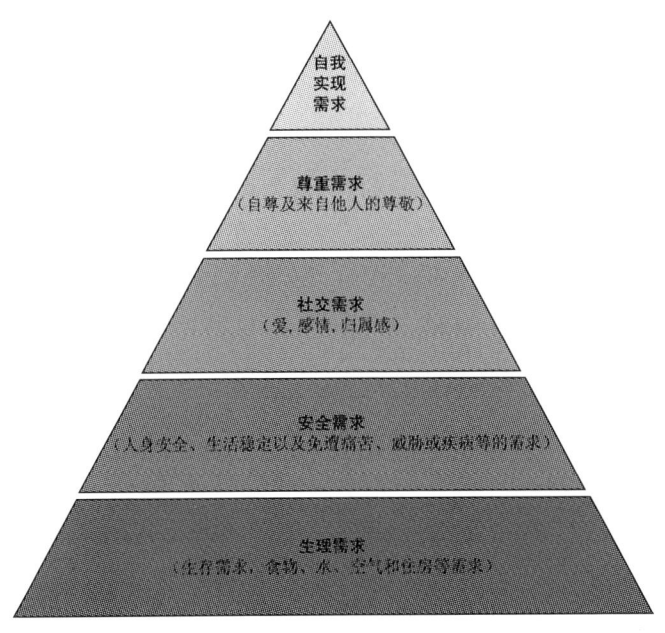

图 1-4 马斯洛需求层次模型

## 六、领导力五力模型

对应于群体或组织目标的目标和战略制定能力（前瞻力）；对应于或来源于被领导者的能力，包括吸引被领导者的能力（感召力）及影响被领导者和情境的能力（影响力）；对应于群体或组织目标实现过程的能力，主要包括正确而果断决策的能力（决断力）和控制目标实现过程的能力（控制力）。这五种关键的领导能力就构成了领导力五力模型它们共同构成了领导力概念链，并诠释了领导力诸要素的关系：处于核心层（第一圈层）的是领导过程；第二圈层的领导行为、领导能力和领导知识都是领导过程的直接或间接产物；第三圈层的领导情境是指确保领导过程正常运行的环境因素的总和，是领导行为、领导能力和领导知识等要素形成和发展的重要基础，见图1-5。

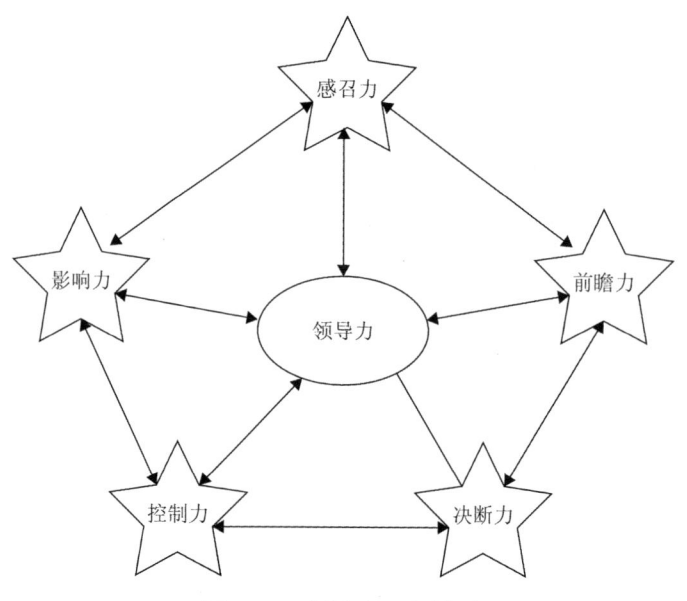

图 1-5 领导力五力模型

在领导力概念链的逻辑关系中,作为领导能力总称的领导力起着承上启下的核心作用,领导者一方面需要整合各种领导知识并通过领导实践使这些知识升华为领导力,另一方面还需要通过领导行为应用这些能力从而影响群体或组织的目标及其实现过程。

## 七、六维领导力模型

20世纪80年代,科学家托尼·布赞提出思维导图的概念,基于此,国内北京大学汇丰商学院领导力研究中心提出360°领导力模型构成领导力模型的六种能力,即领导力六维领导力模型。

学习力:改变自己,适应变化的能力。非常时期,形势瞬息万变,在这种情况下,领导不光要有积极学习的态度,还应该知道自己应该学什么,用什么样的方法学习。非常时期的学习力关键体现在对经济危机的理性认识和信息的判断处理上。除了获取知识外,还应该具备灵活的心智模式。

决断力:决策和判断是非的能力。决策的制定,很多时候受制于领导的视野,狭窄的视野必然无法看到高明的决策。时间和空间成为影响视野的两个重要维度。制定一个良好决策，不仅要避免常见的决策误区，更要严格把握决策制定的流程。变革时期的领导，学会自我保护，也是延长领导生涯的一个重要问题。

组织力：整合内外部资源的能力。无论是常态下还是非常态下，领导都处于资源利用的中心，内部外部的资源都可以充分利用，但在非常时期要特别学会借力。经济危机下，有的企业倒闭了，有的濒临灭亡，此时人才的流动是最大的。

教导力：复制优秀团队的能力。善于培育部下，是领导力中的一项非常重要的能力。领导善教，要向职业队的教练学习，找到问题的关键环节。

推行力：推动组织执行的能力。如何达成绩效，并不是高薪水，高绩效。更何况，在非常时期，为了减少开支，很多企业是没有高薪水的，怎么办？推动绩效是有很多方法的，比如说，承诺法、反馈法、复合法、竞赛法、走动法等都是非常有效的。

感召力：吸引他人追随的能力。一个成功的领导，绝不仅仅因为他所在的位置吸引人追随，而是主要依靠他的个人魅力和企业文化的感召。在危机时期，这种独特的魅力更多的是一种内在的东西，需要领导者不仅要有勇于和敢于迎接挑战的人格魅力，更需要有在各种情境中经受过锻炼的丰富阅历。

六维领导力指出，一个优秀的领导者，首先要为组织建立伟大的愿景，树立正确和清晰的价值观，这两个维度需要领导者去创造；其次要掌握沟通、授权的技巧，这两个维度是领导工具，可以去不断地学习获得和提高；然后是决策，做好决策要培养整合思维能力和逻辑思维能力；创新要求我们不断去反思前面五个维度的发展，不断更新和优化，使领导者无论在什么情况下都能强大的影响力和号召力来引领组织面对发展与变革。

## 八、冲突反应模型

在过去的几十年中，托马斯·基尔曼冲突模型已经成为世界领先的冲突解决方案的评估和选择方法，其中，坚持或不坚持，指的是对自己的关心程度，指是否坚持自己的观点或行为不肯放弃；合作或不合作，指的是对他人的关心程度，指对冲突的另一方是否能够采取宽容、合作的态度。按照这种合作性和坚持性的不同，可以形成五种解决冲突的策略，见图1-6。

第一种策略：竞争。

竞争策略又称为强迫策略，指的是牺牲一部分成员的利益，换取自己的利益或是团队整体的利益。是一种对抗的、坚持的和挑衅的行为，是为了取胜不惜任何代价的做法。

第二种策略：迁就。

就指抚慰冲突的另一方，愿意把对方的利益放在自己的利益之上，作出自我牺牲，遵从他人观点，从而维持相互友好的关系。在迁就的过程中，常常牺牲或放弃了个人的目标或利益。当需要维护团队和谐关系，或为了团队的长远建设和发展时，应考虑采用迁就策略。

第三种策略：回避。

回避是指冲突一方意识到冲突的存在，但忽视和放弃的态度，不采取任何措施与对方合作，或为了维护自身利益，甚至是一躲了之的办法。回避的方法既不合作，也不坚持，对自己和对方都没有什么要求。

第四种策略：合作。

合作指主动跟对方开诚布公地讨论问题，寻找互惠互利的解决方案，尽可能地使双方的利益都达到最大化，而不需要任何人作出让步的解决方式。合作策略认为双方的需要都是合理或重要的，哪一方放弃都不可能，也不应该，双方相互支持并高度尊重，因而得到许多人的欢迎。

第五种策略：妥协。

妥协指冲突双方都愿意放弃部分观点和利益，并且共同分享冲突解决带来的收益或成果的解决方式。采用妥协方式的原因在于完美的解决方案常常不可实现，坚持己见不如退而求其次，其目的在于得到一个快速的、双方都可以接受的方案。妥协的方式没有明显的输家和赢家，旨在达到双方最基本的目标。

在五种策略中，竞争、迁就都是一赢一输，回避是双输，合作是双赢，妥协介于输赢之间。

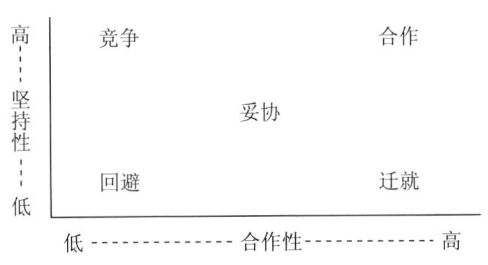

图 1-6　冲突反应模型

## 九、集聚优势领导力模型

集聚优势理论存在的核心是促进组织发展，这就需要组织有效地发现、集聚以及充分整合各种优势资源。为了更有效地吸收和整合各种资源，就需要组织中有一个有效的领导核心，以领导牵引的方式带动组织发展。领导力从静态上是为优势集聚提供一定的制度保障，也就是在组织吸收相关优势资源的时候，有足够的上层支持，而从动态上看，领导力的实现需要一定的组织资源才能够实现，不能够仅仅依靠领导力在组织架构上层指挥，而需要转化为实际行为，因此，领导力需要透过集聚优势的方式，才能够将自己的管理理念转变成为可以执行的任务，最终推动组织的可持续发展，见图 1-7。

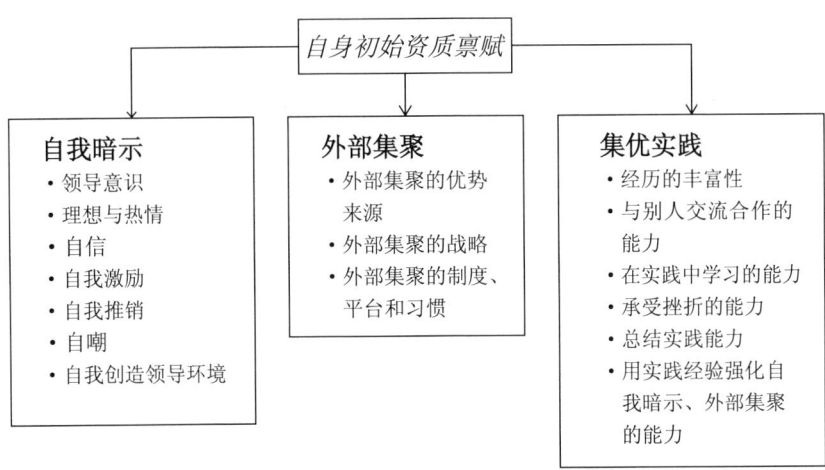

图 1-7　领导力培养集聚优势的路径

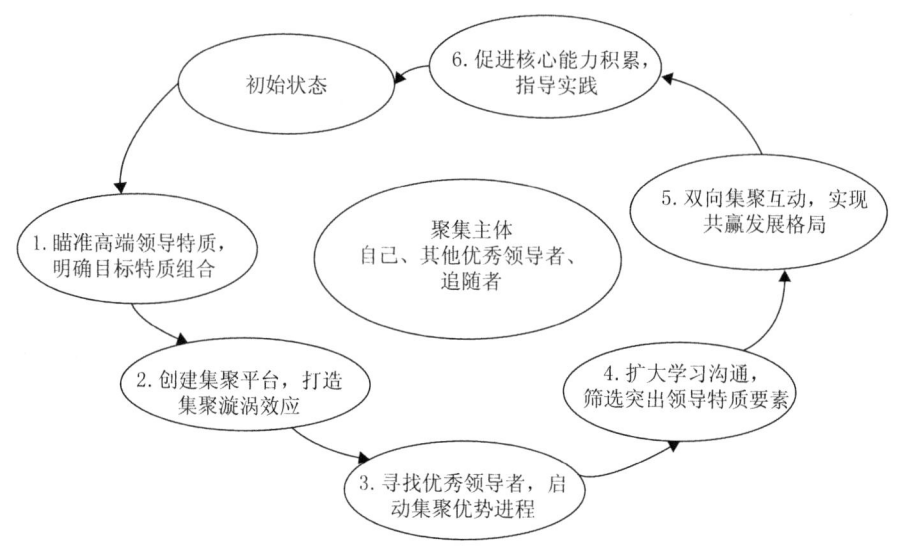

图1-8 集聚优势领导力模型

集聚优势理论是在对中国经济发展特征调研总结的基础上，结合美国、日本、英国、新加坡等先行发展区域的成功经验，针对当前经济发展的基本特点，提出的新模式，为国家、区域、社会组织、个人集聚优势资源，实现跨越提供了理论指导和战略参考。集聚优势理论吸收了传统国际贸易理论、区域经济理论和发展战备理论，具有理论上的传承性，更富于面向未来的开创性，见图1-8。

## 十、拉姆·查兰领导力模型

拉姆·查兰领导力模型以体系层级相对健全的跨国大公司为模板，划分出从普通员工到首席执行官的六个领导力发展阶段，即从管理自我（普通员工）到管理他人（业务经理），再逐次到管理经理人员（部门总监）、管理职能部门（事业部副总经理）、事业部总经理、集团高管、CEO六步。晋升到每一个新的层级，都将使人面临以往未曾遇到、无需考虑但现在必须正视的领导力问题，如果企业敏锐地意识到这些问题，采取针对性的培养方案，就不仅会解决问题，还将使领导者完成能力培养，为下一步晋升创造条件，见表1-2。

模型具有指导企业根据各层级管理者职责、就任者能力等特点，有针对性地的进行匹配训练，从大量案例中梳理出了不同层级管理者最容易出现的适应岗位问题。从领导技能、时间管理能力、工作理念三个方面进行了分析，提出了改进建议。

表1-2 不同层级领导的绩效与领导力要求

| 领导梯队 | 职位 | 业绩要求 | 领导力要求 |
| --- | --- | --- | --- |
| 第一阶段：从管理自我到管理他人 | 一线经理 | 促成业绩实现 | 工作计划、知人善任、分配工作、激励员工、教练辅导、绩效评估、时间管理 |
| 第二阶段：从管理他人到管理经理人员 | 部门经理总监 | 提高企业运营效率 | 选拔一线管理人才、分配管理工作、评估下属、教练辅导、全局思考 |
| 第三阶段：从管理经理人员到管理职能部门 | 事业部副总经理 | 打造企业竞争优势 | 全局意识、跨部门协作、争取资源、制定战略、合理授权 |
| 第四阶段：从管理职能部门到事业部总经理 | 事业部总经理 | 实现企业短期与长期盈利 | 长远眼光、长短期利益平衡、资源整合、多方协调与沟通、对支持部门的了解与重视 |
| 第五阶段：从事业部总经理到集团高管 | 集团高管副总裁 | 选择正确的业务组合 | 评估资金拨和人员配置、培养事业部总经理、评估业务的投资组合、评估业务的核心能力 |
| 第六阶段：从集团高管到首席执行官 | 首席执行官 | 谋基业长存之道 | 权衡取舍、管理外部关系、对客户需求和市场的洞察、凝聚人心 |

## 十一、胜任力冰山模型

美国著名心理学家麦克利兰于1973年提出了一个著名的素质冰山模型，

所谓"冰山模型",就是将人员个体素质的不同表现形式划分为表面的"冰山以上部分"和深藏的"冰山以下部分",见图 1-9。

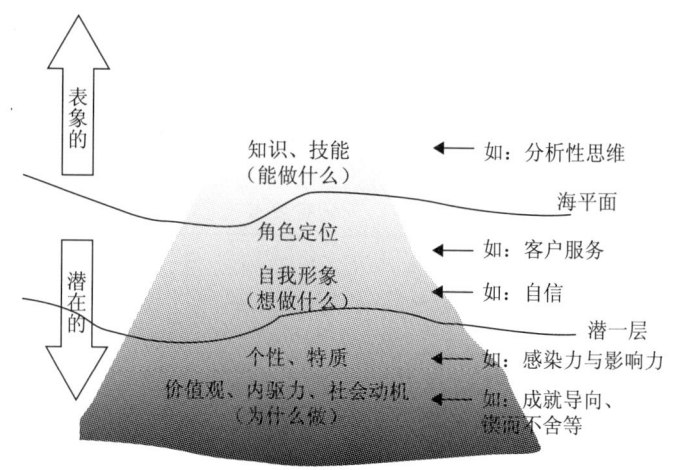

图 1-9　胜任力冰山模型

其中,"冰山以上部分"包括基本知识、基本技能,是外在表现,是容易了解与测量的部分,相对而言也比较容易通过培训来改变和发展。

而"冰山以下部分"包括社会角色、自我形象、特质和动机,是人内在的、难以测量的部分。它们不太容易通过外界的影响而得到改变,但却对人员的行为与表现起着关键性的作用。

人的素质的六个层面包括:

(1) 知识(Knowledge):指个人在某一特定领域拥有的事实型与经验型信息。

(2) 技能(Skill):指结构化地运用知识完成某项具体工作的能力,即对某一特定领域所需技术与知识的掌握情况。

(3) 社会角色(SocialRoles):指一个人基于态度和价值观的行为方式与风格。

(4) 自我概念(Self-Concept):指一个人的态度、价值观和自我印象。

(5) 特质(Traits):指个性、身体特征对环境和各种信息所表现出来的持续反应。品质与动机可以预测个人在长期无人监督下的工作状态。

(6) 动机(Motives):指在一个特定领域的自然而持续的想法和偏好(如

成就、亲和、影响力），它们将驱动、引导和决定一个人的外在行动。

其中第（1）、（2）项大部分与工作所要求的直接资质相关，我们能够在比较短的时间使用一定的手段进行测量。可以通过考察资质证书、考试、面谈、简历等具体形式来测量，也可以通过培训、锻炼等办法来提高这些素质。

第（3）、（4）、（5）、（6）项往往很难度量和准确表述，又少与工作内容直接关联。只有其主观能动性变化影响到工作时，其对工作的影响才会体现出来。考察这些方面的东西，每个管理者有自己独特的思维方式和理念，但往往因其偏好而有所局限。管理学界及心理学有着一些测量手段，但往往复杂不易采用或效果不够准确。

总而言之，麦克利兰的冰山模型为人力资源管理的实践提供了一个全新的视角和一种更为有利的工具，它不仅能够满足现代人力资源管理的要求，构建了某种岗位的胜任素质模型，对于担任某项工作所应具备的胜任特征进行了明确的说明，而且成为进行人员素质测评的重要依据，为人力资源管理的发展提供了科学的前提。

## 第七节　提升领导力的重要性

在这个大变革、大调整和竞争激烈的社会中，领导的环境已经发生了翻天覆地的变化。社会变革、国际交流、信息技术、个性发展和科技创新这些不确定的因素是我们的挑战，同时也是我们的机遇。面对这些挑战和机遇，我们更需要有卓越领导力的人带领我们走向辉煌。

领导问题是治国理政的核心命题。作为最大的发展中国家，中国崛起是世界历史上前所未有的奇迹。从领导力视角解析中国治理与崛起的奥秘，是新的理论生长点。在中国共产党长期治国理政过程中探索形成了具有独特模式的中国式新领导力，其中涵盖集体式的领导机制、集约化的领导权力、共识型的领导决策、台阶式的领导继承等特点。这种新型政治领导力范式，能够保障党和国家的长治久安，促进国家治理能力的现代化，助力于"中国梦"的实现，补益于现代政治文明。

## 一、为什么要提升领导力

在团队低落时,领导力表现为精神的支柱,在关键时刻,领导力表现为正确方向的引领。在中国革命低谷时期,1938年5月,毛泽东发表的《论持久战》成为鼓舞全中国走出困境的精神支柱,同时为中国革命的发展指明了方向和道路。二万五千里长征的开始阶段,遵义会议确立了以毛泽东为首的党中央,把革命的火种不但保留了下来,而且形成了"星星之火可以燎原"的态势。历史的经验已经证明一个道理,卓越的领导力是生存和发展的保障。对于企业而言,只有这种力量才是企业生存和发展的根本推动力。杰克·韦尔奇以其卓越的领导力挽救并造就了通用电气公司,乔布斯的执着和对未来的预见,引领着苹果公司克服了倒闭的风险,在高手如云的企业中,走向了世界的顶峰……

什么才是卓越的领导力?当我们重读马斯洛的相关著作,不禁感叹,马斯洛在半个世纪以前已经为我们指明了方向和出路,就是从人的根本动机出发,研究人,满足人,引领人,推动人。马斯洛的需求层次理论就是研究人的动机与行为的典范,是对领导力增强途径的根本性剖析。

## 二、领导力之基——信誉和稳定*

1943年7月,马斯洛的论文《人类动机理论》发表在《心理学评论》上,在需求层次理论中明确指出:"人类的需求构成了一个层次体系,即任何一种需求的出现都是以较低层次的需求满足为前提的,人是不断需求的动物……"这个需求层次包括:生理需求、安全需求、爱和归属需求、尊重需求、自我实现需求等(认知和审美为单列的、贯穿其中的需求)。

人们为什么会追随领导?当陈胜、吴广揭竿而起,顺应民心,对抗暴秦的时候,满足了人们对未来美好生活的向往;马克思的共产党宣言,唤醒并指引人们走向美好生活的方向。人们因而愿意追随。从某种程度上来说,领导所提

---

\* 黄先仁. 领导力之基:信誉和稳定[J]. 公关智库,2014(6).

供的是高于现实存在的生理和安全需要，是一种对爱、归属、尊重、实现这一需求层次体系能量递增的满足。

但对于领导者，如果无法在生理和安全层面提供满足或预见性的满足，则不会让成员信服。

马斯洛指出，盐、糖、蛋白质等这些生理需求构成动物对食物的需求。一个没有填饱肚子的动物是不会对其他需求有所奢求的。当然，一旦饥饿需求得到满足，安全需求便出现了，人们需要远离痛苦和恐惧，需要规律性的生活。而这两项需求是所有需求里面最基础，也是最稳定的需求，如果两项需求得不到满足，会让人产生不满，也不会给人带来愉悦和幸福（赫兹伯格理论）。

在实际情况中，生理需求和安全需求的满足在企业或社会处于重大变革时期很难实现。但是领导者在此时展现出来的对未来的期许会引领组织成员为此前赴后继，甚至是牺牲自己。因为这些追随者期望自己的追随行为可以换得未来的期许，而且他们也坚定地认为，这些期许一定可以得到。而保障追随者们坚定信心的基石是什么？是领导者本人的信誉和对信誉的持续的捍卫！我们称为"信誉和稳定"。美国的领导力专家詹姆斯·库泽斯在总结前人研究成果的基础上，提出"信誉"是领导的基础，用标准的术语表达就是："信息源的可信度"，正印证了人们的这种对领导的基础需求。即使这是一种潜意识，但它是客观存在的。

对企业领导者来讲，这个尤为重要。企业中领导者与被领导者的所有关系的基础是契约，是我工作你付钱的基础契约。如果领导没有信誉和稳定，则被领导者极有可能退回到原始阶段，即为钱工作、应付、抱怨等。

有一家员工过百、年产值过亿的企业，但员工的满意度极低，应付、抱怨和极高的员工流动使其企业领导者颇为苦恼，为什么会出现这种现象？员工异口同声地提到了两个词：说话不算和朝令夕改。没有几个人愿意与其交流、躲避责任、应付、推诿扯皮等现象严重影响企业的正常运行。这正是领导基石不牢固的表现。

如果企业的领导人可以把握好这个基石，员工则很容易走入需求层次的下一个阶段：爱和归属阶段。表现出对团队的极大认同，具有很强的团队意识，甚至拥有主人翁的意识而四处进行良好口碑的传播。

一个出色的领导，只有具备了出色的领导力，才可以带领团队走向更高层次。

# 第二章

# 国内外领导理论研究

## 第一节 现代西方领导研究的基本理论

### 一、现代西方领导理论发展的四个阶段

第一阶段——19世纪末到20世纪40年代。研究的重点主要是作为领导者需具备什么样的素质修养,或者当了领导之后需要具备哪些素质才能成为一个出色的领导者。人们把这一时期关于领导者特质的研究统称为领导特质理论(Trait Theory)。这一时期被称为特质研究时期。

第二阶段——20世纪40年代中期到70年代早期。研究的重点主要集中于领导行为,探讨什么样的领导行为、领导风格才能提高领导绩效。人们把这一时期关于领导行为的研究称为领导行为理论(Behavior Theory)。这一时期

被称为领导行为研究时期。

第三阶段——20 世纪 70 年代早期到 90 年代。这一时期研究的重点是影响领导绩效的情境因素,如工作任务、团体类型、下属特征等。这一时期被称为权变理论(Contingency or Situational Theory)研究时期。

第四阶段——20 世纪 80 年代至今。这一时期的研究可以说比较分散,人们从多方面、多角度来研究影响领导绩效的各种因素,产生了多种领导理论,如交易型领导理论(Transactional Leadership)、改造型领导理论(Transformational Leadership)以及自我领导和超级领导理论等。形成了领导理论百花齐放的繁荣景象。

## 二、领导特质理论

"领导是天生的",这种信念在 19 世纪末至 20 世纪上半叶占主导地位。这也是领导特质理论的出发点和基本前提。

领导特质理论(Trait Theories of Leadership)就是通过对大量领导者的考察、分析和研究,从性格、生理、智力及社会因素等方面寻找领导者特有的素质或应有的品质的理论,也叫素质理论。它强调领导者先天的个性和行为,认为它们是与生俱来的,先天就具有领导他人的特殊才能与素质,领导者是天生的"伟人"。这种特定的领导才能和品质意味着,不管在什么情况下,具有这些特质的人最终将被推向领导者的位置。对人格力量和先天品质的信念,使人们把研究的重点集中在领导品质的研究上,形成了一些理论观点和假设。到了 20 世纪 80 年代,特别是知识经济时代的来临,人们又对特质理论产生了新的兴趣,并继续深入研究,取得了新的成果。

1. 早期领导特质理论

早期一些管理学家和心理学家感觉到领导者与被领导者是如此的显著不同,因此希望通过对领导者的观察与分析,尤其是通过对大量成功的领导者的分析研究,收集了关于他们的各种详细的资料,包括人口统计学和个人品质特征方面的资料,并对数以百计乃至千计的领导品质进行了测量,包括年龄、体质、智力、动机、主动性和自信心等各种参数,试图发现领导者所特有而被领导者所缺乏的才能和品质。在此基础上确定出领导者的标准，以此作为选拔领导者的依据。

该研究一般从以下5个方面入手：

（1）生理特质。如领导者的身高、体重、体质、音容笑貌和仪态举止等。

（2）个性特质。如自信、热情、外向、开朗、幽默、正直、负责、勇敢、独立性和内控性等。

（3）智力特质。如领导者的记忆力、判断力、逻辑能力以及反应能力等。

（4）工作特质。包括责任感、事业心、首创性等。

（5）社会特质。包括沟通能力、激励能力、协调能力、控制能力、人际交往能力等。

在早期的理论和假说中，比较著名的有亨利的特质理论。亨利1949年提出成功领导者应具有以下12点特质：

（1）成就欲强烈，把工作当成乐趣和兴奋点，对其关注和追求超过对金钱报酬和职位晋升的关注和追求。

（2）敢于承担责任，干劲大，希望迎接工作的挑战。

（3）尊重上级，认为上级水平高、经验多，能够帮助自己上进和提高，与上级关系好。

（4）组织能力强，把混乱的事组织得很有条理。

（5）决断力强，能在较短的时间内对各种备择方案加以权衡迅速作出决断。

（6）思维敏捷，有较强的预测能力，能从有限的材料中预测出事物的发展动向。

（7）自信心强，对自己的能力有充分的自信，目标坚定，不受外界干扰。

（8）极力避免失败，不断接受新任务、树立新目标，驱使自己前进。

（9）讲求实际，重视现在，而不大关心不肯定的未来。

（10）眼睛向上，对上级亲近而对下级较疏远。

（11）对父母没有感情上的牵挂，而且一般不同父母住在一起。

（12）忠于组织，忠于职守。

经过40多年的研究，研究者仍未能找到有效的领导者所应该具有的区别于被领导者的才智、个性、身体等方面的特质，也几乎没有证据表明领导者是天生的。只是更多的数据表明，领导者比其他人更好交往，更具主动性，更为活泼。除此之外，领导者通常好像具有一点原创性，较受欢迎，而且具有一点幽默感。但所有这些都不能确保一个人成为领导者，更不用说成为一个有效的领导者。

2. 现代领导特质理论

20世纪70年代以来，由于社会环境发生了巨大的变化，知识经济对领导者提出了新的挑战，人们对领导者特质理论的研究又迅速升温。

世界著名管理学大师德鲁克（Peter Deruck）认为，一个有效的领导者必须具有以下五项主要学习习惯：善于利用时间；注重贡献，确定自己的努力方向；善于发现和用人之所长；分清主次，集中精力；作有效的决策。

美国学者詹姆士、库塞基和贝瑞、波斯纳是著名的领导学专家，他们认为领导是每个人的任务，领导是人类组织中不可或缺的重要事务。他们从1980年开始调查近千家企业及政府行政部门，而后又在1987年和1995年进行了两次调查。他们发现排在前四位的领导特质是：诚实、有远见、懂得鼓舞人心、能力卓越。

第一，诚实。它是领导者和被领导者关系中最重要的因素。83%的人期望领导者要诚实、讲信用、有道德、有原则。如果领导者对自己所倡导的原则言出必行，那么下属就会心悦诚服地追随。

第二，有远见。我们称这种能力为眼光、梦想、召唤、目标或计划，它的信息或内涵都是很清楚的。如果领导人期望别人愿意加入他们的行列，那么他们必须知道目标何在，前景如何，也就是要有远见。

第三，鼓舞人心。追随者期望领导者拥有满腔热情、充满活力，尤其是在困难时期对未来感到乐观，领导者若能表现得极其热忱和兴奋，显示出他个人对所追求目标的投入，就更能鼓舞人心。

第四，能力卓越。领导者必须有领导能力，这是指领导者必须具备运转工作的核心技术，尽管不同职业对领导者要求不同，但领导者必须具备一定的职业能力。

领导特质理论表明，领导者至少在某些领域确实具有天赋和才能，成功的领导者存在某些特质上的共性；特质仅仅是领导者应当具备的必要条件，仅有这些天赋和才能是不够的，个人的经验、正确的抉择以及对环境的正确判断也是使这些因素得以充分发挥的关键因素。领导特质理论只能说明具有哪些素质会有较大的机会成为领导者，成为有效的领导者，但能否真正成为有效的领导者，其制约的因素还很多。领导者的特质只为其成功提供了某种可能，重要的还是后天的学习和实践锻炼。但不论如何，领导特质理论毕竟为培养、培训和选拔领导者提供了一定的标准和依据。

### 三、领导行为理论

由于领导特质理论研究没有取得预期的结论，也由于20世纪40年代中期行为科学的兴起，研究者从领导特质研究转向了领导行为的研究，通过考察领导者实际做了什么和怎么做的，来寻找领导效果的答案。领导行为理论研究具备以下几个有利条件：其一，行为能够被观察，比素质更具有客观性；其二，行为能够被测量，比素质更精确和更正确；其三，行为可以通过学习而获得，但素质是先天或者早期生活中形成的。由此，人们把研究的重点集中到了领导行为上，导致领导行为理论的研究占据了主导地位。

领导行为理论认为领导者不是天生造就的，而是后天培养、塑造和形成的，通过对有效的领导行为模式和领导风格的研究，可以按照一些精心设计的培训项目把有效的领导行为模式移植到其他人身上，使之也成为有效的领导者。领导工作的绩效主要取决于领导者的行为和风格，而不是领导者的特质。领导行为理论强调一个有效领导者的行为，而不是判断谁应该是一位有效的领导者。

#### （一）领导行为的早期研究

领导行为理论主张，考察领导好坏的标准是他的领导行为，而不是他的内在素质。领导特质理论试图用领导者是什么人来识别领导，而领导行为理论则用领导者做什么和怎么做来识别领导，特质理论主张只有挑选"合适的人"才能胜任领导岗位，而行为理论认为由于领导取决于行为，所以人们通过培训、训练即可成为领导者。早期研究领导行为的学者主要是从领导者如何运用其职权的角度来划分领导方式和风格。可以分为专制式、民主式和放任式三种，在此基础上还有仁慈专制式和支持式两种变异。

1. 领导职权运用分类

（1）专制式。

专制式也称专权式。此种领导者的特点如下：一是独自负责决策，然后命令下属执行，并要求下属毋庸置疑的绝对服从。二是独断专行，从不考虑别人的意见，也不把任何消息告诉下级，下级没有参与决策的机会，只有奉命行事。三是领导者预先安排好一切程序和方法，依靠行政命令，纪律约束，训斥、惩罚或奖励，使下级服从，与下级存在一定的心理距离。

（2）民主式。

民主式又称群体参与式。领导采取行为方案或作出决策之前，听取下级意见与下级共同商议，集思广益，然后决定。其主要特点是：主要的政策在领导者的鼓励和协调下由群体讨论决定，分配工作尽量照顾到个人的能力与兴趣。对下级的工作安排较粗，有一定的工作自由与灵活性。领导者主要应用非职位权力和威信，也常参加团体活动，谈话时多使用商量的口气，与下级的关系融洽，无任何心理上的距离。

（3）放任式。

放任式领导者极少行使职权，留给下级很大的自由度，让其自行处理事情。放任式领导听凭下级自行设定工作目标和决定实现目标的手段。其职责主要是为下级提供信息，并与组织的外环境联系，以有利于下级的工作。

（4）仁慈专制式。

仁慈专制式亦称开明专制式，是专制式领导风格向民主式方向的一种变异。这种领导在作决策时可能仔细听取下级意见，宣布执行命令时允许提出疑问，并以说服方式使下级接受决策，但最终作出决定时他们往往表现得非常专断。

（5）支持式。

支持式是靠近民主式的另一种变异。此种领导者对下级抱有较大的信任感，但并不是完全的信任，允许下级作出具体问题的决策，并在某些总体的、主要的决策中进行协商，鼓励下级积极参与决策制定，并且尽最大的可能帮助下级完成任务。

## 2. 领导连续统一体理论

美国学者坦宁伯姆（R. Tannenbaum）和施密特（W. H. Schmidt）共同提出了领导连续统一体理论，见图2-1。

从图2-1可以看出，左端是专制（专权）的领导方式，右端是民主式的领导方式，形成这两个极端的领导方式主要是由于领导者对权力的来源看法上存在不同的观点。

专制式领导者认为：首先，在通常情况下人本都有惰性，缺少奋发的潜力。而领导者的权利来自职位，具有法定的权利。因此一切决策均应有领导者作出。其次，专制式领导比较重视工作，崇尚运用权力影响下级，下级的自由度较小。

民主式领导者则认为：权利来自于群体的拥赞、承认与给予，只有充分的鼓励下级，调动积极性，发挥下级的创造力，组织目标才能实现。因此，一切决策应通过公开讨论，集体决定。而且民主式领导比较重视群体关系，赋予下级较大的自由度，主要通过非职位权力来影响下级，获得成功。

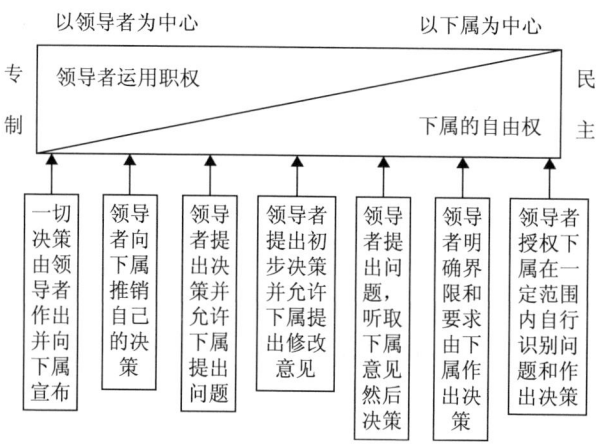

图2-1 领导行为的连续统一体

领导行为统一体理论在管理上的意义是：可帮助管理者判别领导者的领导风格，该理论将领导者分为两类：一类是以上级为中心的领导方式，另一类是以员工为中心的领导方式。这两类不同的领导方式，可启发管理者根据组织的实际情况与具体条件，选择合适的领导方式。

## （二）领导行为四分图理论

大量全面的领导行为理论研究来自于20世纪40年代末期美国俄亥俄州立大学。该研究工作是在斯托格迪尔（Stogdill）教授的指导下进行的，研究的目标是确定领导行为在实现群体和组织目标过程中的重要性，采用的方法主要是问卷调查，让下属来描述领导者的行为，研究者们收集了大量的有关对领导行为描述的数据资料，开始时列出了1800个因素，后来减少到150个。通过逐步筛选、归并，最后归纳为两个独立的维度：结构维度和关怀维度。

其一，结构维度（Initiating structure）指的是领导者更愿意界定和建构自己与下属的角色差异，强调组织的需要，以达成目标。领导者的主要工作就是抓组织，即为职工提供组织结构方面的条件使之作出令人满意的成绩，包括组织设计、制订计划和程序、明确职责和关系、建立信息通道、安排并确定工作日程、强调工作的最后期限等。

其二，关怀维度（Consideration structure）指的是领导者尊重和关心下属的观点与情感，更愿意同下属建立相互信任的工作关系，其工作主要以人际关系为中心，关心人，尊重下级意见，注重职工需要。高关怀维度的领导者帮助下属解决个人问题，友善且平易近人，公平对待每一个下属，关心下属的生活、健康、地位和满意度。

其三，四分图理论。美国斯多基尔（R. M. Stogdill）和沙特尔（C. L. Shartle）进行了广泛的关于领导问题的问卷调查，最终将影响领导行为的因素概括为"抓工作""关心人"两大类。领导行为可用亮度空间的"四分图"来表示，四分图理论认为Ⅲ型领导方式最好，见图2-2。

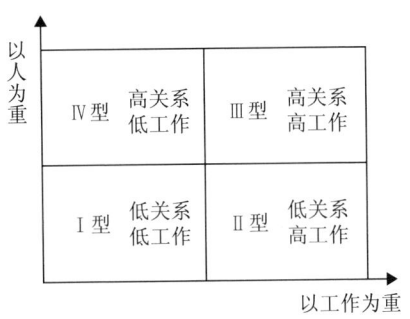

图2-2 四分图理论

Ⅰ型领导方式:"低工作""低关系",对工作和职工都不关心。
Ⅱ型领导方式:"高工作""低关系",只关心工作不关心人。
Ⅲ型领导方式:"高工作""高关系",对工作和职工都关心。
Ⅳ型领导方式:"高关系""低工作",不关心工作,只关心人。

其四,管理方格理论。1964年,美国德克萨斯州立大学心理学教授罗伯特·布莱克和简·默顿在领导行为两维度的基础上,将每一维度再细分为9等,用坐标线画出,得出81种方格组合。在管理方格图中,共有五种典型的领导方式,见图2-3。

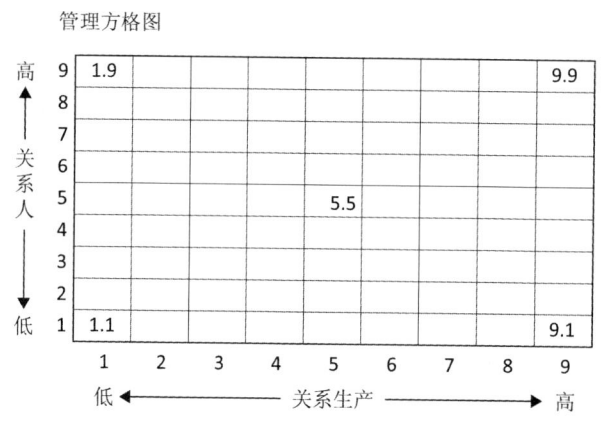

图2-3 管理方格理论

"1.1型领导"——虚弱型管理。1.1型领导者最大的特征是身在其位,不谋其事,对下属和工作都漠不关心,放任自流。这是最低能的领导方式,也是很少见的极端情况。这种领导者能够胜任日常单调、重复而没有挑战性的工作。在激烈的竞争环境中,这样的领导方式必然导致失败。

"1.9型领导"——俱乐部型管理。这种类型的领导者最大的特征是重视下级的态度和情感,对下级关心备至,一味迁就,做老好人,不关心工作,认为只要职工精神愉快,生产成效自然好,把对职工的关心放在第一位。这种领导的结果可能很脆弱,一旦和谐的人际关系遭到破坏,生产成效就会随之下降。

"5.5型领导"——中庸型管理。这种类型的领导者对人的关心与对生产的关心程度基本保持平衡，既不过分偏重人的因素，也不过分偏重任务，努力保持两者的和谐统一，以免顾此失彼。他们喜欢显示民主作风，不喜欢冲突，希望维持现状，只图维持一般的工作效率和士气，不能促使下属发挥创新精神，因此，从长远来看，这种类型的领导者难以在激烈的竞争中立足。

"9.1型领导"——任务型管理。这种类型的领导者的最大特征是好强和有力量，控制他人的欲望特别强烈，只注重任务的完成，强调生产和效率，不注重人的因素，把职工看成是机器。对他们来说，任务是第一位的，成功是最重要的。他们常常独断专行，喜欢监督别人，喜欢使用能力强的人，常常发怒，尤其在失败的时候。这种领导方式把人的因素的影响降到最低，在竞争激烈的有限时间内，可能效果显著，但长期下去，这种领导者就会疏远下属，并造成生产效率的下降。

"9.9型领导"——团队型管理。这种类型的领导者对人的关心与对工作的关心都达到了最高点。领导者诚心诚意地关心职工，把对人的关心与工作任务的完成和谐地统一起来，使组织的目标和个人的需要最完美、最有效地结合起来，使下属了解组织目标，关心工作成果，进而形成休戚与共、士气旺盛的团队，并能出色地完成任务。这种领导方式既可以增加组织的竞争能力，改善各单位、各部门之间的关系，也可以增进职工间的相互理解与合作，促进职工的创造力，发扬团队精神，增强职工的责任感。这是一种最理想的领导方式，这种方式可以在激烈的竞争中获得成功。

领导行为理论有助于增加对各种不同类型领导行为的理解，注重行为模式而非领导特质，强调了领导培训的重要性。但和领导特质理论研究一样，都属于静态层面上的研究，只注重行为而没有考虑环境因素，也仅为高度复杂的领导过程提供了一个简单的视野，只考察了领导过程的强化因素，因此，其指导意义也是有限的。

## 四、领导权变理论

由于领导特质理论和行为理论都没有从根本上解决领导的有效性问题，人们开始重视情境因素对领导活动的影响，并在此基础上逐渐形成了领导权变理论。领导权变理论所关注的是领导者与被领导者的行为与环境的相互影响，尤其关注不同的领导方式与各种环境之间的适应性。该理论认为,在领导活动中并不存在一种普遍适用的"最好的"或"不好的"领导方式,任何领导类型都可能是有效的,也可能是无效的,关键看它与环境是否适应。领导是一个动态过程,而且领导方式应随着下属的特点和情境的变化而变化,这样才能获得较高的领导绩效。领导绩效取决于领导者、被领导者、环境三因素之间的相互作用。领导权变理论的代表性研究主要有:菲德勒的领导权变模型、赫塞和布兰查德的情境理论;豪斯的路径—目标理论、弗鲁姆和耶顿的领导参与模型等。

1. 菲德勒权变模型

菲德勒自 1951 年起,经过十多年的调查研究,提出了领导权变模型理论。他的权变模型是领导科学上最早的也是迄今为止最好的研究方法。其权变模型的基本前提是:领导绩效是领导方式和领导情景相互作用的产物。如果领导方式与情景相容,那么这种领导就是有效的;如果领导方式不能满足领导情景的需要,那么,这种领导将失去有效性。领导者必须是一位具有适应能力的人,见图 2-4。

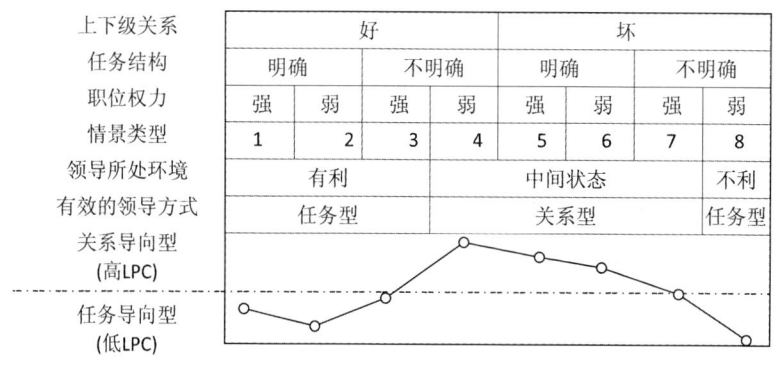

图 2-4 菲德勒权变模型

首先,确认领导风格。菲德勒对 1200 个群体进行了广泛调查,他设计了一个"最不愿与之共事者(Least Preferred Co-worker, LPC)问卷"。让领导者在所有过去与现在的同事中选取他认为不受欢迎、最难合作的人,以一套截然相反的形容词来描述他们,然后根据程度高低选取相应的得分。通过调查表的得分高低来衡量领导的个性，从而确定领导风格。问卷以等级记分，最后累加得分（LPC）高的人，是关系导向型的，是一位宽容且关心人的领导，他们主要以人际关系为目标来激励自己，通过与其他人建立良好的人际关系来实现自我。在 LPC 上得分低的人则是任务导向型的，是一位对人苛刻、以工作为中心的人。他们主要依靠任务和成就来激发自己，凭借完成任务的好坏来实现自我。

其次，分析情境因素。菲德勒认为决定领导绩效高低的情境因素有 3 个：领导者与被领导者的关系；任务结构；领导者的职位权力。（1）领导者与被领导者的关系。菲德勒认为这个因素是最重要的，因为职位权力和任务结构大多可以置于组织的控制之下，但是领导者与被领导者的关系不易控制，如果处理不好，可能影响下级对领导者的信任和爱戴。领导者和成员之间良好的人际关系意味着他们具有一种团队精神，相互支持，凝聚力强。（2）任务结构。它是指工作任务的明确程度和人们对这些任务的负责程度。当下属成员对所承担任务的性质、目的、方法和绩效标准清晰明确时，领导者对工作质量较易控制。含义模糊不清的任务会带来一种不确定性，从而降低领导者对情境的控制度。（3）职位权力。这是指领导者所拥有的对下属的雇用、解雇、报酬和奖惩等正式的与领导者职位相关联的权力以及领导者从上级和整个组织各个方面取得的支持程度。职位权力是指领导者对其下属的实有权力。当领导者拥有一定明确的正式的职位权力时，则更容易使群体成员遵从他的领导。拥有较多正式权力的领导者比那些权力少的人感觉更容易控制执行。根据这 3 个权变因素可以评估环境是否对领导者有利。菲德勒指出，领导者与下属关系越好，任务结构化程度越高，职位权力越大，领导者拥有的控制力和影响力也越高，环境对领导者越有利；反之，环境对领导者则不利。这 3 项权变因素组合起来，可以得到 8 种不同的情境和类型，每个领导者可以从中找到自己的位置。最后，进行领导与情境的匹配。菲德勒把 8 种情境的每一种与 3 项权变因素分别组合起来，进行各种匹配。他认为，在领导职位权力不足、任务结构不明确、领导与下属的关系恶劣的情境因素下，任务导向型的领导者将是最有成效的。在职位权力很高、任务结构明确、领导者与其成员关系良好等情境因素下，任务导向型的领导者也是最有成效的。但当情况在中等有利时，关系导向型的领导者是最有成效的。总之，在情境因素最好或最差的条件下，应选择任务导向型的领导方式;反之,则应选择关系导向型的领导方式。

菲德勒领导权变模型的应用非常广泛。菲德勒认为,个体的领导风格是稳定不变的,个体的 LPC 分数决定了他最适合于何种情境条件,因此,提高领导有效性的途径只有两条:第一条是替换领导者以适应情境。如果领导者不能适应他所在的领导情境,那么只能用另外一个领导者来替换他。第二条是改变情境以适应领导者,重新建构任务结构和领导职位权力,使环境符合领导者的风格。

2. 领导生命周期理论

该理论由美国管理学家赫西(P. Hersey)和布兰查德(K. Blanchard)提出,该理论的基本观点是:如果把领导方式分为以工作为中心和以人际关系为中心两种类型,则有效领导方式应该随着下属的逐渐成熟而不断弹性地改变领导方式,见图2-5。

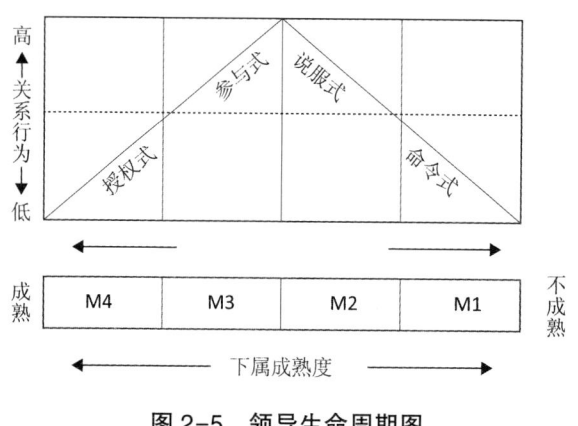

图 2-5 领导生命周期图

(1) 命令式。是一种高任务与低关系的领导行为,适用于下属成熟度很低的情形。

(2) 说服式。是一种高任务与高关系组合的领导方式,适用于下属成熟程度中等或偏低的情形。

(3) 参与式。是一种低任务与高关系组合的领导方式,适用于被领导者有能力但不愿承担责任的中等偏高成熟程度的情形,这时需要让被领导者参与作出决策,领导者则从中给予支持和帮助。

(4) 授权式。这是一种低任务与低关系组合的领导方式，只能适用于被领导者既有能力、也有意愿承担责任的高度成熟的情形，领导者既不下达指令，也不给予支持，被领导者自己决定和控制这个工作过程，领导者只起监督作用。

领导生命周期理论的目的在于帮助领导者在了解下属工作成熟程度的情况下，来选择相适宜的领导方式。

## 五、替代理论和自我领导理论

领导理论经过半个多世纪的演变，从特质理论、行为理论到权变理论，都在试图揭示有效领导背后的真正原因。但从整体来说，仍然没有找到和揭示出真正的原因，这些研究都存在不少的局限性，因此人们仍然在进行着不懈的探索。20世纪80年代以来，社会结构发生巨大变化，社会成员受教育的程度普遍提高，科学技术尤其是信息技术突飞猛进，并在领导过程中发挥重大的作用。传统的官僚体制模式和领导方式受到挑战，人们积极寻找新的组织形式和领导方式，不断探索新的领导理论和方法。尤其是20世纪90年代以来，人类进入了全球化、信息化的时代，经济全球化、政治民主化、社会化、信息网络化，时代在呼唤着新型的领导，迫切需要领导理论的创新与发展。为回应时代的呼唤和社会的挑战，人们通过在实践活动和理论研究中提出和产生了很多的新理论、新观点。如领导替代理论、交易型领导理论、改造型领导理论、领导激励理论、自我领导和超级领导理论等。下面我们仅简要介绍一下自我领导和超级领导理论。

所谓"自我领导"，顾名思义，就是自己领导自己，即领导者的主要任务和职责就是采用各种方式方法把被领导者培养和造就成为领导者，使他们具有高度的责任感和自我控制能力，自觉努力地工作，由过去的"要我做"变为"我要做"。所谓"超级领导"是领导者带领下属领导他们自己。超级领导适用于那些有责任领导他人的管理者。

自我领导和超级领导有着内在联系。理解自我领导是理解超级领导的关键一步，因为对下属的所有控制最终要靠下属的自我影响起作用。无论控制从何而来，其效果仍然依赖于这些控制在多大程度上能被下属认同和内化。

自我领导有两类策略。第一类是注重有效的行为和行动，即以行为为中心的策略，对下属领导自己完成一些困难但又必须完成的任务十分有帮助，包括自定目标、自我提示、自我检查、自我排练。自我排练即在完成一项重要任务之前进行周密的安排和训练，自行实施奖励和惩罚措施。第二类是注重有效的思想和情感，即以认知为中心的策略。认知策略主要是关于下属如何建构自己建设性的管理思维模式，然后通过它影响行为。这种策略分为两个部分：一部分是考察如何利用来自任务本身的快乐和自然回报，以形成具有建设性的思想与感受；另一部分则通过信念、自我暗示和想象等方法形成建设性思维。

## 六、西方领导理论研究的发展方向

西方领导学研究经过了近百年的发展，几经沉浮，目前已呈现百家争鸣的局面，其当前的主要研究热点及未来的重要发展方向如下：

1. 战略型领导

到了20世纪80年代中期，领导学研究开始了从"监管型"领导向"战略型"领导的转变（杜鹃等，2005）。随着这种转变出现了一批被称作"新领导理论"的学说。这批新学说包括魅力型领导理论、变革型领导理论和远景式领导理论等。这批新学说的出现，为西方领导学研究注入了新的生机。以上述"新领导理论"为代表的"战略型"领导理论，从另一个崭新的视角来研究领导行为，其重点是从组织发展的战略角度研究领导者如何为组织规划未来，它的出现代表了未来领导研究的最重要的趋势。

2. 普遍性的领导功能和特殊性的领导行为

组织既是一个完成任务的单元又是一个社会群体，因此，有理由相信应当存在一组通用的任务导向型的领导功能用来保证组织绩效，同时还应有一组通用的关系导向型的领导功能用来维系组织成员、工作单元间的有效的社会关系。通用的领导功能应通过几种特殊的行为表现出来，这样通用的领导功能代表了一大类广泛的特殊性的领导行为。用来实现某种功能的特殊的领导行为将因工作的性质、下属的能力、领导者的个性、组织的文化环境而变化。

3. 多样化管理和跨文化领导研究

西方的一些学者认为：关于非传统的和非西方的领导行为研究仅积累了非常有限的知识；探索和发现多样化影响组织生活的各种机制是很重要的；全球领导如同任何多样化群体的领导者，应该成为文化的综合者和促进者。上述观点及其他大量文献发出了对于如何领导多样化的个人和群体应当进行深入的理论探讨和经验研究的呼吁。

总之，从对领导概念的不同层面的解读，从最初简单的领导者特质理论、行为理论，到复杂的权变理论以及最新的交易—变革型理论，领导理论的变迁过程显示出对领导学认识的不断深化和提高。

## 七、领导力理论研究展望

和管理学理论及其他分支理论一样，领导力理论在理论内容上呈丛林状，且每种理论都极具洞察力与启发性。但当观察或接触复杂的领导实际时，各个学派理论或每个观点都具有局限性，难以为复杂的实际领导提供系统、有效的指导。因此，在未来领导力研究中，需要一个系统的领导力框架，为领导力教学、领导力培养、领导力实践提供直接的、系统的参考、借鉴甚至指导。

西方领导力理论陷入丛林状态的原因，有其方法论根源，那就是不少学者过于追求运用定量实证研究方法。这种方法适合于少数变量间相关关系的精确分析，这种定量分析只是研究、形成理论的一个环节，运用这种方法难以甚至根本不能形成系统的理论。领导面对的是复杂系统及其发展环境，因此，未来领导力理论的研究及其系统化，需要更多地运用系统方法。正如菲立普所指出的，系统方法是当代富有启发性的新思想，它正确地强调只有了解一个有机系统各个部分之间的相互联系，才能认识系统的本质属性。它指出了传统科学的分解或分析方法的局限，但它并没有提供一套研究有机整体的操作方法。到目前为止，它还只是一种无法付诸实践的学说。虽然已经过去二十多年了，菲立普所说的话在当今社会科学研究中仍然不过时。目前，学者们可能更多地将系统方法运用于定量研究的概念化中，而将系统方法连同比较方法，运用于形成系统的理论之中尚不多见。如果说在定量研究中运用系统方法对所研究的概念进行概念化,形成指标体系,那么在定性研究中运用系统方法和比较方法就可以形成完善的概念体系或理论框架。

## 第二节 中国文化视角下的领导力研究

2016年7月1日,习近平在庆祝中国共产党成立95周年大会上指出:"中国特色社会主义制度是当代中国发展进步的根本制度保障,是具有鲜明中国特色、明显制度优势、强大自我完善能力的先进制度。"具有中国特色的现代化建设决定了我国的领导力研究既不能全盘照搬西方别国的领导理论,也不能完全依赖传统文化的领导思想,而必须依照我国国情建构一个具有中国特色的现代领导力体系。换言之,中国的发展亟须能够适应中国国情的领导力体系,完全脱离中国传统文化的土壤是不会被人民接受的,更谈不到用它来提高领导素质了。抛弃民族传统文化思维,也就失去了民族的灵魂,因为传统思维方式通常潜移默化地影响着一个国家、一个政党、一个组织的是非标准、价值观念等。晚清的张之洞在其著作《劝学篇》中说:王仲任之言曰:"知古不知今,谓之陆沉❶;知今不知古,谓之聋瞽。"吾请易之曰:"知外不知中,谓之失心;知中不知外,谓之聋瞽❷。"如果说《劝学篇》的目的是强调要通古知今以治"陆沉"、读外知中以治"聋瞽",扩大文化对外开放以吸收、融汇外国文化长处,那么今天我们所面临的则是要通古以用于"今",即如何将传统文化中的领导力应用于当代的问题。随着经济政治全球化趋势的发展,各类领导思想的大潮相互激荡、明显交融,传统领导力作为民族文化的重要内容也必然要卷入这场大潮中,为我国吸收全球优秀民族文化成果,建设具有中国特色的民族文化提供了难得的机遇。在研究中国传统文化中的领导力时,我们既要自觉地延续继承传统文化思想的根基,发挥自身的优势,又要有海纳百川的胸

---

❶ 愚昧迂执,不合时宜。汉代王充《论衡·谢短》:"夫知古不知今,谓之陆沉,然则儒生,所谓陆沉者也。"

❷ 盲瞽,指只知今不知古的庸人。这两句话的意思是治学者只有了解古今,今以古鉴,古为今用,才能明晓事理,学以致用。

襟，为创建有中国特色的领导力研究服务。因此，研究中国传统文化中的领导力在当代社会的应用有利于增强民族凝聚力和自信心，建立科学的、现代的领导力概念，推动以领导力为载体、为平台的中西方平等对话与交流。

## 一、领导者与管理者的区别

表2-1 领导者与管理者的区分

| Manager（管理者） | Leader（领导者） |
| --- | --- |
| 短期思考 | 长期思考 |
| 维持现状 | 创新 |
| 务实 | 充满想象力 |
| 微小变革 | 大的创造 |
| 控制 | 授权 |
| 对已发生的事快速作出反应 | 预先反应 |
| 重建企业流程或规章制度 | 重新思考企业流程和制度的局限性 |
| 将事情做正确 | 做正确的事 |

在行为上区分领导者与管理者，传统文化认为，领导者的首要任务是"成事"，而非按计划做事；管理者的首要目标在"做事"，推进计划的完成。在行为上领导者和管理者有交叉的地方，但在面对不同的领域时，领导者和管理者有如下区别。

(一) 领导者是变革者与规划师，管理者是维稳员和执行者

领导者，首先要规划蓝图，领导全体职员，以目标为导向。领导者要有足够的远见与胸怀，对社会的未来变化趋势有一定的前瞻性，并对自身现有状况有足够清醒的认知与勇于暴露自身不足的勇气。

管理者，首先是管而理之，管好人与事，不越权不越界。合格的管理者在工作中，更多的是依现行制度规章去办事，不需要太多的决策，维持稳定的秩序，做好自己的本分工作，保证工作的正常运行。

### (二) 领导者临场发挥，管理者遵章办事

遇到任何事情，作为领导者一定要及时给出一个回复，无论是否有章法或先例的存在，都要做到超脱与超越界限，遇到法与情的冲突时，多数情况下是有法更有情的临场发挥。

作为管理者，遇事是先依法再依情，在法规与制度的许可下，才能依情处理。因此，在更多的时候，管理者表现出来的是一种严格谨慎的公正执行，即管理者更多的是遵章办事。

### (三) 领导者在队伍前面示范，管理者在队伍中间控制

新理念、新愿景是由领导者引进与制定的，在此过程中，领导者要站在队伍的最前面，起到示范带头作用，要以身作则。

管理者在领导的指挥下，按要求控制过程，发现错误及时向领导者汇报情况、提出合理方案，力保工作进程的顺利进行。

### (四) 领导者给出方向，管理者寻找方法

一个企业是否有长足的发展，取决于企业最高领导者所站的高度。领导者应为企业寻找最合适的目标并明确化。

管理者是为了达成目标而寻找最合适方法的人，为了协助领导者，应提升管理者的工作技巧与方法。

美国著名的管理学大师彼得·德鲁克认为，领导者的领导力是将人类愿景提升到一个更高的境界，将员工的绩效提高到一个更高的标准，将每个人的个性发挥到极限。领导者在对各种组织的领导中，一般把领导理论用在个人上、激励理论用在群体上，而把结构理论用在组织管理中。苹果电脑公司的创始人之一史蒂夫·乔布斯则认为，管理是劝说人们去做自己愿意做的事，而领导则是激励人们去做他们从来都没想过的事。领导者需要预先反应、重新思考企业流程和制度的局限性，创新、授权做正确的事。管理者是对已发生的事快速作出反应、重建组织运行的流程或规章制度，并将事情做正确。因此，领导者与管理者在行为上是有区别的，管理者是把事情做对的人，而领导者则是做对的事情的人。换句话说，领导力如同要把梯子靠在正确的墙上，管理力如同教会

爬梯人掌握正确、高效的攀爬技巧与方法，而让企业管理有成效的前提是有效的领导力加上及时的管理力（如上表）。

## 二、领导力中的授权

领导的最终目的是提高人的主动性和积极性，为了达到这一目的，其中一个重要内容就是授权。在现代企业管理中，每一个领导者都会遇到两类事：一类是事关全局利益的大事，另一类是无关紧要琐碎的小事。在发展过程中公司随着组织规模的扩大和部门层级的增多，即使是精明能干、出类拔萃的领导者，也无法事事躬亲、样样有为。因为领导者本身也是独立的个体，学识、精力和时间都是有限的，而需要处理的事情却是无限的，用有限的精力去处理无限的事情基本上是不可持续的，所以，为了分配合理时间处理如决策、创新的大方面，领导者要学会授权。授权是提升部属能力，以及让领导有效管理时间的良好方式。根据工作性质和层级别的不同，通常一名领导者直接控制 4—5 个直属下级较为合适，而在直属领导下能够有效管理的人员则以 7—12 人为宜，领导者通过协调他人的活动，借助管理者达到实现组织目标的目的。只有通过合理的授权，领导者才能摆脱繁杂的事务，集中精力干大事，这就要求领导者不但要精明决策，还要善于授权。清代严可均辑录的《全晋文·卷三十三》❶ 中说："古之圣哲，深原治道，以为经理群务，非一才之任；照练万机，非一智所达。故设官建职，制其分局。分局既制，则轨体有断；事务不积，则其任易处。选贤举善，以守其位……故人知厥务，各守其所，下无越分之臣，然后治道可隆，颂声能举。故称尧舜劳于求贤，逸于使能，分业既辨，居任得人，无为而治，岂不宜哉！"《管子·形势解》❷ 篇也指出："明主不用其智，而任圣人之智；不用其力，而任众人之力。"正因为任何领导者都无法处理"群务"与"万机"，所以才要求领导者要"分局既制""分业既辨"，通过授权达到"无智而能使众智，无能而能使众能，无为而能使众为"。

---

❶《全晋文》，国学基本经典之一，为清朝文字学家、文献学家、藏书家，浙江乌程人，"一代文献宗师"严可均辑。

❷ 见于《管子》第六十四篇。《管子》是一部记录中国春秋时期（公元前770-前476）齐国政治家、思想家管仲及管仲学派的言行事迹的书籍。

先秦时期的韩非子就领导力的授权指出:"夫物众而智寡,寡不胜众,智不足以遍知物,故因物以治物。下众而上寡,寡不胜众者,言君不足以遭知臣也,故因人以知人。是以形体不劳而事治,智虑不用而兼得。"❶ 韩非子认为要"因物以质物",领导者只需为组织制定"物"即目标、制度,然后就可以"纲举目张""依道而行",如若领导者自恃聪明不授权,则必然徒劳无功、精疲力竭。同时,由于领导者"寡不胜众,智不尽物",如凡事必须亲自过问,遇事只靠自己主观揣摩,不但花费有限的精力还要自己承担责任,故"与其用一人,不如用一国"❷。也就是说,领导者与其凡事操控仅凭自己一人的智慧和力量,倒不如授权,指挥操控群人各司其职,只有这样,才可以凝聚群体智慧和力量而"胜过万物",做到"事成则君收其功,规败则臣任其罪"❸。韩非子在《八经》中把领导者的领导力分为三等:"下君尽己之能,中君尽人之力,上君尽人之智"。所以,一个领导者不应该拘泥于小事,而应该在小事上"无为",在大事上"有为"。黄老学派"治大者不治小"的思想便是要求领导者在"小事"上有所不为(授权),而在大事上有所为(决策)。这也就是汉代学者刘向所说的"将治大者不治小,成大功者不小苛"❹ 的领导力的奥义所在。

## 三、传统文化中的领导力研究

在传统文化思想中,以领导行为风格为划分标准,领导力可分为"无为而治"和"有为而治"两种类型:"无为而治"以道家的"居无为之事,行不言之教"为主,即圣人从事于无所成名的事务,施行无须仗名立言的劝教。在经济以农业为主的古代中国,不要求强化集中的生产管理,分散的多样性小农经济反而更适合。在当时的背景下,"恭己正南面""无为而治"等成为非常有效的领导哲学。"无为而治"的领导思想非常适应当时的生产力,但放到

---

❶ 出自《韩非子·难三》。韩非子,先秦法家学说集大成者,提出"以法为主",法、术、势结合的理论。今存《韩非子》五十五篇。

❷ 出自《韩非子·八经》。韩非子(约前280—前233),战国晚期韩国(今河南省新郑;郑韩古国在今天的河南新郑)人,汉族。

❸ 出自《韩非子·八经》。八经是韩非子向君主提出的八条治理国家的纲领。

❹ 出自《说苑·政理》。《说苑》,又名《新苑》,古代汉族杂史小说集。刘向编。成书于鸿泰四年(前17)。原20卷,784章。

生产力高度发展的现代社会是不适用的，当时的生产力状态和思想发展进程的相互牵制是中国发展缓慢的原因之一。

"有为而治"以儒家的"士不可不弘毅，任重而道远"为主，即领导要志向远大，意志坚强，要以实行仁道为己任，其领导模式有：以孔子、孟子为代表的儒家学派，主张"为政以德"的柔性领导；以韩非子为代表的法家学派，主张"以法治国"的刚性领导等。当然，传统文化思想中的领导力还有法家的法（刑法）、术（权术）、势（势任），兵家的奇正术（出奇制胜）和权变术（因敌变化而取胜），以及农家的因地制宜、墨家的兼爱非攻、先秦诸子的名辩、纵横家的联横合纵、阴阳家的阴阳太极等诸子百家的领导力思想。各家学说在争鸣中互相影响、互相渗透，为我国传统文化思想中领导力的建设和发展提供了深厚的基础，同时塑造了一种含蓄内敛的民族性格、自悟反省的思维方式以及修身立德的心理特征。

西方开放性的物质文化和外向型的民族性格，造就了一种长于逻辑、崇尚科学、思想深刻、热衷法治以及追求物质的文化传统。西方的领导力思想归根到底是以物质和理性为基础，在追求利益的同时达到既定目的，是一种崇尚价值的"工具理性"文化，是一种注重自我、追求法治的"智性"文化。中国传统文化则是一种崇尚人文情怀、伦理道德和中庸和谐的"价值理性"文化，是一种强调集体主义、克己复礼的"德性"文化。所以，中国传统文化思想重视品行——这同样是中国领导哲学的出发点。古人云"天命靡常，惟德是辅"❶，又云"皇天无亲，惟德是辅"❷，以及《尚书·尧典》中的"克明俊德，以亲九族"等，中国这种重视人的品行操守的传统，孕育出了以人性为根本、以人道为内核的伦理型领导思维，它强调"以人为本"，并以人文情怀与价值理性为基础，追求道德的制高点。

东西方在传统文化方面的差异，直接决定了东西方人的心理特征、思维方式、价值追求和人性理解的不同，所以，研究中国传统文化中的领导力应用，将得以从更深层次上挖掘中西方领导力差异思维产生的原因，实现中西方领导力的整合，以"万物并育而不相害，道并行而不相悖"❸的理念将西方领导力

---

❶ 出自《诗经·大雅·文王》。这篇诗是《大雅》的首篇，歌颂周王朝的奠基者文王姬昌。
❷ 出自《尚书·蔡仲之命》。译文：天公正无私，总是帮助品德高尚的人。
❸ 出自《礼记·中庸》。译文：万物同时生长而不相妨害；日月运行四时更替而不相违背。

的研究专业化、程序标准化、手段科学化、效益和效率数量化等科学理论，即把西方的工具理性领导之"术"与中国的传统文化领导之"道"有机地结合起来，把西方的卓越追求与中国的境界提升结合起来，把传统文化中应天顺人的潜质思维与现代组织领导力的使命愿景结合起来。

因此，如何把传统文化中的领导思想当成资源、矿藏，并结合西方和现代社会的发展而重新提炼、重新冶铸和诠释成为研究的重点。我们在中国文化视角下进行领导力研究时，要创造性地把传统与现代、有为与无为、柔性与刚性、理论与实践有机地结合起来，本着"一以贯之"的"道"——中国的领导哲学来运用"理"——西方的领导科学，力求传统领导哲学与西方领导科学的融合，以及人文精神与科学精神的共存、价值理性与工具理性的平衡，使中国领导力的研究走向现代化。同时，对传统文化思想中的领导力要素进行分解，要把西方的管物之"术"，与中国的管人之"道"有机地结合起来，并整合为全新的组合，把正面价值传下来，把负面价值去除掉，然后再将这种重新组合的领导理念与西方的领导科学结合起来，形成中国传统领导智慧的现代化中国当代领导实践的科学化，这也是我们研究中国传统文化中的领导理论的最终目标。

## 四、从传统领导到制度领导——新领导力革命

领导现象与人类活动相伴始终，领导行为也是人类自然史长期发展的产物，无论是政治科学或管理学对其关注的热度始终不减。放眼今天，人们更加关注领导行为以及由此涉及的各种社会因素，尤其关注这种因素所引起的社会效应。面对着全球化的格局转型，人类文明今天正经历着剧烈的变迁，人类的领导力正经历着严峻的考验，领导们在扭转这些现象上表现得无能为力，世界范围内出现的领导者能力恐慌和本领恐慌已经是全球现象了，如何应对这样的全球性领导危机，成为整个人类面临的尖锐问题。

领导学理论研究至今经历了多个阶段，主要形成四个基本理论：一是领导特质理论❶，二是领导行为理论❷，它们重点关注"领导者"（Leaders）；三是

---

❶ 特质理论是20世纪最流行的领导理论，高尔顿·威拉德·奥尔波特是一位特质研究的早期先驱。
❷ 领导行为理论集中研究领导的工作作风和行为对领导有效性的影响，主要研究成果包括：K. Lewin的三种领导方式理论、R. Likert的四种管理方式理论等。

领导情境理论❶，四是领导权变理论❷，它们重点关注"领导力"（Leadership）。但是这些理论都没有跨越从领导者本身讨论领导力的藩篱，领导者的主观力量是强大的，但也要承认领导者的精力也是有限的，因此我们必须拓展思维空间，反思传统领导模式，发展领导创新思维。

（一）传统领导之"痛"

法国前总统奥朗德上任一周年，其支持率急剧下降，有四分之三的法国人不满意他的表现。而一年前，他还被法国人寄予厚望，称他为"法国的罗斯福"。同样的事情也发生在美国前总统奥巴马、埃及前总统穆尔西等领导人身上。上台之初民望高企、意气风发，接着在很短时间里支持率快速下滑、变得不受待见，这似乎成了金融危机以来，各国领导人的共同遭遇，能持续维持高民望的领袖绝无仅有。从多个指标看，此次金融危机都是"大萧条"以来最严重的，这本该是最有利于产生伟大领导人的"时势"，也有不少领导人有成为"罗斯福"的宏愿，但最终，我们并没能看到新时代的"罗斯福"。我们不得不承认，我们正处在一个领导力空前匮乏的时代，真正的问题在于造成这种现象的根本原因是领导力的危机。面对来自社会的严峻挑战和自身的领导力欠缺，确切地说是传统领导方式的危机。

1. 传统领导模式的弊端与危机

所谓传统领导模式是指在威权体制和制度的安排下靠领导者个人或集团的作用，依靠智慧引领社会发展的方式和方法，被领导者即民众只是被动地接受这种领导而非主动参与，参与的舞台也缺乏，即使有也形同虚设。这种领导模式的优点明显——动员力强，整合资源的能力强；但是缺点也明显——权力过分集中、组织机构臃肿，成本居高、效率低下，人治色彩浓厚、民众的意愿无法得到充分体现。这样的领导模式在取得成就的同时，也暗含着深刻的矛盾，存在严重问题。

中国的发展经验是人类文明的宝贵财富，自1949年新中国成立，得益于渐进式的改革政策，中国已然成为世界上仅次于美国的第二大经济体，但其隐

---

❶ 情景领导理论，由行为学家保罗·赫塞博士（Paul. Hersey）提出。
❷ 最早对领导权变理论作出理论性评价的人是心理学家费德勒（F. Fiedler）。

含的危机也是前所未有的。从领导学的角度反思中国的发展经验，一个基本的判断是——以往的领导模式确实为中国的发展作出了贡献，但未来的发展不能再依靠过去的传统手段，必须变革传统领导模式。

审视我们以往的发展经验，领导者的勇气和智慧是决定我们发展的重要砝码。如突破所有制藩篱、改革市场经济取向、提出改革开放战略决策等，无不体现着领导者过人的胆识和卓越的智慧，人民在这种英雄般的智慧引领下攻克了一个又一个的难关。当前传统领导力的弊端体现在：威权命令和政策制度被不断挑战和弱化，正确理念得不到贯彻、民众与领导者之间的沟通渠道不畅，社会和市场本身以自身的逻辑发展、乱象和失序现象频出。在传统领导模式下，无论多么出众和智慧的领导者和领导集团，领导方的主观性和被领导方对其领导的客观性之间的矛盾是很难克服的，面对海量的信息和对领导力的稳定需求，领导者需要提供迅速而准确的领导服务。当前的问题是领导威权过于强大，民众力量又太弱小，公众参与平台少，参与方式就会出现无序现象，这是造成当前领导模式危机的关键。

传统领导模式正在衰微，由领导制度主导的时代正在向我们走来，因此只有靠变革传统领导方式，从传统的主观领导逐步向现代的制度领导过渡。在制度领导模式下，领导的作用是通过制度发挥的，领导的活动是有法可依的，而民众必须在一定的制度下参与，保障民众的参与是循章有序的。

领导改革和民主化是一项系统工程，不可能一步到位。当前改革的当务之急是，必须首先从领导方式和领导模式变革做起，限制、规范权力，为权力定做合适的"笼子"，让权力在规范的环境中运行，避免权力的越界和膨胀，腐败也就无法滋生。其次要承认权力，正视权力，给民众以表达诉求的机会和舞台，在法制意义上给民众以合理表达的程序，这一改革路径目前看是成本低且见效快的。因此，一个靠威权维护和英雄主导发展的时代终将被完善的制度领导所取代，变革是勇敢者的新世界，我们必须顺应这个历史潮流。

2. 后伟人时代靠什么领导

在中国几千年的历史上，"后伟人时代"是前所未有的时代，在毛泽东和邓小平等老一辈革命家相继逝世后，中国就进入了后伟人时代。它的含义是，即使伟人已去，社会却依然保留着伟人的影响，有如"后农业时代"中农业依然重要、"后工业时代"中工业依然繁荣。革命时代是造就伟人的时代,当政治革命任务完成后,造就伟人的时代条件便一去不返。但是在"后伟人时代"的第一个十年里,伟人的影响不仅还存在,而且是广大深远的。

毛泽东的伟大历史功绩是不可磨灭的,革命就是打破旧制度,毛泽东在这方面获得了巨大的成功,建立了新中国。建设时期需要建立新制度,毛泽东在这方面也做了艰苦的努力和不懈的探索,这个探索的过程是有着深刻教训的,文化大革命的悲剧不能不说是制度缺位的悲剧,更确切地说是缺乏制度制约所造成的悲剧。毛泽东十分相信并重视群众的智慧和力量,所以选择"群众路线",这也正是以毛泽东为代表的共产党人改革中国、建立新中国取得巨大成功的关键所在。但是问题在于,群众的智慧和力量是需要制度规范的,还要有一个合理的程序和渠道才能得以发挥作用。数亿人,每个人都想表达自己的意愿,如果没有一个得到公认和一个可遵循的制度规则怎么可以?毛泽东还十分重视领导者的个人作用,这从毛泽东本人具有的人格魅力和领导能力可以看出来。领导者可以约束被领导者,但是约束自己就很难,而制度除了限制被领导者还可以对领导者进行约束,这就是制度领导的独特之处。

中国改革开放的总设计师,中国特色社会主义道路的开创者邓小平在《党和国家领导制度的改革》❶中指出"我们过去发生的各种错误,固然与某些领导人的思想、作风有关,但是组织制度、工作制度方面的问题更重要。这些方面的制度好可以使坏人无法任意横行,制度不好可以使好人无法充分做好事,甚至会走向反面。即使像毛泽东同志这样伟大的人物,也受到一些不好的制度的严重影响,以至对党对国家对他个人都造成了很大的不幸。"邓小平这句话着重强调制度的重要性。其实,从政治学和领导学的角度看,这是邓小平提出的一个意义深远的命题——制度领导。尽管邓小平并没有直接提出"制度领导"这个概念,但是可以看出前半部分说的是——"我们的错误与领导者的思想、作风有关",而后半部分更强调——"组织制度、工作制度方面更重要"。很明显这不仅仅是在强调制度的重要性,更是在强调"制度"下的"领导"作用,"制度好可以使坏人无法任意横行,制度不好可以使好人无法充分做好事"。斯大林创建了高度集中的政治经济体制,其特征是以行政命令

---

❶ 邓小平:《党和国家领导制度的改革》,1980年8月18日在中共中央政治局扩大会议上的讲话。

来管理经济，否定价值规律，排斥商品和市场。他还树立个人崇拜，在1935—1938年间发动"大清洗"运动，社会主义民主和法制遭到粗暴的破坏和践踏。毛泽东虽然意识到这一点，但是由于没有真正解决领导制度问题，出现了"文化大革命"的"十年浩劫"，这个教训是极其深刻的。个人摆脱不了责任，而领导制度、组织制度问题更是根本性的问题，是关系国家的全局性、稳定性和长期性的问题。

可见，邓小平如此强调"制度"的规范和制约作用，并非心血来潮，也并非对制度重要性的随意发挥，而是一种深入的思考，有着深刻的历史背景。邓小平亲身经历了中苏论战，他对国际共产主义运动和中国社会主义实践的经验和教训有着深切体会。这番论述是他在总结过去经验和教训的基础上，对历史经验的梳理和概括所得出的结论性认识，是对西方发达国家成熟领导制度的正面评价。

邓小平十分重视民主，对于民主的规范领导，他有绝妙的阐述："为了保障人民民主，必须加强法制，必须使民主制度化、法律化，使这种制度和法律不因领导人的改变而改变。"这段话深刻揭示了民主与制度之间的联系，并突显出了法制对于民主的规范作用。要保障民主不能只靠加强领导者的作用，还必须加强法制，只有这样才能规范民主，使民主走向制度化和法律化。所以，邓小平进一步论述，要使这种制度和法律不因领导人的看法和注意力改变而改变。

(二) 从"神"到"人"和从"人"到"制度"

从历史历程看，领导实践的发展经历了从"神"到"人"，又从"人"到"制度"的两个时期。从"神"到"人"是一个艰难而坎坷的转型过程，是人类历史上关于领导力的第一次反思；从"人"到"制度"转型更是一场伟大的变革，但是目前正经历着嬗变，已经发展到人与制度交织的混合秩序时代。在这一时期，人的作用是主要的，制度也有一定作用，但是制度的作用是有限的。制度仍然是人的工具，人的作用占据主导地位。通过其演变逻辑，总结和归纳其趋势与规律，我们发现，在人与制度交织时期要更加自觉地遵循领导规律和把握制度要略。

1. 从崇拜"神"到关注"人"——领导力的第一次革命

在西方和东方历史上，都有过宗教主导人的时代。中世纪的欧洲，是以基督教为中心的世界，人们认为"神"是宇宙的中心，神学统治着全部文化，认为人一生下来就是有罪的。人活着是为了神，人是神的附属物。中世纪晚期，由于生产力的发展和在佛罗伦萨出现的资本主义萌芽，为了打破思想禁锢和生产力的约束，人文主义思想应运而生。传统观点认为，文艺复兴发挥了衔接中世纪和近代的作用，它所倡导的人文主义，是对中世纪神本位的挑战与超越。人文主义关注的重点和神本主义是截然相反的，人文主义以人作为出发点，肯定人的价值。人文主义以人，尤其是个人的兴趣、价值观和尊严作为出发点，是一种哲学理论和一种世界观。以人文主义思想为核心的欧洲"文艺复兴"在人类文明发展史上标志着一个伟大的转折。它崇尚理性和探索自然，是当时社会的新政治、新经济要求的反映，是新兴的资产阶级在思想和文化领域里的反封建斗争。简单来说，文艺复兴的实质就是资产阶级的思想解放运动。

中国历史上的"上帝"就类似欧洲历史上的"神"。自盘古开天辟地后，昊天上帝是中国神话中天的尊号，也是华夏官方神话的至高神天帝。而皇帝就是"天帝""上帝"的化身，它代表昊天上帝统治着人和人间的一切，是万物的主宰。中国的封建帝制自公元前221年秦王嬴政称"皇帝"开始，到1912年最后一个封建皇帝溥仪在辛亥革命的炮声中宣布退位，经历了2132年。辛亥革命一声炮响，不仅赶跑了清朝皇帝，还使中国绵延两千余年的封建帝制从此永绝。它在政治上、思想上给中国人民带来了不可低估的解放作用。反帝反封建斗争，以辛亥革命为新的起点，大规模地开展起来。辛亥革命是中国近代历史上的一次伟大的资产阶级民主革命，它使人民获得了一些民主的权利，从此民主共和的理念深入人心。

欧洲历史上从中世纪到"文艺复兴"的这场思想解放运动和中国历史上自"始皇帝"到"辛亥革命"的最后一个封建皇帝退位，都可以看作是从神本主义到人文主义的一场旷日持久的精神革命。从迷信神灵和皇帝开始转变为注重人性，反对神的绝对威权，肯定人的价值；反对神学的禁欲主义和来世观，肯定人追求现世财富、幸福、快乐的权利；反对宗教束缚下的麻木顺从，肯定自由平等和个性解放；反对蒙昧与迷信，肯定科学知识、探索自然。这一转变唤醒了人们的进取精神、创造精神以及科学实验精神，在精神方面为新时代的来临扫清了道路。神的旨意不再是绝对的权威和不可动摇的，自此，人们终于在精神上摆脱了"神"和"迷信"的束缚，开始以自身和自身所处环境来观察和考量世界。精神革命引发了社会革命，这无疑是一个巨大的历史进步，同时也是从"神"领导到"人"领导转变的一场领导力革命。

2. 从"人"领导到"制度"领导——领导力的第二次革命

如果说从崇拜"神"到关注"人"是一个巨大的历史转折，那么从以"人"为中心到以"制度"为中心必将是一个更大的历史进步。

在领导力的第一次革命中，人的作用替代了神的作用，产生了一批卓越的领导者。管理学大师彼得·德鲁克认为"本世纪只有三位伟大领袖：希特勒、斯大林和毛泽东"。这些伟大的领导者对历史的影响无疑是巨大的，他们的影响力有正影响力和负影响力之分。他们的领导或推动了历史或阻滞了历史发展，如何评价他们的功过是非不是研究的重点，但有一点是可以肯定的，他们的领导力超级强大。如果他们的领导是正确的，是顺应人民意愿并符合历史潮流的，那么他们的领导作用就是积极的、推动历史进步的。反之，如果他们的领导是错误的，违反人民的意愿与呼声，甚至逆忤历史的潮流，那么靠什么来遏制这种消极意义上的领导影响力呢？这无疑是一个重大的历史课题，也是人类文明发展史上的一次伟大变革。

领导者的负面领导力单靠人的力量是难以遏制的，因此，必须借助制度的力量制约他们的负面影响力，把这些影响限定在一定的范围内，让他们的领导力不偏离正确的轨道。制度是整个社会的游戏规则，更规范的讲，它们是为人们的相互关系而人为设定的一些制约。美国管理大师柯林斯在《第五项修炼》一书中说："制度，是世界上最重要的东西，没有制度就没有品质；没有品质就没有进步"，毛泽东早年说过一句经典的话："加强纪律性，革命无不胜"❶。领导力不仅应该建立在历史合理性的基础之上，更应该向现实合法性的特质转变。由人领导到制度领导的转变具有革命性意义，它是理性化的社会演进历史与逻辑预设的统一体。这种社会整合和行为引导机制的实行将直接引导领导力走向规范化、民主化、职责化，它必然是一次意义深远的伟大革命。

---

❶ 1948年秋天，《中国青年》第二次复刊。毛泽东又一次为它题写了刊名，还专门为它写了四句话："军队向前进，生产长一寸，加强纪律性，革命无不胜。"

（三）21 世纪制度领导"密匙"

21 世纪的制度领导是新领导力实践发展的趋势和方向，依赖于领导者个人的素质和能力的传统领导模式将逐步让位于制度领导。制度领导有着丰富的内涵，它的基本思想与作用形式同传统领导模式不同。制度领导模式下，领导者个人的作用并没有消失，而是其作用的形式发生了变化，领导者必须遵循制度领导的基本思想和精神内核。21 世纪的领导力将在领导理念、领导方式、领导治理以及政治权威等方面发生根本变化。

1. 在领导理念上，从权威至上、英雄崇拜向民主法治至上、制度崇拜的转变

领导理念的转变是改革领导模式的基础。传统领导模式是以领导权威为主导的，在权威的领导下又体现在崇拜领导者个人的智慧与胆略等方面，这种权威至上和英雄崇拜带来的劣势是显而易见的：一是生产力水平的滞后和低下，二是信息传播的闭塞和不畅通，三是市场经济的不成熟和不发达。在这种领导模式下，人们崇拜的英雄有着过人的本领和能力，因为他们是从群众中来的英雄，加上他们顺应历史的潮流和人民的意愿，从而赢得人民的臣服和拥戴。但是，随着生产力的发展和生产力水平的提高，加之以互联网为主要载体的新媒体信息时代的到来，人们可以通过各类方式获得所需要的知识。这时领导权威在人们心中的地位逐渐降低，取而代之的是对公平正义的崇拜，而依赖制度的民主法治将有力地保障社会的公平正义。领导者的权威不再体现为个人的魅力和能力，而是体现在带领人民制定公平合理的制度并带头履行其职责，遵守制度和法律法规等方面。领导者的理念将朝着制度的设计、制度的形成以及制度的供给方向转变。未来的领导模式和领导形态将发生质的变革，从领导者的领导转变为制度的领导，其基本思想和精神内核必然从权威至上向民主法治至上转变，从英雄崇拜向制度崇拜转变。

2. 在领导方式上，从"人格化"领导向"非人格化"领导的转变

传统领导以人的权威为中心，这种领导方式带有强烈的个人人格色彩，因此是人格化的领导模式。而制度领导是以制度为中心的，这种领导方式依靠的是大家都要遵守的制度，因此是非人格化的领导模式。人格化领导是领导人起

主导作用，领导人的气质、思想、兴趣、认知水平、素质和能力是领导作用产生的主要原因，领导方式主要是靠命令、指挥和决策；而非人格化领导是客观制度起主导作用，制度是人们活动的主要规范，它是影响人的行为和活动的主要因素，领导者的作用是在制度框架下进行的。在制度领导模式下，领导活动的作用将发生变化，领导人的作用不再体现在个性气质和自身能力，而是暗含在制度中，领导者将主要精力放在制度的设计和制定上，让人民群众在制度框架的规范和约束下从事各类活动。这样领导模式就从人格化的领导转变为非人格化的领导，这种领导是人格隐性化趋势的表现形式。

3. 在领导治理上，从"人治"到"法治"的演进

所谓人治，最基本的特征是当权者的个人意志超乎社会之上，用专断与独裁的手腕处理事务和管理社会生活，以个人的意志、能力、愿望、政治素养、知识水平、道德品质为标准。这样的领导带有很大的随意性和很强的专横性，容易造成社会的不稳定。只有贤德完善的人做领导，才能上行下效，社会秩序才会产生。若治理者与被治理者的道德水准极低，其人治成本就会极高，其人治也就无效。而法治是建立在民主的基础之上，以国家强制力为后盾，能有效地制裁违法行为、保证社会的稳定和发展。法治具有统一性、稳定性、权威性的特点，它体现的是平等的原则。制度领导模式下，由"人治"向"法治"演进，是未来领导发展的大趋势，治理社会和国家的方式也将发生变化。"人治"并不是"不依法而治理"，而是缺乏法律的制衡，个人和政党的权力超越在法律之上；同样"法治"也不完全是"依法治理"，而是民主制度的一种治理模式，人人在法律面前平等，没有任何力量超越法律之上，通过人人遵守的原则来治理。

4. 在政治权威上，从历史合理性向现实合法性的转变

传统领导的法理基础是历史合理性，革命自然把胜利者推向领导者地位，卓越领导者的出现是顺应历史潮流的必然结果，他们代表人民的意愿领导国家和社会。这样的政治权威来自于历史的选择和人民的选择，这便是政治的历史合理性。但是，随着革命的胜利和伟人的逝去，这种历史合理性也逐渐失去其存在的基础，人们迫切需要一种现实性的领导模式。人民对领导的关注从注重历史逐步转向注重现实，必须重构这种领导的法理基础。而这种法理基础必须来源于人民的认可，必然要建立在公平、公正具有权威的制度上，这便是政治

的现实合法性。认识不到这一点将难以克服传统领导的危机。

从"人"领导到"制度"领导，这是一场革命性的转变，涉及领导理念、领导方式、领导治理、政治权威等一系列深刻的制度性变革，具有艰巨性和长期性，只有从容应对才能赢得主动权和发展的机遇。目前的研究还是初步的和粗浅的，还需要进行更深入的思考和研究。但是我们可以看到：通过制度分权，领导者拥有更多的触角和耳目，从而可以领导更为庞大的组织；通过法度和基准，领导者拥有更明确的判断标准，从而可以只是把握他的"千夫长、百夫长"；通过全面的制度建设，原本分散成员不再是一盘散沙，而是成为一个统一、高效的组织，所以，毫无疑问一个良好的制度是提升领导者领导力的有力武器。

# 第三章

# 领导科学的中国化及国际比较

## 第一节 领导科学的中国化

领导科学具有实践性、应用性以及民族性,这也就决定了领导科学中国化成为一种必然趋势。要得到领导干部的认同,不仅仅要注重中国领导活动实践和中国文化背景,同时还要与西方的领导理论相融合。无论是排斥领导科学的中国化还是排斥西方的领导科学,都是有失偏颇的。中国领导科学要把重点放在端正研究目的上,把握领导科学的社会性和应用性,在深入研究的同时加强宣传,不仅激发人们的兴趣,也要让人们听了有所受益。

要想实现领导科学的中国化,首先需要把握中国领导科学的研究内容和研究路径。国家行政学院政治学教研部教授胡月星认为,中国领导科学研究可以从领导要素、领导实践、领导智慧和领导文化四个方面着手。第一是领导要素,包括品质、知识、能力、态度、行为、决策等方面;第二是领导实践，这是中国领导科学发展的"领土"，没有"领土"就没有发展的基础和背景；第三是领导智慧，领导智慧的核心是"道""法""术"三个层面，这三个层面需要三大关键要素的支撑，即领导的"智""仁""勇"；第四是领导文化，中国领导文化博大精深，需要花费大量的时间和精力进行梳理和提炼。

领导科学的中国化首先要做到的是遵循中国领导研究内容的普遍性，在这个前提之下根据不同的时期或阶段，最重要的是结合中国的历史文化以及中国共产党的领导实践，对于当前的难点问题进行研究。中共内蒙古自治区委员会党校（行政学院）李树林教授结合中国共产党的发展历程和领导智慧总结了中国共产党领导的九要素模型。他认为，中国共产党的领导是最成功的领导，包括理想与信仰，系统与结构，机制与利益，文化与作风，战略与谋略，方法与艺术，规范与执行，学习与学风，创新与变革等九项要素，它们之间相辅相成、相互联系。前四项是讲共产党人带领其追随者要形成什么样的共同体，是要形成价值共同体，利益共同体，文化共同体，精神共同体；第五项专门从战略的高度谈共产党的领导智慧；后四项是共产党领导智慧的四种具体表现，共同体的实现要依靠领导智慧。

北京大学政府管理学院李成言教授就当前中国的廉政领导力建设问题进行了探讨。他认为廉政领导力主要包括廉政思想力、廉政制度力、廉政综合力和廉政执行力四个方面。实际上就是指领导干部的廉洁从政能力，看领导者是否能够充分将反腐倡廉理论与实际相结合，能否有效认识到反腐斗争的规律，只有这样才能够逐步推进领导者廉政领导力的发展。

还有学者结合中国改革开放的历程对中国领导风格的大趋势进行了探讨。国家行政学院中国领导科学研究中心刘志伟研究员认为，中国领导风格的发展可以概括为五大趋势：第一，从全能型走向简约型；第二，从个人型走向群体型；第三，从权力型走向人格型；第四，从赐予型走向回应型；第五，从偶像型走向平民型。

## 第二节　领导科学的国际比较*

新加坡公共服务学院领导与机构发展教研部处长罗米烈（Lo Mi Lie）对新加坡公共服务领导人的选拔与评估的做法进行了研究。首先是对职位进行具体的分析，其次是对于职位对领导者的具体要求进行介绍，最后对候选者的各方面状况进行评估，确定合适的人选。以下几条是主要选拔的标准：第一，候选人在领导方面是否具有相应能力，例如分析解决问题的能力、领导特质等；第二，候选人对于周围人的影响力；第三，候选人的道德素质水平，如谦虚与否、是否具有奉献精神等。在选拔过程中，要更加注重综合素质的考评，注重其领导素质的展现。

美国加利福尼亚州立大学社会学维克多·肖教授（Victor N. Shaw）主要对美国的领导力进行了研究。他的观点中表明，美国的领导力主要具有四个特点：第一，美国领导力的研究正由个人研究演变为团队研究，从单一学科向多学科发展。第二，美国领导力的实用性较强，坚持理论与实际相结合的原则。第三，研究领导力的专业人员数量大幅度增加，已经发展成为一支队伍。第四，重视运用科学的研究方法，改变过去在领导实践中总结的方式方法，而发展为一套成熟规范的研究方法。

英国阿什里奇商学院的王晓宇教授（Barbara. WANG）主要从中西方差异角度研究探讨了领导力的问题。她坚持认为中西方领导力既存在相同点，也存在很多不同之处。在相同点方面，首先，她认为造成中西方领导者价值观不同的原因主要是领导者个人的差异，而并非整个国家、民族和文化的差异所导致的；其次，从领导者内涵来讲，中西方发展于同一时期，但是对于"领导"的理解和应用却大有不同，中国人所理解的领导者即管理者，认为只有领导者才有领导力。而在西方文化中对于领导者的定义是根据其追溯者来界定的，只有拥有追随者才是真正的领导者。

---

\* 张国玉，刘峰. 中国特色的领导力和领导科学［J］. 国家行政学院学报，2014（1）.

此外，对中西方的领导者品质和领导者风格的差异进行了研究。北京智学明德国际领导力中心主任徐中博士认为，中国领导者最重要的品质是心胸宽广，这一品质在西方的研究中排在第七；而在西方领导者中最重要的品质是诚实，但在中国仅排名第六。中西方领导者品质排序差异的主要原因是文化的差异以及领导情境的不同。普华永道会计师事务所合伙人、北京大学光华管理学院特邀教授鲍大雷（Paul Gillis）先生对中西方领导者风格的差异进行了着重探讨。他指出，在中国大部分的领导者都采用指令型领导风格，即领导下达指令，下级只要负责具体落实就可以；而美国领导者所采用的多是参与型领导风格，每一个决定都是由所有人参与决策所决定的。中西方领导风格的差异主要是由于文化不同所造成的，中国个体间权力距离较大，而西方个体之间权力距离较小。

# 第四章

# 中国政府领导力建设

## 第一节 组织结构建设

### 一、优化政府组织结构的重要意义

优化政府组织结构,对于深化行政体制改革、促进社会的和谐发展和科学发展具有十分重要的意义。

1. 优化政府组织结构有利于推动政府职能转变

转变政府职能是我国行政体制改革的基础问题和核心问题。过去很长一段时间,我们在行政体制改革中陷入了类似于"先有鸡还是先有蛋"的二律背反的困境:政府职能不转变,机构精简、结构优化难以取得实质性进展;而机构不精简,政府组织结构不优化,政府职能转变又难以取得实质性突破。实践证明，要走出这一改革的困境，就必须使政府职能转变与优化政府组织结构同步进行，即以政府职能转变促进政府组织结构优化，以优化政府组织结构推动政府职能转变。二者的关系是：转变政府职能、优化政府职能结构是优化政府组织结构的前提和基础，优化政府组织结构是巩固政府职能转变成果、使各级政府正确履行职能的体制保障。后者对政府职能转变具有刚性作用：①优化政府组织结构意味着撤销不该设的机构。庙没有了，歪嘴和尚也就没有念经的"合法"之地，从而为消除政府乱干预、乱作为奠定了体制基础。②优化政府组织结构意味着根据政府应履行的职能重新整合政府组织系统，从而为政府正确履行职能提供体制保障。③优化政府组织结构也意味着要根据科学发展观和构建社会主义和谐社会的要求，加强政府公共管理和公共服务等部门的建设，从而使政府职能的履行更加符合以人为本、全面协调和可持续发展的要求。

2. 优化政府组织结构有利于深化政府机构改革

政府机构改革是我国行政体制改革的一项重要任务。过去，我们在政府机构改革中，强调精简比较多，而对优化政府组织结构重视不够。实践证明，机构改革如果不与政府职能转变和优化政府组织结构结合起来，并不能解决体制的深层次问题，也难以实现改革的预期目标。因为对于深化行政体制改革和构建公共行政体制来说，精简机构、压缩政府规模并不是一个根本性的问题，根本问题是在转变政府职能的基础上，优化政府的组织结构，使政府管自己应该管的事，管好自己应该管的事。所以，机构精简必须服从政府组织结构的优化。只有按照科学发展观、构建和谐社会和建立健全社会主义公共行政体制的要求，真正做到政府组织结构优化，才能巩固政府机构改革所取得的成果，也才能使行政体制改革取得新的实质性的突破。

3. 优化政府组织结构有利于提高政府效能

系统论揭示了这样一个基本原理，即结构合理、运行有序的系统，其整体功能大于各个部分功能的代数和。优化政府组织结构之所以有利于提高政府效能，是因为：①政府组织结构优化，能够更加明确各级政府之间和政府各职能部门之间的职责权限，使各级政府和政府各职能部门各司其职，各负其责，从而有效地防止和克服政府内部因责权不清而产生的争权夺利或推诿扯皮现象。②政府组织结构优化能够使政府运行更加科学、更加规范、更加有序，从而减少乃至杜绝因政府不规范运作而增加的行政成本和社会成本。③政府组织结构优化有利于整合行政资源，充分发挥公共资源的效用。④政府组织结构优化意味着政府机构更加精简，人员更加精干，从而减少政府不必要的开支，降低行政成本。⑤政府组织结构优化便于对各级政府及其职能部门进行绩效评估和更为有效的监督，从而防止和克服政府不作为等怠政现象。

## 二、政府组织结构优化的主要依据

政府组织结构是否优化，不能仅仅从政府自身来判断，还必须从政府与经济社会发展的适应性、从政府的运行效果来判断。

1. 政府组织结构是否适应经济社会发展的要求

政府组织结构具有相对稳定性，但从来都不是一成不变的。在历史和现实中，政府组织结构往往随着经济结构、社会结构、政治结构和意识形态的变化而变化。其中，经济结构和社会结构的变化起着决定性的作用。

随着市场经济的发展、社会文化的变革和民主政治的稳步推进，社会正在向多元治理结构迈进。在经济领域，企业是主体，依法享有管理企业的自主权；在社会领域，公民及依法成立的社会团体和社会组织是主体，依法享有管理社会的自主权；在政治领域，公民及依法组成的政治团体或政治组织是主体，在党的领导下依法享有管理国家和地方公共事务的权利。社会治理结构的多元化，要求政府必须从那些不该管、管不了和管不好的事务中退出来，集中精力和社会公共资源，管好公民、企事业和社会团体不该管、管不了和管不好的事，即社会公共事务，优质高效地为社会生产公共物品，提供公共服务。市场经济的发展和社会利益结构的多元化，必然打破政府对经济社会的垄断，要求政府实行分权化管理。这种分权化既表现在政府外部，也表现在政府内部。对政府外部来说，就是要实行政企分开、政事分开、政社分开，在企事业和社会团体没有发生侵权的情况下，政府不得干预其内部事务。对政府内部来说，就是要明确职责分工，优化机构设置，同时实行中央与地方和地方与地方之间的合理分权。政府组织结构适应了现代社会的这一要求，就是科学的、合理的，否则，就谈不上政府组织结构的优化。

2. 政府运行是否规范、有序和高效

现代政府是为公民和社会服务的。公民和社会既要求政府管自己应该管的事,同时也要求政府管好自己应该管的事。这就要求政府运行必须规范有序和廉洁高效。现代组织理论告诉我们,一个结构合理、配置优化的系统,其运行不仅是规范的、有序的,而且一定是高效的。相反,结构不合理、配置不科学的系统,其运行必然处于无序和低效状态。所以,政府组织结构是否优化、机构设置是否合理,在政府运行中完全能够显现出来。

3. 政府机构设置是否符合精简、统一的原则

政府组织是由政府机构构成的。从政府自身来说,政府组织结构是否优化,就是看政府机构设置是否精简、权责是否统一。一个机构臃肿、管理分散、权力交叉、职责不清的政府,其组织结构是不可能科学合理的。此外,在当代,政府组织结构还必须符合扁平化的趋势。

### 三、我国优化政府组织结构的进展和仍存在的主要问题

经过三十多年的行政体制改革,我国政府组织结构优化取得了重要的进展和成效。第一,政府机构得到了较大幅度的精简。新形成的国务院组成部门由原来的27个精简为目前的18个。第二,适应市场经济发展的需要,加强了国务院宏观调控部门和省级区域经济调节部门,促进了宏观调控和区域经济调节体系的建设和完善。同时,撤销了政府工业经济管理部门,结束了计划经济条件下形成的由工业经济管理部门直接管理企业的历史。第三,为加强市场监管和安全生产监督,营造公平的市场竞争环境,提升了一些市场监管部门的行政级别,同时,对省以下工商、质量监督、药品监督部门实行垂直管理,对省煤矿安全监督机构实行中央垂直管理。第四,理顺了社会保障、土地资源管理、出入境检验检疫等多项职能关系,解决了一些部门长期存在的职责交叉、多头管理等问题。第五,为深化国有资产管理体制改革,设立了国务院国有资产监督管理委员会;为适应内外贸业务相互融合的发展趋势和加入世贸组织的新形势,促进现代市场体系的形成,组建了商务部。第六,为健全金融监管体制,成立了中国银监会;为加强食品安全和安全生产监管体制建设,组建了国家食

品药品监督管理总局，调整了国家安全生产监督管理总局的管理体制。

尽管我国在优化政府组织结构方面进行了积极的探索和改革，取得了重要的进展和成效，但从转变政府职能、提高行政效能和构建社会主义和谐社会等要求来看，我国政府组织结构仍然存在一些亟待解决的问题。

（1）政府职能定位不准确，政府职权划分不明确。表现在：①政府职能定位不全面，概括不够准确。例如，目前我国将政府职能定位为"经济调节，市场监管，社会管理，公共服务"。这里只讲了政府的对内职能，没有讲政府的对外职能；只讲了政府对经济和社会的管理职能，没有讲政府所承担的政务职能。而且在社会治理结构日趋多元化的时代，承担"社会管理"职能的不只是政府，还包括大量的社会团体和社会组织。②政府职能结构不合理。在目前的政府职能定位中，社会公共管理和公共服务职能排在最后，没有摆到更加突出的位置。此外，各级政府应承担什么职能？至今没有明确的规定。③中央政府与地方政府之间有些职权划分不规范，某些职权具有较大的重合性。同一事务，中央政府在管，地方政府也在管，中央政府和地方政府各从什么角度管？管到什么程度？均无明确的法律规定。④地方各级政府之间的职权划分不明确，许多职权也具有较大的重合性。例如，《中华人民共和国地方各级人民代表大会和地方各级人民政府组织法》第59条规定："县级以上的地方各级人民政府行使下列职权。"这一条就包括了省级政府、副省级政府、地级政府和县级政府。事实上，这几级政府在政府系统中所处的地位是不同的，各级政府的职责权限自然也应有相应的区别。但这种区别在法律上却没有体现出来。⑤一些政府职能部门之间职责交叉重复。例如，在一些地方，水利局管理水资源，公用局管理供水及地下水的开发和利用，市政局负责排水和污水处理，形成了多头治水的局面。在交通管理上，有的城市是政府交通办管理公路运输和内河客运，市政局管理轨道交通，公用局管理城市公共客运和出租汽车客运，也出现了多头管理的现象。

（2）政府机构序列设置不够科学、不够规范。例如，国务院2003年颁发的《关于机构设置的通知》中，将国务院机构设置分为6个序列，即国务院办公厅、国务院组成部门、国务院直属特设机构、国务院直属机构、国务院办事机构和国务院直属事业单位。从国务院机构设置的6个序列中可以看出：第一，哪些机构应列入国务院组成部门，哪些机构应列入国务院直属机构序列，缺乏严格的论证和科学的界定；第二，将国有资产监督管理委员会作为国务院的直属特设机构，既无先例，也无充分的法律依据；第三，在国务院直属事业单位中，有的事实上是承担国务院某方面职能的管理部门，如银行业监督管理委员会、证券监督管理委员会、保险监督管理委员会、电力监管委员会、全国社会保障基金理事会等。将这些机构列入国务院事业单位序列，既不科学，也不规范。

（3）在国务院机构设置中，经济管理部门所占比例过大，社会管理和公共服务部门所占比例偏小，不能充分体现科学发展观和构建社会主义和谐社会的要求，也没有充分反映政府职能变化的新趋势。科学发展观和构建社会主义和谐社会要求政府加强社会公共管理和公共服务职能，同时，把经济管理职能转到主要为市场主体服务和创造良好发展环境上来。但在国务院组成部门中，经济管理类占了42.85%，其中有一些是专业经济管理部门，而社会管理和公共服务类仅占21.42%；在国务院组成部门、国务院直属特设机构、国务院直属机构和国务院办事机构四大序列中，经济管理类占39.21%，社会管理和公共服务类仅占27.45%。

（4）有些领域长期存在的机构较多、管理分散的问题一直没有得到解决。例如在交通运输、文化管理、公共卫生管理和科技管理等领域，都存在机构林立、管理分散现象，从而使这些领域难以做到统一规划和统一管理，不仅浪费了大量的公共资源，而且也存在部门分割和效率低下等弊端。这种情况在其他市场经济国家是不存在的。

（5）中央及省以下垂直管理机构与地方政府的关系没有理顺，条块矛盾突出。改革开放以来，为了在一些领域加强集中统一管理，减少和克服地方干预，中央和省以下垂直管理机构呈增加之势。例如，实行中央垂直管理的机构有：人民银行、海关、国税、出入境检验检疫、煤矿安全监督、银监会、证监会、保监会、电监会、烟草专卖、国家物资储备、气象等。实行省以下垂直管理的机构有：工商、地税、药监、质监等，国土资源管理在干部任免上也实行省以下垂直管理。如何理顺中央和省以下垂直管理部门与地方政府的关系，解决条块之间的矛盾，是优化政府整体结构迫切需要解决的问题。

（6）政府层级过多，不符合现代组织结构扁平化趋势。从1982年推行市管县体制开始，我国政府层级由四级制为主变为五级制为主，即中央政府——

省级政府（省、直辖市、自治区、特别行政区）——地级政府（地级市、地区、自治州、盟）——县级政府（市辖区、县级市、县、自治县、旗、自治旗、特区、林区）——乡镇政府（乡、民族乡、镇、苏木、民族苏木）。政府层级过多，存在诸多弊端：①上情难以及时准确地下达，下情也难以及时准确地上达。②中央下放的权力，很容易被中间环节截留，使企事业单位、社会团体和基层的管理自主权难以得到落实。③不利于调动市县和基层政府的主动性、积极性和创造性，不利于提高政府的管理效能。

（7）大量临时机构的设立，使一些部门的职责权限更加模糊，组织结构更显得不够合理。例如，近年来，一些地方为了推动某项工作任务的完成，以"指挥部""办公室"等名义，设立了大量的临时机构。诸如生猪办、清欠办、创建办、三电办、拆迁办、督查办、整顿办、考评办、节庆办等，五花八门。这些临时机构的设立缺少法律依据，随意性较大，从而使政府组织结构不合理、运行不规范的问题更显突出。

## 四、优化政府组织结构的主要对策

我国政府组织结构所存在的上述问题，表明在我国行政体制改革中，优化政府组织结构的任务仍很艰巨。为了贯彻落实科学发展观，实现构建社会主义和谐社会的目标，必须深化行政体制改革，采取积极有效的措施，切实解决政府组织结构中的突出问题。

（1）科学定位政府职能，依法明确政府的职权。科学定位政府职能和优化政府的职能结构，是优化政府组织结构的基础和前提。在 21 世纪，我国行政体制改革的目标是建立和完善社会主义公共行政体制。而公共行政体制就是执行公共意志，行使公共权力，制定公共政策，管理公共事务，生产公共物品，提供公共服务，满足社会公共需求的行政组织体系和管理制度。建立和完善社会主义公共行政体制，是市场经济发展、民主政治建设和构建和谐社会的共同要求，也是推进经济发展和社会进步的必然选择。

在公共行政体制下，政府是公共意志的执行者、社会公共事务的管理者和公共物品、公共服务的提供者。因此，各级政府必须实行政企分开、政事分开、政社分开，从那些不该管、管不了和管不好的事务中跳出来，管好公民、企事业单位和社会团体不该管、管不了、管不好的事，即社会公共事务，生产公共物品，提供公共服务。简言之，公共行政体制下的政府职能就是管理社会公共事务，生产公共物品，提供公共服务。

在科学合理定位政府职能的基础上，必须依法明确各级政府的职责权限。各级政府之间的职权分工应遵循以下原则：

①能由基层和地方办的事情尽量由基层和地方去办，以缩短政府与公民社会的距离，提高政府公共管理和公共服务的效能，满足不同地区公民的不同价值偏好。

②当下级政府提供某方面的服务，实现不了规模效益或出现严重的外部效应的情况下，该项职能应由上一级政府履行。

③当地方政府提供某方面的服务，也实现不了规模效益或出现严重的外部效应的情况下，该项职能应由中央政府履行。

按照以上原则，凡属于全国性和跨省（自治区、直辖市）的公共事务，由中央政府管理，以保证国家法制统一、政令统一和市场统一。凡属于面向本行政区域的地方性公共事务，由地方政府管理，以提高工作效率、降低管理成本、增强行政活力。凡属于中央和地方共同管理的公共事务，要区别不同情况，明确各自的管理范围，分清主次责任。在清楚界定各级政府职能的基础上，尽快修改《国务院组织法》和《地方政府组织法》，依法明确中央政府和地方政府的职责权限。与此同时，要按照精简、统一、效能的原则，将相同或相近的职能合并，并尽快研究制定《政府内设机构职权法》，依法明确规定政府内设机构的职责权限。

（2）按照中央关于"切实把政府经济管理职能转到主要为市场主体服务和创造良好发展环境上来。加强国民经济和社会发展中长期规划的研究和制定，提出发展的重大战略、基本任务和产业政策，促进国民经济和社会全面发展，实现经济增长与人口资源环境相协调"的要求，加强政府宏观调控部门，进一步精简和整合专业经济管理部门，适当增加并加强社会公共管理和公共服务部门。

（3）严格按照精简、统一、效能的原则，将职能相同或相近的机构加以合并，实行大部制，克服某些领域部门较多和管理分散现象。如组建新的文化部，将广播电影电视和新闻出版纳入文化部管理。"大部制"的管理体制，在一些发达国家已经实行多年，有明显的管理优势。我国的一些地方，如海南省将文化、广播电视、新闻出版、体育机构合并，上海将文化、广播电视、文物管理机构合并，实行"大文化"管理体制，上海将市政府交通办公室的公路运输和内河客运、市政局的轨道交通、公用局的城市公共客运和出租汽车客运等职能并入市交通局，也取得了较好的管理效果。发达国家的做法和我国一些地方的探索，为实行"大部制"的管理体制提供了可资借鉴的经验。

（4）进一步改革国有资产管理体制。鉴于我国的特殊国情和体制转轨时期国有资产监管的重要性，需要进一步加强研究，总结经验，继续深化国有资产管理体制改革，在此基础上，重新考虑和探索国资委的隶属关系。

（5）调整国务院直属事业单位。将其中承担行政职能的机构，如中国银行业监督管理委员会、中国证券监督管理委员会、中国保险监督管理委员会、国家电力监管委员会和全国社会保障基金理事会等，经调整后纳入国务院直属机构序列。

（6）理顺条块关系。依法明确中央和省以下垂直管理部门的职责权限以及在相关领域与地方政府的职责分工，切实解决条块之间的矛盾。

（7）减少行政层级，稳步推行省直管县体制。实行省直管县体制，是维护我国宪法权威、减少行政层级和优化政府组织结构的重大战略举措，其中涉及省、市、县职责权限、管理体制和行政区划的调整，需要在试点的基础上，总结经验，统一规划，积极稳步地向前推进。

（8）清理和整顿临时机构。该撤销的要坚决撤销，将其所承担的工作任务归并到有关部门。确需设立的，要按照有关法律履行法定程序，严格规范审批，依法明确其工作任务、职责权限、存续期限和撤销条件等。

（9）走出"小政府，大社会"的认识误区。必须认识到，在体制转轨和社会转型时期，我们需要建立的是在政府职能科学定位基础上的强有力、高效能的政府工作系统。因此，在机构改革上不搞一刀切，要按照建立、完善社会主义公共行政体制和优化政府组织结构的要求，该加强的一定要加强，该精简的必须坚决精简。机构精简和人员配备必须服从政府组织结构的优化。

## 第二节 政府能力建设

### 一、影响政府能力的因素

政府能力是评价政府优劣的标准之一，1997年世界银行的年度报告把政府能力作为主题，指出政府能力是一国社会、经济稳定发展的关键因素，是"政府有效地采取并促进集体性行动的能力，从产出来看，政府能力就是政府提供公共产品和公共服务的能力"。

在社会信息化过程中，信息技术和信息经济的发展带来了社会结构变化，尤其是国家和社会的力量博弈，使得政府的职能不断被重新界定。有的职能被还给社会，有的职能则被强化。对政府职能结构和边界的变化，从表面上看是政府责任体系的重构，根本上影响着政府能力的构成和规模。一般来说，政府能力所凭借的各种社会资源基础在一定时期内是有限的，短时期内政府职能边界的频繁变化，无论是扩张还是收缩，都会导致政府能力提升缓慢，甚至急速下降或流失。

政府的组织结构和运行机制是决定政府能力的关键因素之一。社会信息化过程中，政府面对的社会事务日趋复杂而且变化迅速，对传统的政府组织结构及运行机制提出挑战。原有的层层授权、层层节制的管理模式，有时会造成政府信息（包括行政信息和公共信息）在传递过程中出现阻滞或失真，政府因此反应迟缓甚至作出错误决策。随着网络信息技术的广泛应用，政府将实现智能化和信息化变革，行政流程的信息化要求政府减少组织层次，注重信息部门和咨询部门的作用，通过优化政府决策的程序和决策质量以提升政府能力。

人是管理中最重要的因素，政府公务员是否具有为公众服务的热情和素质，已成为衡量政府能力高低的重要指标。在信息社会的政府组织中，行政人员从属的工作地位和被动的工作方式将被改变，取而代之的是行为自律、重视责任的工作态度及体现个性、重视参与的工作方式。政府能否录用高素质的人员来从事行政工作，同样体现出政府能力的高低。信息化社会中，开放式的人才流动和培养体系，使得在社会中仍居于中心地位的政府在选拔优秀人才方面具有得天独厚的优势。

政府能力很大程度上受到政府形象影响，政府形象通常被看作是"政府这一巨型组织系统在运作中即在自身的行为与活动中产生出来的总体表现与客观效应，以及公众对这种总体表现与客观效应所作的较为稳定与公认的评价"。政府能力和政府形象也是相互制约的，完善的政府能力能够树立起政府在社会公众中的良好形象，良好的政府形象有助于促进政府能力的发挥。适度的政府能力、为政清廉是现代社会政府形象最重要的两个方面，所以，基于政府形象而产生的政府的权威即政府公信力本身就是政府能力的有机构成部分。

## 二、政府能力的提升

政府只要有存在的必要，就有不断提高自身能力的必要，我国正在经历社会的快速转型，因此，加强政府能力对我国的社会政治生活有着特殊的意义。一方面，加强政府能力能够为社会、经济的发展创造稳定、良好的发展环境。任何社会的发展都离不开环境系统的支持，而政府正是创造并推动这一环境的重要主体。另一方面，随着社会分工的发展和社会结构的分化，多种社会角色和经济成分的并存使得利益主体趋向多元化。在有限的资源背景下，不同利益主体之间往往出现明显的矛盾和冲突，这就需要政府通过公共政策对各个利益主体进行调控，通过社会整合来实现社会稳定，进而为社会和经济的发展创造一个稳定的发展环境。

（1）实现政府职能界定的稳定化和法制化。政府能力的有限性决定了政府职能必须适度界定，职能无限、包揽一切的大而全的政府运转必然失灵。因此，政府职能适度界定必须建立在政府职能合理优化的基础之上。政府作为公共管理中最重要的主体，对自身职能的模糊认识往往严重限制了政府在其应承担的角色上发挥出来的能力。因此，非常有必要实现政府职能界定的权威化和法制化，通过法律法规的形式加以规范约束，并使其保持适度的弹性，政府职能的任何转变都要通过法律法规予以确认和规范。

（2）适应信息化要求，推进政府组织结构的变革。社会信息化过程中，传统的政府组织权限和职能的条块划分，割裂了信息传输的完整性，加剧了信息的不对称，有时会造成政府对市场信号、社会信号反映的低效、无效，甚至负效，直接出现信息获取、处理、反馈上的阻滞，严重影响了政府职能的发挥。而网络信息技术的优势恰恰在于，它能够打破基于组织等级链的信息封闭流动，真正实现信息共享和无障碍传导。对行政业务流程所依赖的组织结构，我们可以通过减少层级的办法使它更趋于扁平化和弹性化，这样既能保证信息传输过程中内容的完整性，又能通过信息共享充分挖掘信息内在价值，提高政府对社会问题的反应能力和行为效果。

（3）推行电子政务，改善政府的管理和决策过程，提升政府形象。政府行为可分为政府自身管理行为和政府对社会的公共管理和服务行为。从提升政府能力的角度看，政府自身低成本、高效率的协调运行，向社会提供符合公民需求的绩优服务，是社会公众作为委托人对政府作为代理人的必然要求。信息化社会中，公众对政府需求最多的公共产品就是各种公共信息。在管理中应用网络信息技术推行电子政务，不仅可以大幅度减少行政流程的中间层次，低成本实现跨地区、跨部门公务活动，而且还有利于政府管理的标准化、规范化，减少人为因素对行政工作的干扰，提高政府机关的透明度和公信力。

（4）加快政府人力资源的系统开发利用，为我国实现信息化提供人力保障。当今世界社会进步经济发展最终要落实到人才的培养和使用上。"为政之要，贵在得人"，面对日趋激烈的人才争夺，在信息化进程中，对政府进行信息化、网络化改造会使政府公务人员面临前所未有的挑战。各级公务员一方面要结合工作需要和自身特点，主动学习不断提高自身素质，增强信息共享意识和上网工作技能，以适应信息社会发展的需要；另一方面要积极适应时代变革和信息化对公共行政提出的要求，增强服务意识和全局意识，从理念上对自己所从事的工作进行再认识。对政府而言，还要吸收高素质的人才充实到各级公务员队伍，在实践中发现和培养优秀的后备人才，广泛开辟渠道，为各种人才脱颖而出和展示才华提供更大的舞台。

## 三、对政府能力的调控

政府能力有一个重要特点是具有自我扩张性，不断扩展的政府能力同时倾向于延伸政府职能的边界,最终导致政府能力层次结构失衡、下降,直至出现政府无能和虚置化。因此,政府能力建设要从控制政府自利性、提高政府能力有效性两方面入手。

(1) 控制政府的自利性,就是"政府组织或政府官僚追求自身利益最大化的属性。其主要表现为官僚的自利性和政府组织的自利性两大类"。政府虽然被人们设定为社会的公共组织,履行公共管理和服务职能,它同样拥有自身的特殊利益。随着政府管理工作本身的日益分化,政府的各个部门之间也出现了明显的利益分化,不同层级的政府也逐步拥有各自的特殊利益。在我国实现信息化社会的过程中,各级地方政府和不同部门追求或保护自己特殊利益的自利性也会表现出来,比如,不同政府部门或不同级政府之间的人为信息分割;公共信息不能有效共享;管理信息传输中的失真和阻滞;等等。因此,政府自我管理能力,主要是控制本身自利性的能力,应该在我国政府能力结构中占有重要地位。

(2) 提高政府有效性。政府能力与政府的有效性密切相关,甚至可以说有效性是政府能力的核心概念。从一定意义上说,政府的有效性即政府的能力,但能力和政府治理的有效性之间并非是一种必然的正相关关系。提高政府能力的有效性,防止政府能力滥用,就要把它约束在政府职能的框架里,使公众能够对各种政府行为进行有效的监督,影响政府能力的作用方向和范围,以是否促进了经济和社会的可持续发展和满足公众对公共产品需求的程度来衡量政府能力的作用效果,避免政府在各种条件下出现越权和缺位。

## 第三节 领导艺术建设

### 一、领导艺术简介

领导艺术是指领导者具有创造性的领导才能、技巧、艺术和方法。主要包括:决策的艺术、创新的艺术、应变的艺术、指挥的艺术、抓总的艺术、统筹的艺术、协调的艺术、授权的艺术、用人的艺术、激励的艺术。

我国著名科学家钱学森说，领导艺术是一种离开数学领域的领导才能，它能从大量事物的复杂关系中判断出最重要最具有决定意义的东西。领导艺术是领导者个人素质的综合反映，是因人而异的。黑格尔说过："世界上没有完全相同的两片叶子"，同样也没有完全相同的两个人，没有完全相同的领导者和领导模式。有多少个领导者就有多少种领导模式。谁能够在错综复杂的矛盾中抓住主要矛盾，他就能把领导艺术演绎得出神入化。

领导者在管理和领导下属工作的过程中，可以充分地运用自己的领导艺术，发挥自己的领导才能，在下属面前展现自己的人格魅力，让人才能够为己用，给自己创造价值也实现他们的自我价值。

在各种领导活动中，领导者个人发挥主观能动性是非常重要的，它允许领导者在其范围内进行创造性的活动，充分发挥领导者的个人艺术，但这绝不意味着它可以是领导者个人随心所欲的活动，或是毫无目的的盲目活动。因此，领导工作是科学和艺术有机的统一体，是受领导活动规律所制约的客观条件和个人因素的高度结合，领导者丰富多彩的个人艺术只有通过领导活动的客观条件所提供的舞台才能表现出来。

不同的领导者有他们不同的领导艺术，不同的领导艺术带来不同的影响与效果，那么在对下属的管理中，作为一个管理者，应该运用怎样的领导艺术，这是一个值得我们深入研究的问题。

## 二、领导艺术的分类

（一）履行职能的艺术

主要包括用人艺术、决策艺术、激励艺术。

1. 用人艺术

如何用好人，除了要端正用人思想，让那些想干事的人有事干，能干事的人干好事外，在用人技巧上还要注意以下问题。

善于用人所长。用人之诀在于用人所长，且最大限度地实现其优势互补。用人所长，最重要的是要注意"适位"。陈景润如果不是被华罗庚发现，并将他调到数学研究所工作，很可能就难以摘取数学皇冠上的明珠。

善于用人所变。鲁迅、郭沫若原来都是学医的，后来却成了中华民族的文坛巨人。很多名人名家的成功人生告诉我们：人的特长是可以转移的，能产生特长转移的人，大都是一些创新思维与能力较强的人。对这种人才，领导者应倍加珍惜，应适时调整对他们的使用，让他们在更适合自己的发展空间里施展才华。

2. 决策艺术

决策是领导者要做的主要工作，决策一旦失误，对单位就意味着损失，对自己就意味着失职。这就要求领导者要强化决策意识，尽快提高决策水平，尽量减少各种决策性浪费。

决策前注重调查。领导者在决策前一定要多做些调查研究，搞清各种情况，尤其是要把大家的情绪和呼声作为自己决策的重要参考，不能无准备就进入决策状态。

决策中注意民主。领导者在决策中要充分发扬民主，优选决策方案，尤其碰到一些非常规性决策时，应懂得按照"利利相交取其大、弊弊相交取其小、利弊相交取其利"的原则，适时进行决策，不能未谋乱断，不能错失决策良机。

决策后狠抓落实。决策一旦定下来，就要认真抓好实施，做到言必信、信必果。决不能朝令夕改。一个领导者在工作中"花样"太多，是一种不成熟的表现。

3. 激励艺术

管理要重在人本管理，人本管理的核心就是重激励。领导者要调动大家的积极性，就要学会如何去激励下属。激励注意适时进行，还要注意多管齐下。激励的方式方法很多，有目标激励、榜样激励、责任激励、竞赛激励、关怀激励、许诺激励、金钱激励等，但从大的方面来划分主要可分为精神激励和物质激励两大类。领导者在进行激励时要以精神激励为主，以物质激励为辅，只有形成这样的激励机制，才是一种有效的、长效的激励机制。

（二）提高领导工作有效性的艺术

1. 运时的艺术

时间是一种无形的稀缺资源，领导者不能无视它，更不能浪费它。

强化时间意识。有人作了统计：一个人一生的有效工作时间大约一万天。一个领导者的有效当"官"时间就是 10~15 年。一旦错过这个有效时间，你思想再好、能力再高，也常常是心有余而力不足。所以，领导者要利用这宝贵的时间多做点有意义的事。

学会管理时间。领导者管理时间应包括两个方面：一是要善于把握好自己的时间。二是不随便浪费别人的时间。

2. 理财的艺术

经费不足是当前各单位普遍存在的一个主要问题，它要求领导者要提高理财艺术。

懂得怎样去找钱。找钱就是要学会"开源"，也就是要利用各种可行的途径去广开财路，增加收入。比如，要经常开动脑筋到省、市、县有关部门去争取各种资金，千万不要将"开源"的希望寄托在乱收费上。

懂得怎样去管钱。按照上级的有关规定，领导者不能直接管财务。但这并不意味着领导者对单位的经费使用情况不闻不问。对单位的一些主要经费开支情况，领导者一定要定期进行审核。

（三）人际关系的协调艺术

1. 处事的艺术

常听到不少领导者感叹：现在的事情实在太多，怎样忙也忙不过来。一个会当领导的人，不应该成为做事最多的人，而应该成为做事最精的人。

做自己该做的事。当前，摆在领导者面前的事情主要有三类：一是领导者想干、擅长干、必须要干的事。比如，用人、决策等。二是领导者想干、必须干、但不擅长干的事，比如，跑路子挣资金等。三是领导者不想干、不擅长干、也不一定要干的事。领导者应经常去反思昨天，干好今天，谋划明天。多做一些有利于本地方或本单位可持续发展的事。

多做最为重要的事。比如，如何寻找到一条能适合本地经济发展的新路子，如何调动下属的工作积极性。

2. 协调的艺术

没有协调能力的人当不好领导者。协调，不仅要明确协调对象和协调方式，还要掌握一些相应的协调技巧。

对上请示沟通。平时要主动多向领导请示汇报工作，若在工作中有意或无意得罪了上级领导，靠"顶"和"躲"是不行的。理智的办法，一是要主动沟通。错了的要大胆承认，误会了的要解释清楚，以求得到领导的谅解。二是要请人调解，这个调解人与自己关系要好。与领导的关系更要非同一般。

对下沟通协调。当下属在一些涉及个人利益的问题上与单位或对领导有意见时，领导者应通过谈心、交心等方式来消除彼此间的误解。对能解决的问题一定要尽快解决，一时解决不了的问题，也要向人家说清原因。

对外争让有度。领导者在与外面平级单位的协调中，其领导艺术就往往体现在争让之间。大事要争，小事要让，不能遇事必争，也不能遇事皆让，该争不争，就会丧失原则；该让不让，就会影响全局。

3. 说话的艺术

说话是一门艺术，它是反映领导者综合素质的一面镜子，也是下属评价领导者水平的一把尺子。领导者要提高说话艺术，除了要提高语言表达基本功外，关键要提高语言表达艺术，做到言之有物。所谓言之有物，就是领导者在下属面前讲话，不能空话连篇，套话成堆，要尽量做到实话实说，让大家能经常从领导者的讲话中，获取一些新的有效信息，听到一些新的见解，受到一些新的启发。

做到言之有理。领导者在下属面前讲话，一是要讲好道理。讲道理不能搞空对空，一定要与下属的思想、工作、生活等实际紧密结合起来，力求以理服人。二是要注意条理。讲话不能信口开河，语无伦次，一定要让人感到条理清晰，层次分明。三是要通情理。不能拿大话来压人，要多讲些大家眼前最关心的问题、大家心里最想的问题。

做到言之有味。领导者在下属面前讲话时，语言要带点甜味。要有点新意，要有点幽默感。

### 三、领导艺术的特点

领导艺术对一个领导者来说确是一个值得重视和研究的迫切问题。一般认为，领导艺术具有如下特点。

1. 经验性

领导艺术来源于领导者本人丰富的阅历、广博的知识和通过成败得失总结出来的经验与教训。它不是按照逻辑顺序和逻辑规则从理性的东西中推化而来的，而是由经验提炼而成的；它不是感性认识或理性认识的简单累加，而是出自直觉思维，是过去经验的不断升华。

2. 随机性

领导艺术没有固定和统一的模式与教条，它是领导者系统思考和处理随机事件的一种应变能力。它不遵循规范化的程序，也不信守呆板僵化的教条，而是因人而异，因地制宜，因材施教，因势利导，随机应变地通过直觉判断认识问题、分析问题、处理问题。

3. 多样性

领导艺术是一种生动活泼、丰富多彩的处事协调技能。不同的领导者在处理同一件事务时，往往有着迥然不同的技巧；即使同一个领导者在不同时刻、不同地点处理类似问题时，也会有截然相反的解决办法。

4. 创造性

领导艺术体现了领导者生机勃勃的创造力，是领导者集集体智慧和个人智慧与才华于一体的集中体现，所以方式多变，风格常新。同时，领导艺术的丰富和发展是没有止境的，它是一个高度开放的系统，随着领导实践的不断深入会有新的发展。

### 四、领导者的领导艺术的提高与应用

领导是一种包含着技巧和艺术的活动。领导有方则功绩赫赫，深得民心，

流芳百世；领导不当，则功败垂成，饮恨终身。

1. 不断学习

作为一个跨世纪的领导者，面对数字地球、国际互联网络、3S 技术的迅速发展和经济全球化、信息网络化、全球一体化的新形势，要使自己的领导活动取得更好的效果，除了时时刻刻不忘提高自己的领导素质、培养自己的领导能力之外，还必须向古人、向外国人、向他人虚心学习领导艺术，使领导变成一种系统的理论指导的有效活动，尽可能地减少和避免随意性、盲目性。

2. 知人善用

领导者应把最合适的人放在最合适的岗位，做到才适其位位适其才。组织机构设计的框架要能实际运行，需要为不同岗位选配合适的人员，分析人与事的不同特点，谋求人与事的最佳组合，实现人与事的不断发展。

知人善用也是一种领导艺术的体现，如果一个领导者能真正做到知人善用，用人之所长、避人之所短，将人才用到其真正实用的地方，发挥其所长，将其才智展示得淋漓尽致，为政府单位带来最大的效益。知人之后，一个优秀的领导者需要做到用人不疑，大胆的放手让其去处理问题，让其有自由的发挥空间，使其思想不受禁锢，最大化的发挥其才能。这就是所谓的"用人不疑、疑人不用"，当其走错了方向、走了歪路，适时的提醒、点拨让其回归正途，让其能够成为对自己有用的人。

3. 运用激励原则

领导者通过运用激励原则将领导变为引导，在下属员工中能够取得意想不到的效果。如改变工作内容；改变作业气氛；适当授权委任下属员工经办几件工作；将工作区分成好几段；等等。

4. 以身作则

领导者应作出表率，以身作则，身体力行，言必行，行必果。不能单凭自己的职务、权威和形式上的地位尊严去进行领导，要依靠自己对下属的信任和指导去进行领导，要相信下属有工作积极性，有提高自己能力、承担更大责任的愿望。只有真正关心自己的下属，与下属打成一片，才能赢得下属，包括比自己更优秀的下属的充分信任和忠诚，才能高效、高质量地完成管理工作，自己也会有更好的职业发展前景——成为一个真正优秀的领导者。

## 第四节　干部任用机制建设

### 一、干部选拔任用机制建设存在的问题

1. 党政领导干部选拔任用的参差不齐

干部人事制度的改革，最核心最敏感的部分是党政领导干部的选拔和任用。虽然从总体上看，其呈现出一种良好的态势，但就全国来看，还是参差不齐，有的非常好，有的还很落后。基本的特征就是虽然进入到与法律相衔接的空间，但大部分还是要靠政策来推动。

2. 权力过分集中

总体上还存在任用干部的权力过分集中，干部能上、能下的渠道比以前要多，有进步，但还是不够。处在领导岗位上的干部只要不犯太大的错误，还是会处在领导岗位上，一直到退休才结束工作。

3. 不正之风和腐败现象

领导干部用人的不正之风和腐败现象还没有得到彻底的遏制。发生腐败现象的部门已经不仅仅是原来的经济部门、金融部门、交通部门，腐败现象已经蔓延到党的部门中。尤其是一些党的书记，还有党的组织部长。

4. 对干部的选拔和任用工作的监督不到位

对干部的选拔和任用工作的监督还没有完全到位，现在各地的组织部门都在组织学习干部选拔任用四项监督制度，说明大部分领导干部对这方面的要求还是很高的，还是很渴望好好学习，并使之能够身体力行。

5. 管理体制不够完善

干部的管理体制不够完善，用一种单一的管理方法来管理所有的干部。分

类还不够健全，人才的整体开发程度还不够高。在社会转型期，由于已经进入到信息时代，一些政治经济发展较快的地方，已经形成了网络社会。在这个网络社会中，干部的选拔和任用已经成为公众的聚焦点。

（1）对领导干部年龄的议论。

如对一些正常的，符合法规程序的干部选任，也成了街头巷尾热烈议论的话题，在这些话题里，人们议论最多的就是被提拔干部的年龄。如果一个领导干部的年龄过于年轻，或者超过任职的年龄，这样的干部的选拔就会被人们所议论，一旦成为最年轻的干部就会成为媒体炒作的焦点。

（2）对领导干部学历的议论。

第二个被人们热烈议论的话题就是干部的学历。干部四化方针其一就是知识化，自从中共开展干部四化方针之后，有些组织部门在用人上就把知识化变成了学历化，因此近年来在干部队伍中出现了一股学历风，很多人都在追求学历，然而有些学历并不是货真价实的学历。因此，老百姓对那些学历特别高、职务不低的干部持怀疑态度，认为这些学历高的领导干部，工作这么忙不可能有机会去念博士，反而是一些学历低的干部受到群众的称赞，认为这样的干部老实、本分。

（3）对领导干部背景的议论。

群众关注比较多的还有干部的背景，选拔的干部有什么样的背景，是从哪里上台的，这些在网络上也有炒作。

（4）对领导干部身份的议论。

第四个群众议论的话题就是关于干部的身份。他是什么身份，尤其是他的职业。他是从企业领导出发来兼管党政领导，还是从党政领导出发来兼管企业领导，这是议论最大的话题。现如今，在网络上还有所谓的"人肉"搜索，这也在考验我们现在的领导干部。"人肉"搜索甚至已经成为一系列链条化的工具：有人提供线索，有人提供这种资料，有人把它归纳演绎和包装，有人对之进行炒作。

## 二、党政领导干部选拔任用制度改革的思考

首先，党政领导干部选拔任用制度改革在总体上应该达到一个什么样的目

标?用两个字可以来说明概括:就是活力。这个活力是如何表现的?这个活力表现为,在党政领导干部选拔任用制度的改革中,以人为本的理念的体现。一是人尽其才、才尽其用,发挥其才华要在他们的才华最充盈、能力最强的时候。并不是说,一些领导干部喜欢人才,在得到许多人才之后,就把这些人才储藏起来,不让他们的才华有发挥的空间,长此以往,这些人才的能力得不到施展,逐渐萎靡,自身的知识日渐陈旧,被时间淘汰,而且不及时地对其进行培训和教育,这么宝贵的人才就被完全浪费了。由此可见,党政领导干部选拔任用制度改革的目标应该是朝着科学化、民主化和法制化的方向发展下去。

核心是什么?核心就是要建立、健全党政领导干部选拔任用的机制和管理监督的机制,从而建立起一整套干部人事制度的科学体系。要进行干部人事制度改革,尤其是党政领导干部选拔与任用最核心制度的改革,借鉴和吸收人类社会古今中外的文明成果,并且提炼我党在改革开放三十年中所获得的经验。通过改革开放三十年的经验积累,我们一定会提炼出有裨益的、有价值的经验,这些新鲜的经验可以为我们的制度改革所用。

(一) 坚持党管干部的原则

要进行党政领导干部选拔和任用的改革,首先就是要坚持党管干部的原则,而坚持党管干部的原则,首先就是要准确地把握党管干部的内涵。中共中央1989年在关于加强党的建设的通知中已经明确了党管干部的内涵:一是要加强对干部工作的领导,制定干部工作的方针政策;二是要推荐和管理好重要干部;三是要指导好干部人事制度改革;四是要做好对干部人事工作的宏观管理和监督。这是中国共产党在1989年对党管干部原则的内涵作出的明确界定。

习近平总书记在全国组织工作会议上强调,党要管党,首先是管好干部;从严治党,关键是从严治吏。坚持和发展中国特色社会主义,实现中华民族伟大复兴的中国梦,必须把从严治党要求重点落实到从严治吏上,着力培养选拔党和人民需要的好干部,着力建设信念坚定、为民服务、勤政务实、敢于担当、清正廉洁的高素质干部队伍。

另外,有些地方领导干部将改革与党管干部的原则对立起来,认为要坚持进行改革就不能坚持党管干部的原则,要坚持党管干部的原则,就不能改革。事实上,这是将党管干部的原则和具体的方式二者混淆起来。党管干部的原则是一个大的原则，在这个大的原则下还有具体的管理干部的方式和方法。在不同的历史时期，面对着党的不同工作，党管干部的原则所体现的方式方法是不一样的。例如，在战争年代和新中国成立初期，一个在废墟上建立的新中国，就需要高度集中的干部管理体制，这是适应当时时代需要的。随着现代化社会的逐渐发展，尤其在把市场经济引入到社会主义体制中以后，党管干部的原则就要与市场机制联系起来，同时也要与民主政治的进程结合起来。因此，要探索一些具体的方法，要逐步地从封闭走向开放，逐步地从管人头走向管原则、管宏观、管规则，逐步地从微观走向宏观。资本主义国家也有这个原则，只不过是另一种表达方式，这是一个一定要坚持的原则。例如，在美国有政务官和事务官，政务官与总统共进退，总统上台以后要提拔一些与他有相同观念的政治官员。在某些方面有才华的人去任政府的某一个职位也是对坚持党管干部原则的体现。党管干部的原则是执政党的重要执政手段之一，任何一个执政党都不会放弃这个原则。我们坚持这个原则，要明确它的内涵，要明确党管干部是管理什么，不是管理具体的人头，不是主管干部的书记和主管干部的领导手里紧紧地管着这个权力。

(二) 拓宽视野，借鉴人类文明成果

若要改革党政领导干部选拔任用的制度，我们就要做到拓宽视野，借鉴人类的文明成果。比如说借鉴西方公务员制度的一些基本经验和做法。

(三) 准确把握标准条件，提高选人用人导向上的公信度

在党政领导干部选拔任用制度的改革中，要准确把握标准条件，提高选人、用人导向上的公信度。公信度当然不是小事情。为什么干部选拔任用会成为街谈巷议的焦点？因为公信度的问题。公信度直接关系到执政党在人民心目中的位置。因此，首先要把握一个根本的标准。

1. 德才兼备、以德为先的根本标准

习近平总书记多次强调选拔任用干部要"坚持德才兼备、以德为先"，明确提出"什么样的人该用，什么样的人不重用，都要把德放在首位"，并提出了政治品德、职业道德、家庭美德和社会公德并重的"四德"标准和考核要

求。中国共产党长期以来一直在坚持德才兼备的用人标准，而德才兼备标准的内涵就是以德为先，"德"处于"才"之先。古人讲"才者德之资也，德者才之率也"，意思是人的"德"来主宰人的"才"。古人也讲"有德无才为君子，有才无德为小人"，那就是以德为先。只要你有好的品德，明白为人的道理，它就可以帮助你认清自己，若你没有能力，可以去更好地历练和学习。如果你没有弄明白为人的道理，纵然你有优秀的工作、处事能力，你想的也只是为自己、为自己的小集团、为自己的亲朋好友，你这个"才"并不是为了大多数人，最后还是要走向人民的反面。

既然德才兼备里包含了以德为先的内容，为什么又把以德为先专门提出来，并且摆在德才兼备的前面？这么做是有针对性的。经过了三十多年的改革开放之后，我们干部队伍的年龄结构、知识结构和专业结构都发生了历史性的变化。也就是说，现在的一些领导干部出现了这样那样的问题，不是出在"才"上，而是出在"德"上。所以，提出"德才兼备、以德为先"，抓住了当前领导班子建设和干部队伍建设的关键。

每个人的品德不一样，有的人愿意做表面文章，有的人只围着领导转，有的人甘愿长期工作在艰苦的地方，有的人在困难的时候去挑重担并和人民群众打成一片，但往往这样的人不善于在领导面前奉承讨好。随着改革开放，社会上流行着很多"官场"书籍，比如《潜规则》《厚黑学》等，这些书籍都是在引导领导干部不重视自己的德行，反而倾向于通过一些非正常的渠道去拉关系、走后门，与自己的上级领导进行不正当的交易。

在人类社会的发展进程中，领导者的素质随着时代的走向逐步地从权力的影响力发展为非权力的影响力。这个非权力的影响力就是魅力型的影响力，也就是人的品德领先的影响力。什么是领导力，领导力并不是在掌握权力之下的威慑力，而是获得大批追随者的能力。也就是说，作为一个领导干部，能让人们心甘情愿，而不是说手中有了权力，其他人就得必须服从，如果不服从，就千方百计地算计他人，让他人不得安宁。这样的领导不是一个品德高尚的领导。因此，在当今的社会，人们呼唤的是一个非权力型的影响力，也就是说具有魅力型影响力的干部会越来越受到人们的青睐。

针对领导班子的建设和干部队伍的建设现状，现在的问题是并不缺少没有能力、没有本事之人，而是随着体制的转型，改革进入到了攻坚阶段，一个领导干部的品德越来越显示出重要性，习近平总书记强调，要坚持德才兼备、以德为先用人标准，这是选拔党政领导干部的根本标准，我们要准确把握标准条件，提高选人、用人的公信度。

2. 用人导向

确立选人、用人导向上的公信度，要注重选拔那些长期在基层，在艰苦的条件和困难的地区努力工作着的干部。要向长期在基层，在艰苦困难地方工作的干部倾斜，要克服年龄上的界线，重基层。中国历史上曾经进行过多次的体制改革和机构改革，分分合合，合合分分。从古至今唯有县这一级别的行政单位自始至终被保留下来。由此可见，在幅员辽阔的中国大地，县级行政单位在中央政权中有着重要的地位和作用，对国家的稳定和均衡发展至关重要。

3. 注重选拔

注重基层的选拔，就要配置一些有经验、有理论，而且能够服众的中年领导干部到那里去任职，这是第一个选拔所要注重的导向。第二个选拔所要注重的导向是，要善于任用一些能够领导科学发展，并且政绩突出，群众公认的干部。这里出现的问题是，改革开放以来，从基层中脱颖而出一大批优秀的改革家，这些改革家付出了很大的代价，他们付出的不只是青春，有的甚至付出了生命。人民群众对这样的改革者有着很高的评价。任用基层领导干部，要向这些政绩突出、群众公认的干部倾斜。第三个用人的导向就是要注重选拔那些人品端正、真抓实干、勇于进取的干部。第四种就是善于提拔那些迎难而上，在急难险重的工作中能够指挥若定，打开局面的干部。

4. 构建核心能力框架

要准确地把握标准，提高选人用人上的公信度，还要对各级的党政领导干部制定和确立一个核心的能力框架。这里的前提就是要厘清委任制、选任制和聘任制干部的界线关系，以及厘清它的归属。

在美国，政务官与美国总统在政策观点上是共进退的，依靠选举产生出的这些官员，是在现代领导科学中真正体现领导意义的领导者，而不是管理者。这个领导者和管理者有什么样的区别呢？领导者是决定做什么事的人，就是要高瞻远瞩、审时度势，作出正确的决策，他们往往具有很高的统筹能力，也有着深厚的人格魅力，拥有大批的追随者。与其相应的是管理者，管理者要做的是一些具体的事务类工作,按照领导的正确决策把事情做好。管理者在具体的工作范围内,也要对他在权限之内的事务进行另一个层次的决策。

## 三、建立健全干部选拔任用提名制度

建立健全主题清晰、程序科学、责任明确的干部选拔任用提名制度,关系到党政领导干部的选拔与任用,是干部人事制度改革中最核心、最要害的问题。在党政领导干部选拔任用中,制度改革的起始点是初始提名权,即提名制度。

1. 合理确定参加民主推荐人员的范围

因为这是一个初始的环节,这个环节现在还不够完善。近年查处的一些用人腐败案件,很多都涉及这个环节。因此,要想推进干部选拔提名制度的改革,就要从合理规范参加民主推荐人员的范围做起。前些年曾经流行一副对联:说你行你就行,不行也行;说你不行你就不行,行也不行。横批是不服不行。这句话的意思就是,一切工作,领导说了算。现在又流行一句话:群众说你行,领导说你不行,那你就不行;群众说你不行,领导说你行你就行。这句话的意思还是说领导说了算。这里所要表达的是,合理规范参加民主推荐人员的范围。例如组织部门要进行改革,虽说是要进行改革,但是在他们心里已经有了确定的人选。不管什么原因,只要是基层领导的提名人员,即他下一步的接班人,或者是组织部门认定了的人员,就会将这个人从其他人员中选拔出来。于是假意在群众中进行一些调查研究,寻找一些和候选人关系较好的人员,让他们成为提名的代表,一起来开座谈会议,候选人就这样,被理所当然的"选拔"出来。抑或是基层推选了一个候选人,但组织部门和主要的领导干部在私底下不同意,他们可能就要选拔一些对候选人有意见的人来作为不同层面的代表,让他们进入到推荐人员的范围之内。因此,就要合理规范参加民主推荐人员的范围,要有一种体现在文字上的规范,要看推荐人员在什么样的层面上。例如,在一个行政区域,要有知识分子的代表、工商界的代表、社区的代表、党政人员的代表,还要有生产、经营方面等各方面的代表,要根据人数来确定参加推荐的人员,而且根据人数的比例来最终确定参加民主推荐人员的数量。

这说明，注重广泛性的同时，也要注重代表性、知情度和相关性的原则，并对之进行科学的界定。要更好地代表和体现广大党员以及群众，特别是服务对象真实的意愿，这是第一点。

2. 全面分析民主推荐的结果

有时在民主推荐之后，有的候选人得到的选票数量依然很多。虽然对候选人进行了民意调查，但他不一定顺应民意，而有的候选人选票不多，但很顺应民意。因为一些得到的选票数量较多的候选人，可能在工作中不坚持应该坚持的原则，采取事不关己、高高挂起的处事态度，反而那些票数不多的候选人，是因为得罪了很多领导干部，造成选票数量不多。因此要对这些候选人进行分析，公平对待，对于那些不坚持原则的候选人，要找出更严格的和更好的审批程序来对之进行选拔。

3. 鼓励多渠道推荐干部

要鼓励多种渠道推荐干部，坚持在五湖四海中广泛地举贤荐能，拓宽党政领导干部选拔的来源。例如几年前，四川省在省级换届之后，省领导对空缺的县级干部进行了一次改革，在改革中，选拔制度被称为统筹脱选。这样面对的就是全国，拓宽了选拔的视野，而且在选拔县级领导干部中，应试人员的范围不都是党政领导干部，也有一些学校的教员，或者一些专业的军人，还有一些企业的管理人员。这项改革破除了身份制度，打破了区域的界限，在不到一个月限期的 20 天时间里，报名的数量就达到 4400 人。四川省的领导干部善用头脑，在全国那么大的范围内，在六七十个空缺的县级领导干部中，选拔出了最优秀的人才。所以，要鼓励多种渠道推荐干部，拓宽党政领导干部选拔的来源，这样就能选拔出来优秀人才。

4. 规范干部任用提名方式

特别要规范高层领导的提名行为，因为高层领导提议的候选人，往往含金量高，往往能够胜任，并当选。要规范高层领导提名的行为，就要合理的界定干部任用制度的提名主体，对高层领导的行为做一个规范。采用规范提醒的形式和程序，明确提名责任。所有这些要达到的目标，就是把隐性的权力显性化。

又如显性权力的规范化。目前有一个不成形的规定，这个规定的意思是当高层领导有优势。如何有优势，具体有什么样的优势？这就是他们往往具有决定什么时候开会，决定开会内容的权力。例如"一把手"确定了一个候选人，想提拔他，但主抓干部工作的副书记认为这个候选人不行，不具备相应的能力。于是这个"一把手"开始想办法，考虑如何得到这个主抓干部的副书记的支持。他采取的方式是这样的：先肯定此副书记的成绩，如其在领导班子里有威信，说话有感召力，工作上一直兢兢业业，不曾懈怠。故组织上派其跟团访问欧洲，既可以开阔视野，又可以调整自身的状态。于是这个副书记就高高兴兴地放下了手里的工作，跟团访问欧洲。就在这个副书记走后，"一把手"主持了选拔会议，他所中意的候选人理所当然地被提拔。主抓干部的副书记归国之后即使有意见也没有办法，因为"一把手"提名、选拔候选人都是符合组织手续的。

另外，还有一些行政领导主抓具体的工作，他认为有一项工作课题可以呈报到党委会上进行讨论，于是与"一把手"商量探讨此项决议。但"一把手"认为这件事情不重要，所以不提议举行会议探讨研究。这就是说，所谓的领导艺术和在领导中的这些"潜规则"，都不是党的文件和民主集中制的文件里逐条规定的，但作为党的"一把手"他有这样的权力。所以现在要对规范干部的提名方式，特别是对"一把手"的提名行为进行规范，原因就是使这种隐性的权力显性化，让权力公开，走向透明，以防止个人主义，或者少数主义。

5. *严格查处"拉票"等违纪的行为*

在建立健全主题清晰、程序科学、责任明确的干部选拔任用提名的制度中，还要注意的是，要严格查处"拉票"等违纪的行为。如果不解决这种问题，就会把民主引向邪路。解决"拉票"问题的方法是，一要堵，二要疏通。因为在这个问题之中，存在很多这样或那样的复杂情况。在这种行为之下，有部分不被大家所认识的默默无闻认真工作的干部，也有部分善于哗众取宠的干部。所以，在提名权中，要给那些在后台默默无闻工作的干部一个机会，一个走到前台、让大家了解认识的机会，这样才能让那些被选举者和参加提名的人，公平有序地去参与提名，让那些参加竞争的人去公平、公正有序地参与竞争。

## 四、健全促进科学发展的考评机制

党政领导干部的选拔任用和去留升迁，它的依据与考评有着直接的关系，而这个考评历来是中共各级组织部门艰难、巨大、重要的课题。

1. 完善标准

完善的是什么标准？就是要注重履行岗位责任，完成急难险重的任务，尤其是关键时刻的表现，对待个人名利时，干部的德才方面的表现。上文提出，我们要确定根本的标准，而这确定的根本的标准要和干部的考核对应起来，不能标准是一样，考核是另一样，从而造成标准和考核的不一致。

在考核中除了注重德才的表现，也要突出科学发展的一些政绩。突出科学发展的政绩就是要根据不同区域、不同层次、不同类型干部的特点，建立各有侧重、各有特色的考核内容和考核指标体系。目前在考核中，各个地区、单位的组织部门也在进行这样的探索。考核已经就不再像过去那么单一，例如在考核中加入了相关的人文、社会和可持续发展等指标。因为人民群众不仅看重经济发展，还看重环境保护。又如领导干部到基层视察，公路两边种植的是杨树，而杨树会飘杨絮，于是将这些杨树砍伐，栽上银杏树，有人说银杏树长得太慢，又开始种植其他树木。这就要求我们要有一个连续性，要注重科学的发展观。

在确定了各有特色的考核内容和考核指标体系以后，还要探索建立领导班子和干部工作中的目标责任制和岗位职责的范围。这样就把党的中心工作和全面建设小康社会的各项指标结合起来，层层细划、层层分解，一直分解到各个部门、单位、地区和各个领导干部的岗位中去，转变成他们的责任，并且进行岗位职责的规范。

2. 优化考核办法

考核办法是一个很难运作的问题。例如这个考核里有一条讲述的是要完成急难险重的任务，那么只看急难险重吗？当然不是，也要以平时、年度的考核为基础。还要以换届、任前的考核为重点，把平时、年度的考核和换届、任前的考核结合起来，并且增加它的全面性和准确性。所以现在对党政领导干部来说，既要有视察有审计，还要有统计，同时把这些结果和部门的专项考核结合起来，再结合着民意的测评、调查和实际的分析，来对领导干部的任用，做一个全面、客观的评价。这样才能够根据不同的考核对象和考核任务，合理选用考核办法，使考核更加便捷、高效，避免重复考核。所以说这个考核是一个很难运作的问题。这对于各个部门、各个地区和各个单位，以及不同的行业来说，就要在落实科学发展观的过程中去积极的探索，形成一套具有自己特色的最佳优化的考核办法和程序。

3. 强化考核结果的运用

在完善标准，建立了各具特色的考核内容和指标体系，并且优化了考核的办法后，我们还要做什么？就是还要强化考核结果的运用。要把这种科学的、全面的、准确的考核结果与干部的去留升迁和使用紧密结合起来，来作为选拔任用、教育培养、管理监督和激励约束的一个重要依据。只有这样才能够形成一种积极的导向作用。同时要建立考核结果的反馈制度，及时向各级领导班子和党政领导干部的个人，反馈考核的结果，并且要在一定的范围内进行通报，这就是说在考核中也要注意几项考核内容。我们过去只算政治账，不算经济账，只讲这种形式而不考虑它的内容，这样不行。所以考核的内容，既要有工作，也要有在工作中的投入和它的社会发展。现在部分基层已经进行了这样的探索，即以考核的绩效除以考核的政绩，此之为效能。这个考核的效能百分比，就等于政绩的效益除以政绩的投入。

## 五、总结提炼，形成选拔任用机制的体系

1. 公推公选、公推直选、民推直选及发展趋势

从1998年开始，中央组织部开始注重领导干部公开招考，并成立了一个领导干部公开招考小组。当时，在全国范围内，只有西藏没有实行公开招考的方式，直到现在为止已历时12年。现在我国的公推公选、公推直选、民推直选，已经随着村民自治委员会主任的全民公开选举，形成一种燎原烈火、铺天盖地的趋势。这样的趋势有一个什么样的由来和走向呢？基本的走向就是由基

层向上层，由农村向城市。在领导班子中，已经向公推公选、公推直选、民推直选推进，由副职向正职推进，由班子的个别向整体推进，由零星的试点向大面积的推广推进。

2. 差额选举的范围和比例不断扩大

现在有些单位在选拔干部的时候，就是实行公开公推公选，在电视上直播这些参选人的竞选演讲。就形成了这样一种态势，即一层一层地展开，不仅是乡镇，部分县一级，甚至地厅这一级单位，都在不断地向上覆盖。在这个不断向上、不断蔓延发展的势头中，差额选举的范围和比例也在不断地扩大。现在中央组织部和中央出台的一个又一个关于党政领导干部选拔和任用的相关条例，以及干部人事制度改革的一些具体的相关文件，都和基层积极的探索有着直接的关系。在总结提炼选拔任用的机制中，我们还要注重完善公开选拔、竞争上岗等选拔干部的竞争性方式。

3. 完善公开选拔、竞争上岗等选拔方式

调查中，公开选拔、竞争上岗是近些年来在干部群众中被认为最有成效的选人用人的改革措施。十七大以来各地普遍加大了竞争选拔干部的力度，但是距离经常化、规范化和制度化还有一定的差距，因此，现在还要继续把完善选拔制度的方式作为干部制度改革的一个重点。要突出岗位的特点，注重能力实际。尤其要注意以下几点。

（1）加大竞争性选拔干部的力度，对一些职位进行公开选拔。

有条件的地方和部门可以每年开展竞争性的选拔干部工作，实行的前提是要先进行干部的分类。有的是任命制，有的是选任制，有的是考任制，要对不同种类的性质加以区别。一些重要的职位要进行公开的选拔，机关中层以下的领导职位，除了特殊岗位以外，其他都要逐步做到以竞争上岗为主的形式。

（2）完善选拔干部的方法，推行差额推荐、考察、酝酿、票决的选拔制度。

差额选拔是为了进一步扩大民主，为的是好中选优。在以前的差额选拔中，有很多都是敷衍了事，随便把一个人加进去，实际上就是为了差额指标。笔者在1993年到基层锻炼时，参加过这样的选举。选举时，有个女干部跟我说，您不要有什么顾虑，我知道您不能投我的票，组织上已经找我谈话了，因为有差额我才被提上来。很多像这样的基层进行的差额选举，都是一些形式和过场。所以现在就要完善差额选拔干部的办法，要在推荐、考察、酝酿和票决的全过程进行差额选拔，这样就会有很多的民众代表，代表各层次民意的程度就会比以前大大提高。

（3）提高竞争性选拔干部的质量。

要注意完善公开竞争上岗等选拔，要注意提高竞争和选拔干部的质量。按照做什么工作考什么能力的原则，改进笔试和面试的方法，借鉴现代人才测评技术，真正考出干部的实际素质和能力。在我们起草领导干部考察公开招考大纲的时候，也曾经有一些争议。有人反映那些大纲里考的都是知识，笔者认为应该考些能力。而且要做调研，不同的方面、不同的职别、不同的部门都有着不同的实际要求，要根据这些要求来确定考试的方式和方法。

## 第五节 思想建设

随着全球经济一体化进程的加快、信息网络技术的快速发展，我国经济体制深刻变革、社会结构深刻变动、利益格局深刻调整，国内外各种思想文化相互撞击，使思想政治建设所处的环境更加复杂，新情况层出不穷，各种思想文化思潮相互激荡，使舆论导向的控制受到了影响，人们的价值观念、思维方式呈现出多样化的趋势。这种多样化的发展趋势，给新时期的领导班子思想政治建设提出了许多新的课题，值得我们认真思考。

新时期加强领导班子思想政治建设需要提升新高度。用科学发展观指导领导班子思想政治建设，是新时期推进领导班子思想建设的根本要求，也是推进领导班子思想政治建设不断发展进步的根本动力，为新形势下加强思想政治建设提供了科学指南。必须从政治的高度、战略的高度、全局的高度，认真学习、深刻理解和全面把握科学发展观，把科学发展观贯穿领导班子思想政治建设全过程，用科学发展观武装领导干部的头脑、指导思想政治实践、推动各项工作。

新时期加强领导班子思想政治建设需要拓展新思维。新时期加强领导班子思想政治建设，必须从领导班子执政能力建设的系统要素入手。要从进一步明确执政理念、增强执政意识、完善执政方略、健全执政体制、改进执政方式、巩固执政基础、培养执政骨干、挖掘执政资源、改善执政环境、丰富执政理论上来加以研究。从这些角度来思考领导班子思想政治建设，有利于丰富思想政治建设的内涵、途径、方式、平台，进一步做好新时期领导班子思想政治建设。

新时期加强领导班子思想政治建设需要赋予新内涵。构建社会主义和谐社会，全面建设小康社会，建设服务型政府，保障和改善民生等带有鲜明时代气息的主题，都是思想政治建设需要赋予的新内涵。党从全面建设小康社会和构建社会主义和谐社会高度，从解决人民最关心、最直接、最现实的利益问题出发，在社会建设方面提出的目标和作出的承诺，必然也是各级领导班子需要担当的责任。

新时期加强领导班子思想政治建设需要关注新领域。领导班子必须掌握思想政治领域的领导权和主动权。各级领导班子必须抓住思想政治建设的一些新领域，深入进行调查研究，准确把握社会思想状况和动向，以利于加强工作的针对性。

新时期加强领导班子思想政治建设需要倡导新风尚。领导班子必须善于倡导社会风尚，旗帜鲜明地指出我们应该坚持一切从人民群众的利益出发，倡导推进社会发展进步的新风尚，营造团结、民主、和谐的社会氛围，把领导班子凝聚在一起，集中一班人的智慧，朝着同一个目标共同奋斗。领导班子思想政治建设需要积极倡导社会主义思想政治建设的新风尚，不断提高领导干部的思想道德素质和整个社会的文明程度，推进社会主义核心价值体系建设，不断巩固团结合作的共同思想基础。

新时期加强领导班子思想政治建设需要健全新机制。只有建立健全机制，使制度架构真正形成监督和制约，才能有效加强思想政治建设。必须强化保证机制，建立第一责任人制度，靠"责任人"做保证。必须建立"超前发现问题萌芽、超前制定解决问题预案、提前介入化解矛盾"的思想政治建设预警机制。此外，还要建立渗透机制，把思想政治建设渗透到党的中心工作和其他各项工作中，渗透到经济社会的各个环节；健全约束机制，把领导班子思想政治建设与制度、法律结合起来，在制度和法律基础上解决思想问题，巩固思想政治建设的成果；创新用人机制，干部选任竞争要体现公平，干部选用决策要体现民主，干部考核考察要体现科学等。

新时期加强领导班子思想政治建设需要把握新规律。把握思想政治建设的规律，是加强领导班子思想政治建设的重要前提。必须把思想政治建设摆在各项建设首位，就是新时期加强领导班子思想政治建设的基本规律。必须在提高执政能力上下功夫，最大限度地适应新形势下党的中心工作的需要，是加强领导班子思想政治建设的根本规律。此外，还有许多规律需要我们不断去探索、研究和遵循。

## 第六节　组织建设

### 一、加强思想建设，坚持理论学习

继续坚持政治思想学习与联系实际相结合。抓班子，促队伍勤政务实。一是加强理论学习，强化班子政治理论素质。规定学习时间，做到经常性自学为主，集中讲学为辅，使学习时间有保障；指定学习内容，明确学习要求，开展学习体会交流。改变过去死板的学习方法，主要采取集中学与个人自学、读文件与专题研讨相结合等多种有效形式，强化学习的针对性，提高学习效能。二是学习内容到位，深入领会学习毛泽东思想、邓小平理论、"三个代表"重要思想和科学发展观及党的十八大和十八届三中、四中、五中、六中全会精神及习近平总书记的重要讲话精神，积极参加群众路线教育实践活动、三严三实等专题教育活动，重塑党员干部的理想信念，以统一党员干部的思想，振奋精神，努力工作。加强业务知识教育，不断提高党员干部的业务素质和工作能力。开展"一个支部一个堡垒，一个小组一片阵地，一个党员一面旗帜"活动，使党员干部牢固树立宗旨意识，提高为民服务的自觉性、主动性。三是落实民主集中制要求，坚持科学决策，民主决策，对干部任用、经费开支、全局性工作部署等始终坚持班子集体讨论决定。按照民主生活会要求，认真开展批评和自我批评，不断增强领导班子的凝聚力和向心力。四是加强全局观念，提升班子组织领导水平。注重找准影响大局、有决定意义的关键环节，跳出分管工作圈子，站在全局看问题。五是始终坚持以人为本、预防为主、领导班子带头的方针，把抓好党员干部特别是党员领导干部的经常性教育和强化廉洁自律意识作为遏制的治本之策，筑牢党员干部拒腐防变防线。抓思想，促干部奋发向上。强调"以树立正确的理想信念为先导"，把队伍的奉献、创新、实干、奋斗精神作为抓队伍建设的"灵魂"。利用"规范执法行为，促进执法公正"专项整改活动，推动执法规范化建设水平，努力从思想根源上解决为谁掌权、为谁执法、为谁服务的问题。利用社会主义荣辱观教育活动，坚持围绕目标，精心组织，扎实推进，通过开展扶贫帮困献爱心、"法律七进"活动，使干部职工自觉地把践行荣辱观作为立足岗位努力工作的动力。利用社会主义法治理念学习教育活动，履行司法行政部门良好形象。

## 二、加强组织建设，强化政治保障

加强领导班子建设。按照建设一个好班子，抓好一支好队伍，形成一套好机制，培养一种好作风的"四好要求"，切实加强领导班子建设，认真按照《党章》要求，严格落实党的民主集中制原则。强化班子团结，增强民主氛围，对重大决策问题，严格按照"集体领导、民主集中、个别酝酿、会议决定"的原则，规范建立健全议事规则和决策程序，提倡会议争论，反对会后议论，增强工作透明度，提高办事效率。建立健全谈话机制，对党员个人进行谈话，交流思想，听取意见，使班子成员及党员干部的积极主动性和主观能动性得到充分发挥。坚持"三会一课"制度，按时召开支委会、支部大会和党课学习，坚持党支部委员经常碰头，有问题及时研究解决。定期召开领导班子民主生活会，有针对性地解决全局干部职工在思想、工作等方面存在的突出问题。认真开展民主评议党员工作，努力提高组织生活质量，不断增强党支部战斗力、凝聚力，在加强班子建设中，强调树立六个意识，即服务、表率、民主、全局、超前和学习意识，基本上做到了职责清、任务明。

### 三、加强廉政建设，提高防腐意识

严格落实党风廉政建设责任制，强化党风廉政教育，形成反腐倡廉的整体合力。党支部抓好党风廉政建设责任制的落实工作，认真履行组织协调职能，加强与各方面的联系与沟通，及时解决工作中的矛盾和问题。加强反腐倡廉思想教育，在全体党员中开展"廉政自律，勤政为民"为主要内容的党风廉政教育活动，组织学习党风廉政建设的法律法规和规章制度，教育党员干部必须时刻保持自重、自省、自警、自励，牢固树立共产主义世界观、人生观、价值观，使广大党员干部真正提高遵纪守法的自觉性，增强抗腐拒变的能力。把党风廉政建设真正列入阐述重要议事日程，一手抓业务，一手抓党风廉政建设，真正做到两手抓，两手都要硬。切实把反腐治本任务落实到实处，把执行廉洁自律规定落实到人，把全面落实党风廉政建设的任务落实到每个干部身上。

## 第七节 作风建设

作风是一个党的性质、宗旨和本质特征、内在品格的重要体现，是实现党的纲领、目标、任务的重要保证。改进和加强党的作风建设，领导机关是关键，领导干部是重点。改进和加强领导干部作风建设要遵循一靠教育、二靠制度、三靠监督、四靠自律的原则，采取多管齐下、标本兼治、综合治理的办法，常抓不懈地做好有关工作。具体应从以下方面切入：

（1）以解放思想、与时俱进为着力点，进一步加强思想作风建设。一要坚持解放思想、实事求是、与时俱进的思想路线和思想作风。当前，我国正处于改革发展的关键阶段，面临的机遇前所未有，面临的挑战也前所未有。因此，必须解放思想、知难而进，大力倡导与时俱进、勇于探索的创新精神，克服因循守旧、墨守成规的"僵化"思想，用科学的思维方式去认识世界和改造世界，不断开创中国特色社会主义事业新局面。二要坚持立党为公、执政为民。这是思想作风建设的根本目的。要牢记全心全意为人民服务的宗旨，牢记党和人民的重托和肩负的历史责任，正确行使人民赋予的权力，廉洁奉公，勤政为民，坚持权为民所用、情为民所系、利为民所谋，坚定共产主义的理想信念，自觉做献身中国特色社会主义事业的忠诚战士。三要把加强思想作风建设与深入贯彻落实科学发展观结合起来。想问题、办事情，坚持一切从实际出发，按客观规律办事，坚决防止和克服脱离实际、主观臆断的行为，防止和纠正急功近利、好大喜功、忽视协调发展的做法，"多干打基础、利长远的事"，真心实意地为人民群众谋利益。

（2）以勤奋好学、学以致用为着力点，进一步加强学风建设。一是要切实解决一些领导干部学习理论自觉性不高，不想学、不愿学和摆样子学的问题，在真学、真信、真钻、真用上下功夫；二是学以致用、以用促学、学用相长。要用马克思主义中国化的最新成果武装头脑，指导工作实践，着力解决本地、本系统、本部门改革发展中遇到的实际问题；三是坚持改造客观世界与改造主观世界相结合，牢固树立马克思主义的世界观、人生观、价值观和正确的权力观、地位观、利益观；牢固树立社会主义核心价值观，带头实践社会主义荣辱观，在思想道德建设中做表率、当模范；四是把改进学风同改进文风结合起来，精简会议文件，说短话、办实事，反对装腔作势、套话连篇的"新八股"，进一步发扬准确鲜明、质朴流畅、形象生动、健康向上的文风。

（3）以联系群众、求真务实为着力点，进一步加强工作作风建设。加强工作作风建设，重点是采取切实措施坚决克服形式主义和官僚主义。一是深入实际，调查研究，集中民智，珍惜民力，科学决策，民主决策，自觉把改革力度、发展速度和社会承受程度统一起来，防止滥用民力、盲目蛮干、随意决策。要在抓落实、见实效上下功夫，而不要在"作秀"、耍花架子上做文章。当前，要坚决反对各种脱离实际的"形象工程""政绩工程"，坚决刹住弄虚作假、欺上瞒下的歪风。二是深入群众，真心实意地听民声、察民情、知民怨、解民忧，努力为群众办实事、办好事，使群众在政治上、经济上得到更多的实惠，共享改革和发展的成果。这是密切党群、干群关系的关键，也是加强作风建设最为重要的举措。三是建立健全密切联系群众的相关制度，切实从人民群众最关注的热点难点问题抓起，从人民群众反映最不满意的问题改起，从人民群众最需要解决的问题做起，着力解决群众最关心、最直接、最现实的利益问题。

(4)以扩大民主、健全制度为着力点,进一步加强领导作风建设。一要积极推进党内民主建设,扩大党内民主,推进党务公开,充分发挥全委会对重大问题、重要人事任免的决策作用。二要健全完善保证民主集中制贯彻执行的制度。如:完善党的地方各级全委会、常委会工作制度。坚持在民主的基础上集中,在集中指导下的民主,推行地方党委讨论决定重大问题和任用重要干部实行票决制;健全集体领导与个人分工负责相结合的制度,真正把"集体领导、民主集中、个别酝酿、会议决定"的十六字方针落到实处;建立健全地方各级党委常委会向委员会全体会议定期报告工作并接受监督的制度。当前一是要把定期报告工作推行到地方各级党委,二是要进一步探索接受监督的形式和措施;完善干部选拔任用制度。切实落实群众对干部选拔任用的知情权、参与权、选择权和监督权;完善体现科学发展观和正确政绩观要求的干部考核评价体系,增强民主推荐、民主测评的科学性和真实性;坚持标准和正确的用人导向,用好的作风选人、选作风好的人,提高选人用人的公信度,为加强和改进领导干部作风建设提供坚强的组织保证。

(5)以艰苦奋斗、情趣健康为着力点,进一步加强生活作风建设。一是要深入进行"坚持艰苦奋斗、反对享乐主义"的教育,倡导勤俭节约、勤俭办一切事业,反对奢侈浪费;二是大力倡导生活正派、情趣健康的良好风气,继承优良传统,弘扬新风正气;三是加强思想道德修养,领导干部要讲党性、重品行、作表率,自觉践行社会主义荣辱观,模范遵守党纪国法,坚决反对和抵制低级趣味的生活方式,始终保持共产党人的高尚情操和革命气节;四是要加强对领导干部的管理和监督。"八小时以内"的"工作圈"要管,"八小时以外"的"生活圈""社交圈"也要管。管理监督措施应当由虚变实、由粗变细,切实改变目前雷声大、雨点小或只说说而已的状况。对那些置若罔闻、违纪违法、丧失操守原则的腐化堕落分子,应当严肃查处,以儆效尤。

(6)以强化监督、严格执纪为着力点,进一步健全领导干部作风建设的制约机制。一是把对领导干部作风建设的监督作为加强党内监督的重要内容。严格执行报告个人有关事项、述职述廉、民主生活会、巡视、诫勉和谈话、函询、质询等制度。要加强对重点对象特别是党政"一把手"的监督,加强对重点岗位特别是管人、管钱、管物、管工程招标等人员的监督,推进党务公开、政务公开、财务公开;要探索适应新形势、新情况的有效监督形式,从源头上预防领导干部腐败案件的产生。二是要拓宽监督渠道。整合监督资源，把人大监督、政协监督、行政监督、舆论监督、司法监督、社会监督同党内监督等很好地结合起来，形成全方位、多层次的监督网络，增强监督的合力和实效。三是建立健全领导干部作风评价考核机制。制定完善领导干部作风考核办法，把组织考察、考核与群众评议结合起来。评价领导机关和领导干部作风的好差，要坚持以人民满意不满意为标准，把评判权、监督权交给群众。四是加大督查工作力度。建立健全领导干部作风建设工作信息反馈、情况通报和定期报告制度，完善督查措施，确定工作重点，集中开展专项检查。要建立问责制，对因不抓不管，管辖范围内出现严重作风问题的，要追究有关领导和上级部门的责任。

（7）以赋予权利、提高权威为着力点，进一步强化机关党组织的监督职能。一是强化机关党组织的监督职能。比如，明确规定机关党组织成员可以列席行政负责人召开的重要会议，可以参与重要问题的决策，党委或党组对机关干部的任免、调动或奖惩，要听取机关党组织的意见等，赋予机关党组织以"职责"制约"权力"的职能。二是提高机关党组织监督的权威。机关党组织要主动协助相关领导和部门，积极推进领导干部党务政务公开化、行政执法透明化，让机关广大党员能够参与到党内监督的实践中来，机关党组织依靠这种"组织的力量"，从而对掌握权力的党员领导干部进行有效的监督，促使重点监督对象能够做到权力不失控、行为不失范。三是认真落实领导干部双重民主生活会制度。领导干部双重民主生活会制度，是中国共产党的优良传统。但目前这项制度在许多地方已流于形式，甚至有其名无其实。因此，要以严格程序、重在质量为重点，进一步健全双重民主生活会制度。

（8）以改革创新、增强活力为着力点，进一步建立健全领导干部作风建设的长效机制。一是要把党的优良传统作风与时代精神结合起来，对领导干部作风建设提出新标准新要求。二是创新形式与载体，增强作风建设活动的吸引力和感染力。紧紧围绕领导干部作风建设的新任务新要求，结合本地或本单位实际，开展丰富多彩的主题实践活动，不断推陈出新，使作风建设经常有新形式、新载体，始终充满生机和活力。三是注意总结各地在加强领导干部作风建设实践中创造的新鲜经验和成功做法，加以概括提炼，形成制度，转化成作风建设的长效机制，推动领导干部作风建设不断取得新成效。

## 第八节 形象建设

形象，是人的文化知识、道德修养和理想信念等综合素养的外在展示，是公众评价和社会舆论认同的一种标准。形象的表现方式分两种：一种是具体的，是看得见、摸得着的外在形象，即言行举止、衣着装扮等；另一种是抽象的，是看不见、摸不着的内在形象，是通过气质、风貌等所体现出来的。一个人的形象不是天然形成的，而是靠后天的勤奋努力，不断学习、不断追求、不断提高自身综合素质逐步实现的。

### 一、领导形象的不良表现

一是"生活腐化、情趣低级"。大量事实证明，一些领导干部蜕化变质，往往都是从生活腐化、具有低级的情趣爱好开始的。从一定意义上讲，生活腐化又是绝大部分腐败问题产生的催化剂，腐化生活与腐败行为互相催生。

二是"官本位思想严重，脱离群众"。中国共产党作为执政党，其最大优势是密切联系群众，最大危险是脱离群众。可是，有些领导干部对此置若罔闻，脱离群众。有的干部当官做老爷，高高在上，专横跋扈，对群众冷暖漠不关心；有的干部不能深入基层，与群众面对面的接触，了解实情，解决问题。

三是"以权谋私，贪污受贿"。以权谋私与贪污受贿紧密相连，或以权谋利，或以利换权，或以权索利，其共同特点是滥用职权追逐不正当的利益。

四是"跑官要官、买官卖官"。社会上流传着"不跑不送，听天由命；光跑不送，原地不动；又跑又送，提拔重用"的顺口溜，有些人"跑官要官、买官卖官"，形成了利益相关的链条。这就决定了跑官要官、买官卖官的人，不可能为老百姓办实事，也不可能得到老百姓的信任。

五是"形象工程"和"政绩工程"。"形象工程"和"政绩工程"是近些年来我国经济社会发展过程中出现的怪现象。比如，有的领导干部片面追求政绩，急功近利，盲目攀比，建设超标准的办公场所、广场、绿地等，名为树立城市形象，实为捞取政治资本；有的领导干部不顾群众反对，大肆圈地、卖地，搞所谓的开发，违规强行拆迁，一味追逐所谓加快发展，从而引发了诸多的社会矛盾，等等。

导致领导干部出现上述五种不良表现的原因是多方面的，主要有：一些领导干部党的宗旨观念淡薄，理想信念动摇，一些地方用人导向出现偏差，还有一些领导干部作风不正，特别是生活作风不健康；再者是有些领导干部能力欠缺，真正做不到"为民""务实""清廉"。

## 二、领导应树立的形象

一要树立谦虚好学的形象。学习是提升智慧的重要途径，是创新工作的动力源泉。俗话说："玉不琢，不成器；人不学，不知义。"特别是当今世界，科学技术日新月异，知识经济蓬勃兴起，学习的重要性日益凸显。干部必须树立终生学习的理念，坚持勤学苦思、笃学不倦、厚积薄发，努力在学习中适应工作领域、工作对象、工作性质发生的变化，克服知识折旧、能力弱化和本领恐慌，切实担负起肩负的历史重任。要端正学习态度。充分认识学习对自身提升能力、做好工作的重要意义，切实增强学习的自觉性和主动性，坚持时时学习、处处学习，努力把学习融入工作、融入生活；同时，切实转变"功利性"学习的价值取向，真正把学习作为提升个人文化品位的方式，坚持不懈、持之以恒，确保学习取得实效。力求学以致用。"学而不思则罔"。要善于带着问题学、灵活运用学、结合实践学，通过对知识、对事物进行分析、判断、归纳，形成完整的评判，进而不断提高运用所学知识分析和解决实际问题的能力，真正把学习的收获转化为谋划发展的工作思路、促进发展的政策措施和推动发展的良好作风。

二要树立执政为民的形象。"立党为公、执政为民"是中国共产党全心全意为人民服务的根本宗旨所决定的，是对马克思主义执政党的根本要求，也是新的历史时期领导干部从政的根本标准。焦裕禄、孔繁森和郑培民等是中国共产党在不同历史时期涌现出来的"立党为公、执政为民"的典型代表。他们自觉保持一心为民的公仆本色，受到人民群众的衷心拥护和爱戴，在群众中树立了良好的公仆形象。但也有一些党员领导干部随着地位、环境的变化，其政治理念、思想境界、所作所为与立党为公、执政为民产生了较大差距。有的急功近利，搞"政绩工程"；有的个人利益至上，与民争利；有的甚至完全背离了党的宗旨，以权谋私，执政为己，在权力、金钱面前倒下了。因此，在新的历史时期，党的各级领导干部要始终保持公仆本色，自觉做到权为民所用，情为民所系，利为民所谋。在领导工作中，要自觉把为民造福作为第一位的责任和目标。在任何时候都要把实现最广大人民的根本利益作为观察和处理问题的根本原则，恪守为民之责，善谋富民之策，多办利民之事，兢兢业业为人民谋取更多的利益。要把服务于民、造福于民的工作做深入、做具体、做到位。为官一任，就要不断改善人民群众的生活水平，保一方平安、兴一方经济、富一方群众、建一方文明，上不愧于党、下不愧于民。只有这样，领导干部才能得到人民群众的拥护和支持，才能在群众中树立起良好的形象。

三要树立求实创新的形象。领导干部如果名利思想重，就会热衷于个人"政绩"，注意力集中在报材料、发简报等表面功夫上，也容易出现对问题"捂"、做工作"漂"、报情况"假"的不良倾向。因此，领导干部在组织实施政治工作时，一定要防止功利主义、实用主义等错误倾向，把群众满意、拥护作为工作准则，努力使自己的言行既符合政策，又符合民意，使自己的工作，既让上级认可，又让群众满意，做到台上台下一个样，以自身的模范行为和高尚人格激励部属、鼓舞群众。创新是思想政治建设的活力之源、发展之基。领导者创新意识、创新能力的强弱，是其领导水平的重要标志，也是形象建设的重要内容。

四要树立干事创业的形象。"为官一任，造福一方"，作为领导干部必须恪尽职守，扎实工作，做到不负重托，不辱使命。要增强责任感和紧迫感。认清肩负的神圣使命，认清当前在经济社会发展中面临的机遇和挑战，始终保持艰苦奋斗、奋发图强、积极进取的良好精神状态，在挑战中抢抓机遇，在困难中谋求发展，以强烈的责任感和事业心开创各项工作的新局面。要铸造不畏艰难、勇对挑战的坚毅品格。还要树立工作高标准、业绩创一流的雄心壮志。始终保持蓬勃朝气、昂扬锐气、浩然正气，坚持高标准、严要求，把各项工作抓深、抓细、抓实、抓到位，做到谋划高人一筹、工作领先一步，以一流的工作标准创一流的业绩，展现奋发有为的精神风貌。

五要树立清正廉洁的形象。领导干部要坚决杜绝"有权不用，过期作废"

的思想，深刻认识手中掌握的权力是党和人民赋予的，坚决克服和反对以权谋私，自觉做到"权为民所用，情为民所系，利为民所谋"。要深刻认识腐败对党、对国家、对社会、对个人的危害性，以诚实守信为荣、以见利忘义为耻，从我做起做廉洁奉公的楷模。要提高警惕，过好"金钱关""美色关"和"亲情关"。要保持清醒头脑，增强法制意识，以遵纪守法为荣、以违法乱纪为耻，做到思想不放松，精神不懈怠，依法依章办事。要深入学习"两准则两条例"，"勿以善小而不为，勿以恶小而为之"，防微杜渐，从小事做起，拒腐反腐。

## 第九节 决策建设

决策是人类社会特有的一种活动和现象。在领导活动中，领导者往往要采用科学的决策方法和技术，对于实现目标的重要方案作出选择或决定，这就是领导决策。领导决策是人类社会的一项基本的实践活动，是一个领导者实施领导过程的最重要的内容，在领导工作中发挥着重要的作用。

### 一、领导决策方法要科学化

决策是一个非常重要而复杂的过程，保证决策目标的实现必须掌握科学的决策方法。现代社会发展迅猛，社会前进的步伐越来越快，新情况、新问题不断出现，决策变得越来越难。因此，领导决策要借助现代技术手段，采用科学的决策方法，决策任务才能完成，决策目标才能顺利实现。

（1）决策要尊重科学。我们说决策要尊重科学，就是在领导决策工作中，要尊重自然、社会发展和思维发展的客观规律，时时处处按照客观规律办事。领导者在决策时要尊重规律，要充分发挥主观能动性，创造性地利用和发挥客观规律的作用，使客观规律更好地为我们所用，最大限度地服务于我们的决策活动。领导者决策能力的高低也可以说取决于创造性利用客观规律和发挥客观规律的程度。

（2）决策要尊重历史。一名领导干部不善于从历史吸取营养，不可能成为高明的领导者；一个政党不善于从历史中认识和把握社会发展的规律，不可能成为顺应历史潮流的自觉的政党；一个民族不善于从历史中继承本民族和世界其他民族创造的优秀文明成果，就不可能屹立于世界民族之林。中国共产党总结"文化大革命"以来经验教训，作出了以经济建设为中心、实行改革开放的决策，使中国经济的发展蒸蒸日上。要善于从历史中继承和发展已有的文明成果，并从中吸取营养，获得前进的动力，使各项决策具备历史继承性。此外，决策还要对社会现象进行历史的分析，从中获得对社会历史时期发展规律的整体认识，掌握改造社会、推动历史进步的一般方法。

（3）决策要尊重现实。就是说，一切要从实际出发，立足客观现实进行决策。领导者只有从我国的国情出发，从各地区、各部门、各单位的具体情况出发，具体问题具体分析，具体问题具体解决，这样的决策才是科学的决策。照抄照搬别人的经验和模式，只能使事业遭受挫折。

（4）决策要面向未来。领导在决策过程中，必须用全面的、长远的眼光去观察和思考问题，才能得出比较正确、经得起时间考验的结论，才能作出符合事物发展规律、有利于一个组织长期稳定发展的决策。领导者要善于预测，预测可以给领导提供科学依据，使他们能够系统分析影响事物发展的各种因素，权衡利弊作出最佳选择，从而保证决策质量。

（5）决策要兼顾利益。领导者在决策时只有兼顾各方利益，才能满足各方的需要，决策也才能得到响应和执行。改革开放以来，我国的社会经济成分、组织形式、就业方式、分配方式、利益关系日益多样化。利益关系的多样化导致了利益诉求的多样化。领导者在决策时要妥善地处理各种利益关系，共产党的事业才能始终获得广泛的最可靠的群众基础和力量源泉。

（6）决策要及时果断。领导者要用科学的眼光和方法分析客观形势，善于抓住决策酝酿成熟的时机，排除各种干扰，拍板定案，切不可优柔寡断，举棋不定，贻误时机。为此，领导者必须养成敏锐的洞察力，善于透过纷繁复杂的现象抓住事物的本质，一旦时机来临，便能立即决策。

## 二、决策程序要规范化

领导决策是领导实践的重要内容,有其自身运行的规律。科学的方法和规范化的程序就是这种规律的表现。严格按照程序决策,就可以使决策建立在科学的基础上,就可以避免领导者的主观随意性和盲目性,从而避免决策的失误。

(1) 决策要调查研究。从一定意义上说,领导决策的过程就是发现问题、分析问题、解决问题的过程,没有问题,也就没有决策。因此发现问题分析问题是整个决策过程的基础,是作出科学决策的前提条件。领导者要发现问题、确认问题,必须采用调查研究的办法,各种潜在的或明显的决策问题,只有通过深入细致的调查研究才能摸到问题症结,才能提供解决问题的方案使之得到解决。毛泽东同志有句名言:"没有调查,就没有发言权。"我们可以说,没有调查研究,就没有领导权、决策权。

一般来说,围绕决策开展的调查研究,既要对决策的历史背景进行调查,又要对决策系统的环境因素进行调查;既要对系统的现状作详细的调查了解,又要对系统发展的趋势作详细的调查了解。在调查研究中,调查是基础,研究是核心。调查和研究一定要很好地结合起来,只调查不研究就失去了调查的意义;只研究不调查会成为"纸上谈兵"。调查来的资料只是决策的原料或半成品,如果不对其进行加工,或加工改造得不好,也不可能制成好的成品,所以,在进行广泛的调查之后,领导者要对获得的信息和数据进行研究分析和概括,形成集中和系统的意见,才能作出科学的决策。

(2) 决策要发扬民主。充分听取多方意见,这是领导者决策民主化、科学化的重要保证。领导者要自觉摒弃家长制、个人专断的不良作风,相信群众、依靠群众,充分发挥群众的积极性、创造性。如果不能做到权为民用、利为民谋,人民的利益得不到保证,决策就会失去存在的意义。

在决策中发扬民主,就要广泛听取各方面意见。一方面要走群众路线,从群众中来,到群众中去,对于要决策的内容和决策的方案要让群众有所了解,要通过会议、媒体等形式让广大群众有知情权,广泛听取群众的意见。集中群众的智慧,才能弥补领导者知识、才能、智慧和经验的不足。将群众的意见集中起来,去伪存真,吸收有益的东西,才能作出令人民群众满意的决策,才能避免可能出现的领导决策的失误。另一方面,要保持清醒的头脑,充分发挥智囊团的作用。智囊团能够收集、掌握有关决策可靠的数据和信息,对有关事物未来的前景作出科学的预测和评估,并为领导者提供一系列备选方案。在决策执行中,他们也会紧密追踪决策的任务,随时为领导者修正决策提供参考意见。

发扬民主,充分听取多方意见,尤其要关注不同意见。美国管理学家杜拉克说:"决策的第一条原则是:没有反对意见,不能进行决策。"决策中只有一种意见,就很难透彻地分析所要决策问题的利弊,就难以避免决策的片面性,难以形成强大的合力去执行决策,同时还不利于调动领导班子成员和下属的积极性、创造性,助长懒惰心理。反对意见可以给领导者泼点凉水,使其始终保持清醒的头脑。

(3) 决策要有完善的方案。为了实现决策目标,解决存在的问题,就要分析现有的各项条件,创造新的条件,研讨对策,拟订各种准备实施的方案。拟订完善的方案,就是要打开思路,从不同角度作多方面的大胆探索,力求不漏掉各种可能途径。因为备选方案越多,领导者选择的机会就越多,满意方案或最佳方案包含在内的可能性就愈大、决策成功的可能也就愈大。

制订完善的决策方案还应该对潜在的负面问题进行分析,要研究这些问题一旦出现后会产生什么影响和危害,同时要准备某些防范措施和应急方案,以减少那些潜在的负面问题出现的可能性和危害性。要预测某项决策方案执行中和执行后可能会出现哪些不希望出现的问题,要对这些问题的风险性危害性进行科学的评估、制订切实的预防措施和应急方案。预防措施是在负面问题发生之前,在决策执行时就要实行的措施,而应急方案是备用的,在负面问题确实发生时要采用的,两者各自发挥不同的作用,不能偏废。

### 三、决策监督要经常化

监督就是领导者根据领导机关制定的路线方针政策对作出的决策进行检查和督促,以便及时发现和纠正决策执行中偏离决策目标的行为所采取的一种方法和措施。决策监督贯穿于领导决策的全过程。在领导者制定决策时,决策监督能够及时发现可能出现的错误,起到防患于未然的作用。监督在执行决策的过程中进行,可以保证决策得到顺利执行。当决策暂时失控而产生负面影响时,也可以通过监督及时查明原因,判明责任,吸取教训。事物是不断发展变化的,新问题、新情况也会层出不穷,因此决策监督必须经常化,而不是一个问题处理之后就一劳永逸了。只有经常性的监督才是有效的监督,时断时续的监督容易使问题成堆,损失过重。

## 第十节 执行力建设

干部执行力指的是干部在决策、执行决策、监督决策执行所表现出来的行动、操作和实现能力及效力,主要表现为干部执行过程中行动前的领会力、预测力、计划力,行动中的服从力、组织力、创新力,行动后的评估力、问责力、调整力等几种不同的表现方式。当前,干部执行力存在突出的问题主要表现为干部对上级决策拒不执行、消极执行和错误执行,政令不畅,执行不力,效率不高,不作为、慢作为、乱作为等问题。这些问题存在的主要原因是执行力理念尚未普及,干部管理体制的障碍,干部素质没有适应发展的需要,干部执行力制度不健全等四个方面。要解决干部执行力存在的突出问题,必须对症下药,一是大力普及干部执行力理念;二是进一步理顺干部管理体制;三是进一步提高干部素质和能力;四是着力加强干部执行力制度建设。全面加强干部执行力建设,提高干部执行力。

### 一、关于干部执行力

据《辞海》表述,执行,即贯彻施行,实际履行。执行力,指的是贯彻施行,实际履行的能力。干部执行力指的是干部在决策、执行决策、监督决策执行所表现出来的行动、操作和实现能力及效力,它是一个动态的过程,主要表现为干部执行过程中行动前的领会力、预测力、计划力,行动中的服从力、组织力、创新力,行动后的评估力、问责力、调整力等几种不同的表现方式。

(1) 行动前的领会力、预测力、计划力。

从公共政策学上理解，这三方面的能力指的是干部对政策的认知力。领会力，指的是各级干部必须拥有运用已有的知识及其实践技能去理解上级政策和领导决策精神，获取新的信息，并由此在主观上形成新的客观阅读、认识和诠释能力，其包括正确把握政治方向、把握工作大局的能力和学习的能力。预测力，指的是各级干部对宏观环境的预测力和对微观环境的预测力，是各级干部必须具备洞烛先机的能力，只有洞烛先机，方可应付复杂多变的形势。"运筹帷幄之中，决策千里之外"是对预测力最好的诠释。计划力，指的是各级干部为执行上级政策和领导决策而对采取行动的方案进行设计、选择并付诸实施的能力，具体包括调研能力、拟订计划方案的能力、论证和选择计划方案的能力、正确运用计划方法的能力和能够及时解决计划执行中暴露出来的问题的能力等。

(2) 行动中的服从力、组织力、创新力。

服从力，指的是各级干部要遵循下级服从上级、个人服从集体、局部服从全局的原则。强调服从力就要树立几种理念，一是没有任何借口，坚决服从命令。二是不理解的要执行，有异议的也要执行。三是服从并不等于盲从。四是服从就是真抓实干，务求实效，杜绝形式主义、官僚主义。组织力，指的是各级干部在工作过程中，正确运用手中公权力，协调组织关系，合理调动、利用、配置和开发各种资源，有效实现任务目标过程中应具备的才智和技能。组织力主要表现为总揽全局的能力，多谋善断的能力，扬长避短的能力，果断指挥的能力，有效控制的能力和处理突发事件的能力。创新力，指的是各级干部面对新事物、新矛盾、新问题必须具备更高的智慧，善于有目的、系统地思考问题，通过理性或感性的分析掌握工作矛盾和问题，采取相应措施，充分发挥自身创新能力，发现新事物，解决新问题，作出新成果。创新能力包括洞察能力、记忆能力和想象能力等。

(3) 行动后的评估力、问责力、调整力。

评估力，指的是各级干部对所执行的决策和自身工作效能进行衡量、分析、比较和评价的能力。通过评估，能够发现不足，并提出纠正的措施，从而促进执行的有效推进。问责力，指的是各级干部必须有自我问责的意识和能力，干部只有经常问责，才能不断增强责任心，及时发现工作过程中的不足，才能真心实意为民服务，才能推进上级决策和领导安排部署的有效落实。调整力，指的是各级干部通过评估和问责，对执行过程中出现的缺点和错误进行修正的能力。其包括有效反馈的能力，正确分析的能力和全面整改的能力等三个方面的能力。

干部在执行过程中三个阶段九个方面的能力，共同组成了干部的执行力，这九个方面的能力是有机统一的整体，相互之间相辅相成，密不可分。

## 二、当前干部执行力存在的突出问题

随着干部作风和行政效能建设，干部工作作风得到有效转变，形象得到了进一步加强。但是，一些干部在工作中也还存在着与顺利推进改革、发展、稳定不相适应的问题，极少数干部精神状态不振，工作态度消极涣散，缺乏干事创业的激情、气势和干劲，一些部门干部更是行动迟缓，效率不高，缺乏雷厉风行的作风和无私贡献的精神，怕苦畏难的思想时有抬头，另外还存在决策快、落实慢的"中梗阻"现象，有的干部遇事只从自身角度出发，唯利是图，不按照法律法规和上级决策部署办事，侵害群众利益。总的来说，当前干部存在突出的问题就是个别干部对上级决策精神和领导安排部署政令不畅，执行不力，效率不高，不作为、慢作为、乱作为的问题。这些存在的主要问题归纳总结为拒不执行、消极执行和错误执行等三个方面。

（一）拒不执行

当前，上级党委、政府的路线、方针、政策及工作决策、部署是正确的，但作为具体执行的干部却没能把这些政策精神真正贯彻落实到广大农民群众身上，从中"贪污"了上级政策，对上级政令、决策、部署抗令不行、有禁不止、逃避执行，不作为。

（1）抗令不行。主要表现为干部的不作为。一些干部出于自身利益考虑，或出于个性差异和私人恩怨，过分强调自我意识，意气用事，不顾大局，不从群众利益和发展大局出发，不执行上级党委、政府的命令，不落实领导安排的目标任务，工作中我行我素，这使得上级的各种惠民政策和领导的工作安排部署最终无法得到落实，严重地破坏了下级服从上级的政治纪律，往往给工作任务的完成造成了极大的阻碍，对政府形象展造成了巨大损失，也加剧了党群、干群关系的紧张。

（2）有禁不止。主要表现为干部对上级各种禁令和部门规章制度置若罔闻，对党和国家的法律法规和工作纪律漠然置之，甚至逆风而行，使得上级禁令形同虚设，工作安排部署形同"一纸空文"。致使部门工作任务无法完成，上级决策部署无法落实下去，更为严重的是，一些干部逆风而行，往往通过侵害群众利益为自己谋取私利，给国家、集体、个人和广大人民群众造成灾难性的后果。

（3）逃避执行。主要是一些干部借当前我国行政管理体制中存在问题和矛盾的机会以及自身的无理要求等借口，在执行命令和决策的过程中相互推诿扯皮，逃避执行。逃避执行的另一种表现形式就是表里不一，阳奉阴违的虚假执行。虚假执行表面上是执行上级政策和工作安排，实则上是背地里干着与上级政策和工作安排相违背的事情，偷天换日、欺上瞒下，使原本很好解决，并能及时得到解决的问题最终没能得到解决，既浪费了宝贵的时间，又浪费了国家行政资源，耽误了工作，影响了事业，影响了党群、干群关系。

（二）消极执行

一些干部对上级决策、部署重视不够，措施不力，不积极、不主动，消极应对、被动应付、敷衍了事，或是出于一己私利，在执行的过程中，与上级讨价还价，被动、机械和盲目执行，慢作为。

（1）被动执行。主要是一些干部对上级决策部署和工作安排不以积极姿态对待，不采取有效措施抓落实，而是上级督促一下动一下，领导不催就懒过问，不屑一顾，甚至是领导督促也不动。干部对贯彻落实决策部署"不推不动，推也不动"，致使现实中的不少问题长期得不到解决而使小事情积攒成了大问题，小矛盾激化成了大矛盾，积累和制造了一些不稳定因素，从中滋生的一批"庸官、懒官"，也影响了党和政府的良好形象，后果极其恶劣。

（2）机械执行。当前，照搬照抄照转会议和文件精神，已成为一些干部常用的工作方法。干部不是在深刻准确领会上级决策和安排部署的基础上，结合具体工作实际创造性地开展工作，使决策部署有效落到实处，实现目标任务的完成，而是怕动脑筋，怕担责任，紧握教条，唯书唯上，以会议落实会议。

机械执行，干部的主观能动性没有被充分调动和发挥，严重地阻碍了工作的顺利开展。

（3）盲目执行。主要是一些干部片面和部分地执行上级决策和命令。一些干部素质平庸，对上级精神和领导意图的领悟和理解能力差，习惯于一知半解就盲目行动，缺乏明是非、辨对错的能力，盲从上级领导而不管事情的好坏和对错，结果导致"好心办坏事"和"盲从上级领导干坏事"。盲目执行看似积极执行，实则是"南辕北辙"，往往会"事倍功半"，影响工作目标任务的完成。

（三）错误执行

一些干部为追求个人私利置规章制度、群众利益、自身职责使命于不顾，徇私枉法，利用职务和工作之便，侵害群众利益，假借执行之名，行利己之事。错误执行有多种表现形式，"谈条件"——附加执行，"混淆黑白"——错位执行，"张冠李戴"——歪曲执行，乱作为。

（1）附加执行。当前，"讲条件"执行在一些干部身上较为普遍，其突出表现是干部在接受工作任务安排的过程中直接与领导和单位讨价还价，否则就拒不执行。附加执行，可使干部在执行中获取不正当利益，或可使干部不合理规避由其应当承担的责任和义务。附加执行使原本可以顺利执行的目标任务变得难度加大，行政成本增加，也使群众利益受到侵害。附加执行还可直接导致腐败。

（2）歪曲执行。主要是一些干部围绕利己目标，对上级决策部署和部门工作安排进行过滤，擅自改变任务实质，曲解其意，寻找"政策漏洞"，打"擦边球"，"断章取义、为我所用"，"挑肥拣瘦"，选择对自己有利的方式执行。歪曲执行，导致了干部的作为与上级背道而驰，失去了上级决策精神的行使效率，影响了工作的正常开展；导致了对规章制度在实际工作中的弱化，体现了一些干部对群众权益的漠不关心和对既定规章制度的极不尊重和藐视、践踏。

（3）错位执行。主要表现在一些干部错位、越位执行上。围绕利益目标，不该自己执行的，争着执行，该自己履行的职责和义务，则相互推诿扯皮，不执行、慢执行。一些干部为谋求私利，不择手段地将自身权力无限扩大，侵害群众利益,易造成权力约束和监督失控,从而造成腐败。

干部执行力存在的突出问题,虽不是普遍存在,但若不认真加以克服和纠正,任其滋生蔓延,必将会影响到党委政府工作目标任务的顺利完成,影响到党委政府在群众心目中的形象和威信,影响到党的执政基础,非抓紧不可。

### 三、干部执行力存在问题的原因分析

结合当前干部执行力建设过程中的种种现状,我们可以总结出干部执行力存在问题的原因主要有五个方面。

(1) 执行力理念尚未普及。计划经济条件下的政府管理模式习惯于计划下达、行政命令,习惯于唯书唯上的教条主义和机械、盲目、被动地执行上级精神并以计划指标的方式加以落实,缺乏对政府执行力概念的科学认识。政府工作是靠千千万万个干部去实施的,政府执行力的提高必须靠干部的执行力来提高。过去计划经济条件下的政府工作中,干部主要是靠强烈的政治热情来工作。缺乏主观能动性和责任心,缺乏科学有效的干部绩效考核评估,导致了干部执行力在很多地方没有得到研究和重视。由于干部执行力理念尚未普及,导致一些干部仍然存在旧的、落后的从政思想和观念,一些干部对于为谁工作,工作的任务和内容是什么,工作如何开展,工作由谁完成,工作绩效标准如何评估等基本概念不明确,最后影响了干部执行力的整体提高。

(2) 干部管理体制的障碍。一是干部职能职责的缺失。也就是一些干部不知道应该干什么的问题。当前,我国将政府职能定位于"经济调节、市场监管、社会管理和公共服务"四个方面,具体到干部职能职责,就是要围绕政府的职能,全面搞好执行和服务,在党委政府领导下,引导和组织群众发展经济,协调各方面资源进行社会管理,开展公共服务,维护地方稳定。一些干部由于对自身职能不明确,"越位、错位、不到位"的现象时有发生,该干的不干,不该干的又干了,与党委政府决策部署和领导安排背道而驰,影响了目标任务的完成,这必然会影响到干部执行力的整体提高。二是干部管理关系没有理顺。事业单位在基层往往作为政府下属部门站所出现,但主要的还是上级主管部门的"腿",这些干部的人事、福利、工资关系和考核等都由其主管部门直管,导致这些干部可以不服从当地政府安排,对当地政府的决策部署不执

行、不配合，导致"管得住人的不用人，用人的管不住人"。这无疑不利于干部执行力的整体提高。

（3）干部素质没有适应发展的需要。毛泽东同志曾经说过"政治路线确定之后干部就是决定因素"。党和政府历来高度重视干部素质和能力建设，各级干部队伍的素质和能力有了很大的提高，但不得不承认，当前一些干部的素质和能力还是与新形势、新条件下全面深入地进行改革开放的要求不相适应。有的干部是非观念淡薄，有的干部依法行政理念不强，作风不实，缺乏正确的权力观和政绩观。不少领导干部甚至是乡镇和单位的主要领导责任意识淡薄，对市委、市政府安排的工作不是积极落实，而是等待观望，能推就推，能拖就拖；市委、市政府不督促就不动，能敷衍的就敷衍，督促得紧一点，就动一点，市委、市政府督促的力度大一点，就多动一点。领导干部因循守旧，不思进取，做表面文章，搞花架子，说大话、空话、套话，不干实事，好大喜功，脱离实际，工作没有热情，没有激情，马虎应付了事，形式主义、官僚主义，弄虚作假，虚报浮夸，铺张浪费，阳奉阴违，有令不行，有禁不止。不少干部存在混日子的思想，干多干少一个样，干与不干一样。责任心缺失是目前干部中普遍存在的问题，不是个别现象，只是程度不同而已。不少干部上班时间无所事事、扎堆闲聊；遇到事情应付差事、粗心大意；遇到难事，怕担责任，当甩手掌柜，相互推诿；参加会议迟到早退，交头接耳，打手机看报纸；个别领导干部纪律意识淡薄，甚至弄虚作假。特别是随着形势任务的不断变化，一部分干部出现了"本领恐慌""能力恐慌"，在决策中出现重大失误，在执行中软弱无力，在监督上无所作为等，严重影响党委政府决策的贯彻落实，影响了干部形象。另外，还有一种不良现象尤为突出，值得特别注意：一些干部在执行过程中出现了这样那样的问题，不从自身找原因，却把责任一股脑地推到上级决策上，特别是向群众解释矛盾和问题的时候。这样一来，自己似乎没了责任，但却败坏了政府形象，影响了党群干群关系，这种行为十分恶劣。

（4）干部执行力制度不健全。主要体现在干部执行力制度建设上没能适应形势发展的需要。一是决策机制不健全。一些干部特别是领导干部对科学民主决策机制缺乏科学认识和落实。对重大事项决策的事先设定—正式开会—集体讨论—表决决定—会议纪要的五个程序不遵守，导致决策失误，不科学、不民主；决策过程中的听证和公示制度、专家咨询评估制度、监督执行制度、依法办事制度不健全，使得决策缺乏科学依据，执行偏离方向，造成执行不力，效率不高，不执行、慢执行和乱执行，最终也导致了普通干部在执行中出现这样那样的问题。二是执行的督导、责任机制和激励爱护机制不健全。干部决策和执行失误造成执行不力、效率不高或者是错误执行、乱执行，导致工作无法推进或对发展造成重大影响的责任由谁来承担，如何承担，承担多少，等等，目前还没有一整套科学的问责制度来对相关责任者追究责任；干部执行过程中由谁来全程督导，如何督导，如何运用督导结果，等等，还没有一整套的制度来去落实；对执行的效率，相关人员的政绩如何进行科学的考核评估，目前还没有一个规范的评价体系进行科学评价；对执行后发生的失误和造成的不良影响如何及时地进行纠正和调整，也还没有形成规范有效的纠偏调整和弥补制度；对落实、执行较好的干部的激励和对落实、执行不力的干部的惩罚也没有较完善的制度予以规定；对如何关心和爱护干部，激发和调动干部的积极性也还没有一整套的措施加以完善。这些干部执行过程中存在的亟待健全和完善的相关制度、机制，严重地影响和制约了干部执行力建设。

### 四、加强干部执行力建设的思考

通过对干部执行力存在问题及其原因的分析，对症下药，我们可以从四个方面来对干部执行力建设进行思考，寻求对策。

（1）大力普及干部执行力理念。加强干部执行力建设，首先是干部必须对执行力有科学的认识，这是加强干部执行力的基础和前提。只有在工作中不断普及执行力理念，才能形成提高干部执行力的整体合力。普及干部执行力理念，有两个层面。一个层面是对干部执行力概念的准确认识。特别是对干部执行力事前的领会力、预测力、计划力，事中的服从力、组织力、创新力和事后的评估力、问责力、调整力等有清楚的认识。只有对干部执行力有清晰的认识，全体干部才能有针对性地进行执行力建设。另一个层面是要求干部必须有正确的从政观念。一是要牢固树立和落实科学发展观和正确的政绩观；二是要进一步增强"忧患意识""公仆意识""节俭意识"；三是要着力加强干部诚信建设；四是极力摒弃干部传统的安于现状，不思进取，求稳怕乱，权力支配法律，人治大于法治等从政糟粕；五是必须强化干部勤政廉洁的从政意识和观念；六是建设良好作风，全体干部都要树立勤奋好学、学以致用、心系群众、服务人民，真抓实干、务求实效，艰苦奋斗、勤俭节约，顾全大局、令行禁止，发扬民主、团结共事，秉公用权、廉洁从政，生活正派、情趣健康等8个方面的良好作风。普及干部执行力理念，一是要采取多种形式加大宣传，形成良好氛围；二是要加强干部培训，使执行力理念入心入脑；三是领导干部要在提高执行力的学习和实践中带好头，率先垂范。

（2）进一步理顺干部管理体制。首先是各级干部要围绕政府职能，明确自身职能定位，紧紧围绕全心全意为人民服务的执政理念，在具体履行职责的过程中，采取有效措施着力抓好各项工作任务的落实，才不致造成"越位、缺位、错位、不到位"的现象。其次就是要理顺各类干部的管理关系和渠道，特别是要理顺政府与一些垂直管理单位干部的人事关系。当前，一些基层的事业单位往往以上级主管部门的"腿"出现，人事、福利、工资、考核等都由主管部门直管，导致基层政府"管得住人的不用人，用人的管不住人"，基层政府与上级事业单位"两张皮"，制约了基层政府工作的开展。这在农村乡镇尤为突出。因此，必须理顺政府与事业单位干部的管理关系，政府所在地的事业单位直接由当地政府管理，其人事、福利、工资、考核等都由当地政府来进行，实现"用人的管得住人，管住人的更好用人"，以利于基层政府整合资源，有效开展工作，这是提高干部执行力的又一必然选择。

（3）进一步提高干部素质和能力。提高干部的素质和能力，是提高干部执行力的关键要素。《国家干部通用能力标准框架（试行）》提出了干部应该具备政治鉴别能力、公共服务能力、调查研究能力、学习能力、沟通协调能力、创新能力、应对突发事件能力、心理调适能力等九种能力；中共中央对各级党委和领导干部提出了科学判断形势的能力、驾驭市场经济的能力、应对复杂局面的能力、依法执政的能力和纵览全局的能力等"五种执政能力"；后来又提出了要不断提高驾驭社会主义市场经济的能力、发展社会主义民主政治的能力、建设社会主义先进文化的能力、构建社会主义和谐社会的能力、应对国际局势和处理国际事务的能力；习近平总书记提出，党员领导干部必须提高自身素质和能力，经常检查和弥补自身不足。特别是要在坚定理想信念、坚持实事求是、推动科学发展、密切联系群众、加强道德修养、严守党的纪律等方面为广大党员作出表率；曾庆红同志也提出了要提高各级领导干部的素质和本领，努力做到善于把握全局、善于科学决策、善于求是创新、善于识人用人、善于做群众工作、善于团结协作等"六个善于"的能力。这些都说明了中央对提高干部素质和能力的高度重视。加强干部的素质和能力建设，必须从以下三方面入手：一是要选好人。要严格执行《党政领导干部选拔任用工作条例》，全面考察干部的德、能、勤、绩、廉，注重干部的工作实际，坚持群众公认、德才兼备标准选拔领导干部，要继续在完善民主推荐、民意测验和民主评议、任前公示、任职试用期、公开选拔和竞争上岗等选人用人制度的基础上积极试行任期制、无记名投票表决制、考察预告制、差额考察制、用人失误责任追究制、引咎辞职与责令辞职制等制度，实现以好的制度选人，从多数人中选人，用作风好的人，创造一个公平、平等、竞争、择优的用人环境，从制度上保证"能上能下"，真正体现"能者上、平者让、庸者下"，使一些优秀的领导干部脱颖而出。二是要用好人。各级党委和政府要积极采取用事业留人、用感情留人、用适当的待遇留人的措施，使优秀干部能够全身心地投入工作中去。同时，还要采取严格管理、"压担子"等方式，使干部特别是青年干部在工作中得到很好的锻炼，加强干部特别是领导干部的交流和挂职锻炼力度，使他们在不同岗位上经受工作的磨炼，在实践锻炼中不断成长。要帮助干部学会在工作中主动承担责任，尽力做好每一件事，客观地审视自己并加以完善，制定工作目标激励自己，努力提高自身解决实际问题的能力。三是育好人。干部教育培训是提高干部素质和能力的一项基础性工作，党和政府高度重视。要加大对干部教育培训的力度。在干部教育培训中，除了加大投入外，还要根据形势的变化，按照党和政府中心工作对干部素质和能力提出的要求，不断创新培训内容，丰富培训教材和培训课程，满足干部个性化、差异化的培训需求，切实增强培训效果。

（4）着力加强干部执行力制度建设。干部执行力建设不能缺少制度支撑。加强制度建设是规范和促进干部执行力建设得以永续发展的一个重要途径。

一是健全学习机制，增强执行本领。当今社会，新知识不断涌现，干部不学习就难以跟上时代的步伐，工作本领就不会得到提高。因此，要把理论武装工作摆在执行力建设的首位，每位干部都要善于学习，抓好自学，争做一名优秀的执行型干部。各级领导务必把学习各种知识有机结合起来，不断增强执行本领。各级组织要通过完善有关学习教育制度和长效机制，把学习成效作为干部考核任用的重要依据，强化执行力意识，促使各级领导干部奋发有为。要通过集中教育，大力弘扬"八个方面"的良好风气，深入开展"在其职为老百姓干些什么，行其政应该留下什么""以积极作为为荣，以不作为乱作为为耻""解放思想大讨论""推动科学发展大讨论"等学习教育和讨论活动，激励各级干部干事创业，加快发展，使其内化成各级干部"自重"的标准、"自省"的镜子、"自警"的标尺、"自励"的目标，从而增强执行工作的效果。

二是建立健全科学、民主决策制度。提高执行力首先就要提高决策能力，保证决策的正确有效。要规范决策程序，坚持"集体领导、民主集中、个别酝酿、会议决定"的原则，进一步规范和完善各级、各部门决定重大事项的规则，对决策内容、程序、纪律等作出明确规定，使班子决策有制度遵循，干部执行有方向落实；要完善民主决策机制，要着眼于完善决策制度、规则和程序，充分考虑决策过程各个环节之间的相互衔接、相互作用，并通过各个子机制的有效建立，形成完善的深入了解民情、充分反映民意、广泛集中民智、切实珍惜民力的决策机制，从而确保决策科学化民主化的实现。要坚持对重大事项实行党政联席会集体决策，遇到重大决策，及时征求有关专家的意见、建议，借助外脑、外智完善决策，使各项决策既符合上级精神，又切合单位实际，既体现时代性、又富于创造性。建立健全信息收集机制、决策方案咨询论证机制、决策方案讨论确定机制、决策纠错改正机制和决策监督和责任追究机制。要明确如何启动和由谁来实施决策失误责任追究制，规范决策失误责任追究制度，建议由上级纪检或监察和审计部门牵头调查，必要时聘请有关专家参与调查，调查结束时调查组要形成调查报告和处罚建议，交由有领导干部管理权限的领导机关按照有关规定处理。

三是健全责任机制，强化执行意识。工作的推进、任务的完成，要靠好的制度和机制作保障。因此，要在执行中注重明确任务、分清责任，提高执行的自觉性和坚定性。要建立主体明确、职责清楚、具体量化的岗位责任制，把职责明确到岗，责任落实到人，对关系全局的重点工作提出具体目标和要求，明确完成时限；进一步完善干部工作目标责任制、首问首办责任制、服务承诺制、限时办结制和责任追究制等制度，同时进一步加大全方位目标考核力度，使各级干部人人有任务、有目标、有方向、有奔头。同时，把执行力强弱作为各级干部政绩考核的重要依据，从用人机制上促进干部转变作风，提高执行力。要从制度上界定决策失误、执行失误与失误主体之间的对应关系，细化责任认定。要从制度上明确决策失误者所应承担的责任和处罚标准。要建立并实施责任倒查制度，加强对行政执法责任制、过错责任追究制度落实情况的监督检查；要研究出台奖勤罚懒、用能去庸的组织措施，积极探索能上庸下、能进庸出的干部人事制度，促进干部工作作风的根本好转；要勇于治"虚"、治"假"，敢于治"漂"、治"浮"，切实做到讲实话、知实情、出实招、办实事、求实效；要强化对工作一抓到底的执行意识，切实把干部执行力体现到日常工作和生活中，做到对认定的事，要咬住不放，对定下的事，要持之以恒，不瞻前顾后；对已经开始干的事，要一抓到底，不半途而废，说一句是一句，句句算数，干一件成一件，件件落实，做到踏石留印，抓铁有痕，通过提高执行力，使执行有章可循，责任落实"无缝覆盖"，做到人人有任务、人人有责任、人人有压力，从而改变不执行不作为的不良习惯，自动自发、全力以赴地做好本职工作，完成各项任务。

四是健全督导机制，提升执行效率。要建立对干部执行力的督导机制，督促各级干部在工作中带头承担责任，带头勇挑重担，带头真抓实干，切实把工作抓到位、抓到底、抓出成效；要建立行之有效的干部监督机制，充分发挥党内监督、人大监督、政协监督、行政监察、审计监督、司法监督、群众监督和舆论监督的作用，加大对不在状态的干部的查处力度，执行有责必究的制度。紧紧抓住"不落实的事"，严肃批评"不落实的人"，对已经办完的报结果，正在办理的报进度，没有完成的找原因，对工作不力、行动迟缓的问责追究，确保政令畅通，确保部署的各项工作任务落到实处；其次要重视督查结果的运用，将其列入各级干部特别是领导干部的绩效考核，作为提拔晋升的重要依据；要拓宽监督渠道，进一步健全作风评议工作体系，完善评议考核制度，做到督查和自查相结合，明查和暗访相结合，定期检查和不定期检查相结合，全面检查和个别抽查相结合，人大、政协视察和现场观摩相结合，对各级干部工作作风是否深入，工作是否安心，工作是否落到实处，大局观念和服务意识是否增强，办事效率是否提高等问题进行重点督查，营造一个比起来、赛起来、你追我赶干起来的良好氛围，以增强各级干部抓工作的自觉性；坚持定期与不定期、常规与专项督查相结合，完善有利于发展的绩效考核和竞争激励机制，建立起有效的反馈机制、自我约束机制和更新机制，多角度、多层面地督查责任落实情况和执行效果,严格兑现奖惩。

五是健全激励约束机制,严肃执行纪律。一要建立激励机制。坚持以奖劝善,以罚惩恶,旗帜鲜明地关心、支持和重用那些讲真话、干实事、敢抓敢管、干事创业的干部,用精神和物质的各种手段激发各级干部的动机,强化各级干部的正确行为,引导各级干部的奋斗目标,使其把个人潜能变成显能,变成工作的效能,对完成工作计划和工作任务好的干部要进行重奖。二要建立"压力"机制。要建立健全结构合理、配置科学、程序严密、制约有效的工作监督运行机制,加强对干部工作执行情况的督促检查,坚决维护指示和制度的权威性、严肃性。要认真执行党内监督各项制度,加强对与各级干部执行力密切相关的关键环节的监督,增强监督的合力和实效,促进干部执行力建设。要强化对各级干部执行力的跟踪考核和问效,对决策、部署执行不力者,对责任心不强和政绩平平的干部,要追究相关责任,直至辞退、降职或免职处理。

六是健全心理疏导机制,确保执行顺畅。新时期干部的素质主要包括政治思想素质、道德法纪素质、文化素质、能力素质、身体素质和心理素质。当前,干部要做好工作,打开局面,取得成功,除了要具有良好的政治业务素质和工作能力外,还必须具有良好的心理素质。各级党委及其组织人事部门,要把关心干部的心理压力问题作为新形势下加强干部队伍建设的一项重要工作。要坚持和完善干部谈心谈话制度,加强上下级之间的沟通,了解他们的所思所想所盼,听取他们的意见和建议,做好深入细致的思想政治工作,保持他们良好的精神状态;要关心干部家庭和生活困难,尽可能帮助解除他们的后顾之忧,了解他们的工作生活情况,确保他们尽快打开工作局面,愉快地开展工作,从用人导向上为干部创造减轻压力、保持良好心态的条件。

七是积极探索干部执行的精细化管理模式。精细化管理是以精细操作为特征,致力于降低行政成本,提高行政效率的一种管理方式。其特征是精、准、细、严,方法要细化——将各种任务细化,分解到相关部门和人员身上;量化——将各种任务和结果以数字的方式进行衡量、考核;流程化——将工作的流程予以固定和规范,实现高速运转;标准化——对工作要求和考核设定统一标准,保证工作质量和考核的公平;协同化——明确各部门、单位和人员职责,最大限度调动大家积极性,围绕统一目标齐抓共管,提高工作效率;经济化——在时间、财力、物力、人力及其他资源的利用上,要充分考虑投入产出比，尽量降低行政成本，以最小的投入获得最大的效益；实证化——强化调查研究和对执行结果的验证，讲求实事求是，不唯书、不唯上、只唯实；精益化——要求在决策、执行、调整等过程中做到好上加好，精益求精。

## 第十一节 政府绩效考核建设

我国经济正处于迅速发展的关键时期，政府作为提供公共服务的机构，政府机构的工作效率十分重要，决定了政府各个部门提供公共服务和产品的质量和效率，决定了社会的整体构成和未来发展，也决定了广大人民生活的质量与国家的综合实力。绩效考核是一个永恒的探索课题，政府工作的量化考核更是一个难题。政府部门的绩效考核涉及多元利益主体，基于理性经济人的特性，上级领导与下级公务员、同级部门或个人、社会与政府为了获得更多利益而进行博弈，这些行为给绩效考核带来更多的负面影响，为此应规制和完善绩效考核。明确绩效考核目标为具体制度实施提供引领，同时完善绩效考核程序，规范上下级考核、同级考核评分标准，并建立以政府为主导、社会成员广泛参与的多元绩效考核模式，提升考核功能。

### 一、我国现行公务员绩效考核理论存在的问题

现行的公务人员考核制度沿用的是 2007 年中共中央组织部和人事部联合印发的《公务员考核规定（试行）》，其考核内容包括"德、能、勤、绩、廉"五个方面。考核周期分为平时考核和定期考核。定期考核以平时考核为基础。平时重点考核公务员完成日常工作任务。阶段工作目标情况以及出勤情况。定期考核采取年度考核的方式，对岗位履职情况进行总结。考核流程包括填写工作总结、专项工作检查、个人述职、听取意见、主管领导予以审核评价等。考核结果等级划分为优秀、称职、基本称职和不称职四个等级。

1. 考核指标缺乏易度量性，影响了考核准确性和公正性

理论上，考核指标的设计必须符合 SMART 原则（Specific——明确性；Measurable——衡量性；Acceptable——可接受性；Realistic——实际性；Timed——时限性）。在《国家公务员考核规定（试行）》中，尽管对公务员考核的"德、能、勤、绩、廉"进行了二级指标分解（图4-1），但是，还没有进行更深入细致的分解，二级指标的可度量性仍然比较模糊，影响了考核的准确性和公正性。

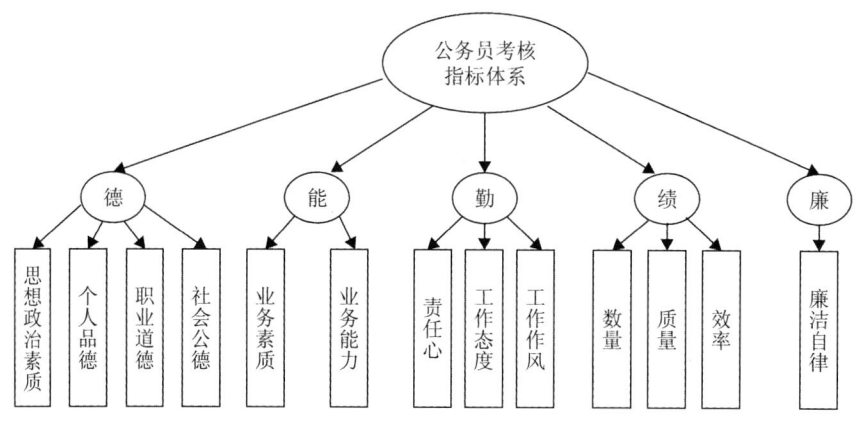

**图 4-1　国家公务员考核指标体系**

2. 团队绩效考核政策和理论欠缺，但实践中普遍获得重视

按照绩效理论，绩效可以划分为三个层次：个人绩效、团队绩效和组织绩效。个人绩效是团队绩效的基础，团队绩效又支撑着组织绩效的全面完成，三者缺一不可。绩效考核的三个层次见图4-2所示。

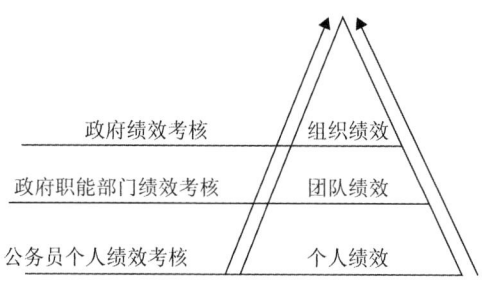

**图 4-2　绩效考核层次**

然而，国家公务员考核制度中并没有明确政府职能部门考核的内容、形式等。相反，在实际运行中，政府出于整体工作推进的目的，往往更需要部门考核。

3. 绩效考核指标体系结构较为模糊，对绩效考核的指导意义有待提高

虽然《国家公务员考核规定（试行）》中明确了公务员考核包括"德、能、勤、绩、廉"五个方面五个方面考核指标，但是该考核规定中并没有详细论述这五个指标的用途、区别，更没有明确"德、能、勤、廉"与"绩"之间的相互关系和影响，因此，也无法科学的确定五个指标在公务员综合考评中的权重。

我们认为，由于"德、能、勤、绩、廉"并不是同一类考核，期考核方法、考核周期、指标体系、考核结果应用目的均不尽相同，其相互关系、区别及对"绩"的影响，详见表4-1。

表4-1 "德、能、勤、廉"与"绩"的区别和影响情况

| 指标分类 | 内涵 | 指标范围 | 与绩效的关系 | 行为周期 | 结果应用 |
| --- | --- | --- | --- | --- | --- |
| 德 | 政治思想品德和职业道德 | 政治表现、诚实守信、办事公道、奉献精神等 | 无直接关系，只产生间接影响 | 无周期 | 影响公务员在队伍中的"去"与"留"问题 |
| 能 | 表明对岗位要求的适应性知识和技能 | 知识和技能的应知应会 | 无关 | 至少是一个年度 | 决定职位高低和工资级别 |
| 勤 | 衡量工作的勤奋程度 | 积极性、主动性、创新性、协作性等 | 有密切关系，但非决定因素 | 月度、年度 | 平时表现 |
| 绩 | 工作中取得的成果 | 履职成果 | — | 月度、年度 | 绩效奖励的多少 |
| 廉 | 绝对不能犯的错误 | — | 无关 | 无周期 | 纪律处分 |

给予"德、能、勤、绩、廉"五个方面考核的相互关系、区别及其对

"绩"的影响（表4-1），我们认为，公务员道德绩效考核应当以"绩"考核为中心，"勤"作为对"绩"的正相关指标，"德""廉"作为对"绩"的否决类指标，构成公务员绩效考核指标的四条主线：一是以"绩"和"勤"作为主要绩效考核指标；二是以"德"和"廉"作为主要绩效指标的否决性指标。"能"作为调整绩效工资高低的指标，不应包括在绩效考核范畴之内。

## 二、我国部分政府绩效考核实践存在的问题

通过实地调研和资料查阅发现，我国部分政府在实施绩效考核过程中，主要存在以下几方面问题：

1. 只强调重点工作，忽视日常工作的考核

考察中我们不难发现，在政府工作中普遍强调重点工作或工程的完成，而忽视社会服务、行政审批、信息上报等日常工作的效率和质量，但很多岗位的主要职责就是日常性的工作。这就导致这些岗位无指标，因此为了公平起见，也只能对所有岗位的个人考核忽略不计。

2. 工作完成标准模糊，"人情分""随便扣"现象比较严重

未对工作进行分解和步骤分配，所以也就影响了有效月度计划的形成，同时对于衡量工作完成情况的标准也含糊不清，那么绩效考核的标准也自然而然地模糊。比如，在对社会维稳工作的考核中，设定了"是否发生群体性事件"的考核标准，但是在实际工作中，维稳工作包含了一系列的各种具体工作，其中每个部门和岗位所承担的内容和工作都不相同，如摸底调查、法制教育等。所以，对于"是否发生群体性事件"的考核标准，一旦某个时间段发生了群体性事件，部门或者岗位能做的也只有认命，接受"随便扣"的现实，这并未起到改善督促调查摸底、法制教育的作用。同时这种"是否发生群体性事件"的考核标准与各个岗位并没有一一对应的关系，那么在发生了群体性事件，对每个部门或者负责法制教育工作的岗位究竟应该扣多少分呢？这就导致考核缺乏一定的客观性和公正性，"瞎扣"的现象比比皆是。

3. 多采用360°考核方法，且效果欠佳

多地政府实行的是直线考核方法，也就是上级直接对下级考核的方法。但

是由于考核标准几乎是难以度量的,这就导致考核的公正性较低,因此各地政府多使用360°考核方法,这种方法是由群众参与进来的一种考核方法,或者是由其他各部门参与进来。经过实践证明,这种考核方法也存在一定的弊端,由于群众对于各个部门及岗位的职责分配不够了解,对本职工作的完成标准也是含糊其辞、不清不楚,那么在考核中也更没有办法得出一个较为满意的考核效果。再者,除去群众的因素,其他各部门参与考核也存在一定的问题,大家都本着"好人主义"的思想,相互给相关部门人打分,你好、我好、大家好,打出的都是"感情分"。

4. 考核周期设定不合理,考核任务重,影响工作效率

政府的工作内容不仅涉及面较广,而且类别较多。大致上可以概括为四类:第一类是以每月为周期进行的工作,比如各种类型的统计报表和一些审核审批工作;第二类是没有固定周期的工作,主要特点是不定时,比如上级领导临时安排的工作;第三类是按季度开展的,比如城市环境检查;第四类是给予一定工作指标的工作任务,比如地区的经济发展指标,就是典型的要求"时间过半、任务过半"的工作任务。

根据工作种类的不同,政府根据不同的工作周期对各部门和公务人员设立了月度考核、季度考核、半年考核和年度考核四类。考核的频繁,再加之工作的繁重,导致各部门人员工作量加大,在做好职责范围内工作的同时,被考核人员已经无心准备考核材料,这样一来大大地降低了工作效率。

5. 政府年度计划管理比较健全,但未形成有效的月度计划

为了使年度计划圆满地完成,首先月度计划也应该按照年度计划的整体要求,按照节点、分步骤地进行分解。但是调查结果却发现,尽管部分试行绩效考核的政府在体系中规定了政府年度计划或者部门年度计划,但是政府和部门的年度计划并没有得到合理的按步骤、按节点的分解,因此月度行动计划也并没有起到有效的作用。与此同时,政府虽然对一些数量化的工作任务也进行了月度计划分解,但是也仅仅是在年初时就对一整年进行分配好,而每个月也并未对上个月的月度计划进行剖析改进。所以,一整年下来,在实施过程中的不确定因素导致年初的计划并未起到任何作用,也只能是流于形式,更谈不上对绩效考核的引导作用。

6. 部门和岗位职责不清，导致考核的"板子"不知道该"打"谁

职责清晰在理论上主要包括职责定位清晰和工作流程节点界面的清晰。在对政府进行考察的过程中我们发现，各部门的工作职责虽然也都进行了划定，但是这仅仅是对部门职责进行了定位，各岗位与各部门之间的衔接并没有按照工作流程中的节点界面来区分清楚，在本质上部门和岗位职责依然没有理顺清晰。比如，在出让土地的过程中，土地储备中心主要负责挂牌出让土地，拆迁征地是由征地办负责，而财政局主要负责提供征地拆迁金，但是在对土地出让金完成情况进行考核时，各个部门之间就开始相互推诿，土地储备中心抱怨征地拆迁办没有完成征地和拆迁任务，征地拆迁办则抱怨财政局没有提供足够的征地和拆迁资金，财政局抱怨土地储备中心没有上交足额资金，无法提供征地拆迁费用，这些都导致了无法客观公正的完成考核，出现此类问题的原因就是对于土地出让过程中各部门的职责定位不够明确。

### 三、完善我国政府绩效考核的对策分析

我国政府的人力资源的状况对国家的核心竞争力起着决定作用，政府建立和完善绩效考核体制有利于提高政府绩效。面对当前我国政府存在的种种问题，我们目前所必须要做的就是通过借鉴其他发达国家的做法和经验，进一步完善我国的立法，改完政策，促使我国的绩效考核发展的更加规范和专业。

1. 考核方法上，应当采取定性分析与定量方法相结合、平时考核和年度考核结合

政府的绩效考核需要应用一下现代化的考核手段，建立考核模型，另外还要建立一个完善的信息系统，及时地对信息进行收集和分析。只有考核资料较为完备才能为绩效管理奠定基础。考核时效上应该长短结合，根据不同的工作内容以及目标，给予不同的规划。这种考核内容方法主要有利于避免政府对于政绩型考核模式的追求，而忽略效率和结果。

2. 建立多重考核体制，引入公民参与机制

由于政府绩效考核主体的多元化，那么绩效考核的方法也应该呈现多元化。逐渐完善政府的考核制度，建立多重考核，将自我考核、上级考核和专家

考核以及社会考核相结合，贯彻顾客导向的原则，考核的内容也要以为人民服务的立场出发，鼓励公民参与进来，对政府的绩效考核提出自己的要求，协助政府完成职责目标。

3. 加强对考核主体的培训，发挥专业考核和研究机构的作用

对于公务员的绩效考核不是一项简单的考核，它具有一定的专业性，所以对考核主体的专业性的培养是必要的，包括相关的专业性知识，还有一定的专业技能。组织考核主体进行培训，在培训中明确考核者的工作职责，帮助其确定工作目标和工作方法，客服个人偏见和其他心理因素的干扰。同时，考核者的个人素质和能力都能得到一定的提升。

4. 建立科学的绩效考核指标体系

建立科学合理考核体系，同时结构合理、功能配套，这种考核体系，有利于绩效考核形成长效机制。在整个机制中，不仅仅要关注政府各方面绩效的总体部署，同时又要选择恰当的绩效考核模式，不局限于分部门、分项目、分层次和分地区的特点，还要建立相应的报告制度和奖惩制度。绩效考核体系具体包括：考核指标体系、考核方式体系、考核程序体系、考核组织体系、考核制度体系、考核信息系统等。

5. 全面建立法治化、制度化与科学化的政府绩效考核体系

考核与一般的研究活动不同，尤其是针对政府的绩效问题，没有一个合理的、合适的制度来做保障，这种考核是难以持续下去的。所以制度化是国际政府考核的一种必然的发展趋势。首先，要确立绩效考核的地位，要从立法方面考虑，这样才能促使政府进一步开展考核工作，提高公务人员的工作效率。其次，要树立绩效考核的权威性，在法律中确立绩效考核在政府中法人相应地位，考核不受到任何组织和个人的干扰。另外，考核的结果要得到有效利用，并且保证考核结果的公正、公开，能够主动接受社会监督。

6. 强化绩效沟通—激励机制

绩效沟通是整个绩效管理过程中的一个非常重要的环节。从绩效目标的制定，到目标的实施，最后再到绩效考核结果的应用，考核的主客体之间的交流贯穿始终，这也是为了确保客体在考核期间能够始终把工作做正确，并对员工

起到一定的激励作用。同时，恰当的对考核结果进行反馈起着关键的作用，及时地将结果反馈给考核客体，并对结果进行科学的使用，并将考核结果与政府部门的奖惩制度相结合。可以这么说："没有良好和有效的绩效沟通，绩效考核就没有什么存在的意义，只有在实现了绩效的沟通，进行了信息的反馈，绩效考核才能体现其价值。"

政府要想提高政府绩效，建立并完善政府绩效的评估体制是当务之急，科学合理的考核体制是改善绩效管理着的有效途径。与此同时，也要适应中国的国情，适应中国当前的政治和经济现状，建立具有中国特色的社会主义政府绩效考核体制，这必将提升我国的核心竞争力，也将会给我国公共管理的发展带来新的曙光。

## 第十二节　公务员选拔录用建设

自我国公务员考试选拔制度施行以来，与其相应的各项制度也逐步得以完善和发展。公务员考试制度的建立对我国公务员制度完善有着里程碑式的意义，是公务员制度建立健全过程中重要的一环。由此，公务员考试选拔制度在公务员考试制度中占据着核心地位。公务员考试选拔制度的公开、透明在很大程度上影响着国家人才的资源优化配置及国家行政机关的办事效率，同时为其他各类考试有典范作用。当下，我国正处于大力推进政治体制改革的关键时期，保障公务员选拔制度的健康有序发展，推进公务员制度的创新和完善，是我国社会主义政治体制改革的一部分。

一个国家的公务员考试选拔制度的成熟与否，不仅对公务员队伍的质量深刻影响，同时关系到政府的良好形象。虽然我国公务员考试录用制度已经取得了一定的社会效果，但各方面仍存在不完善的问题。因此，我们应该立足本国国情，从而进一步深化我国公务员考试选拔制度的改革和创新。

## 一、健全公务员考试录用制度的法律保障体系

加强立法工作是完善各项制度不可忽视的环节,公务员录用制度的进一步完善也应从立法角度开始着手。

1. 加快地方公务员考试录用制度相关法规的建设

当前我国各个领域都处于飞速发展的关键性时期。我国还处于并将长时期处于社会主义初级阶段的基本国情使我国公务员考试录用制度面临着许多问题和挑战。我国公务员录用考试的大部分工作都由地方行政管理机关负责,与之相矛盾的是大部分地方行政机关在制定相关法律法规方面经验匮乏,不能满足公务员招考的需要。

因此,地方政府在公务员考试录用实施办法和细则方面应与国家层面出台的法律法规保持同步性。立足本地经济发展水平和人才需求结构的特殊性,解决地方政府在公务员考试录用工作中可能遇到的各类问题,保障公务员考试录用工作的高效有序进行。我国相关立法部门、人事部门应结合我国的实际情况,针对整个公务员考试过程出台一系列法规和实施细则,从头至尾规范公务员录用考试制度。

值得注意的是,地方性公务员考试录用法规和各项细则的制定,其内容和原则不能与国家层面出台的法律法规相抵触,一定要严格遵循公务员考试录用制度的基本原则,这样,才能实现我国地方公务员考试录用法律法规体系不断健全和完善的目标。

2. 现有法律法规的完善

新中国成立以来,公务员管理工作的法制化一直是党和国家的工作要点之一。我国自1957年以来,先后颁布了《国务院关于国家行政机关工作人员的奖惩暂行规定》及《国家公务员暂行条例》,直到2006年我国第一部干部人事管理的综合性法律《国家公务员法》才得以正式颁布实施。由此可见,我国公务员制度的法制化一直在不断完善和发展的道路上,进而保障我国公务员考试录用过程的公平、公正。然而,尽管我国公务员考试录用制度一直在完善的过程中,但因其自身存在着特殊性在实际执行过程中仍然面临着许多问题。

以我国现行的 2006 年颁布的《国家公务员法》为例，有些重要的环节规定较为宽泛，规定有弹性，解释不唯一。这些问题的存在就导致了公务员考试录用国内工作中很难将公正、公开做到最大化。在公务员考试报名环节到最后录用结果的公示的一系列过程之中，考试作弊及滥用职权等现象频有发生。由此观之，为保障我国公务员录用制度的进一步完善以及维护广大考生的公平权益，一套健全的、行之有效的一系列与国家公务员法相配套的法规条例的建立已经迫在眉睫。除此之外，一些具体可操作的细则也应及时制定并尽快付诸实施，如公务员报考资格条件的审查、笔试和面试、考官队伍建设、考场设置、考试监督等具体操作环节的实施细则和实施办法条例，从而使公务员录用的各项工作有法律依据，最大限度的避免人为因素的干扰。

## 二、加强公务员考试录用制度技术层面的科学化

1. 改进考试内容和方法，增强实际能力考察

首先应该科学设置公务员考试内容。在笔试的命题方面，应规范命题内容，范围并优化考试形式。当前我国公务员笔试命题范围太过宽泛，涉及文史、数理、经济、政治等自然科学及社会科学的多种学科。随之而来的问题就是招考考查内容与实际工作内容严重脱节，"为用而考、考用一致"的考试原则形同虚设。在这种情况下，对笔试命题内容、范围及形式进行科学系统的改进，增加对参考者实际能力的考核就显得尤为重要。以笔试命题为例，其内容应与公务员日常工作密切相关，加深岗位特点的需求，使命题的目的性和针对性更强。就考试命题而言，相关部门应严守灵活与统一相结合的命题原则。在提高考试形式的创新性，积极调动考生逻辑分析思维能力的同时，兼顾对报考者的知识能力水平和基本素质进行统一考查。考察考生是否能将所学知识运用到日常工作问题的解决过程之中。理论与实际相机和的考核方法在一定程度上减轻了对考生死记硬背能力的考察。当然，在类似会计审计、互联网技术开发与应用、外语翻译等专业性较强的公务员岗位，则应严格要求其具备相应资格证书，并进行加试考试。在面试环节，应该科学规划面试方法及内容增强创新性。结构化面试是我国多年来在公务员考试中一直采用的面试方式，由国家和

各省级人事部门统一命题。相对单一的考题内容，有一定规律可循的答题思路，测试要素也不全面，这一切都严重影响面试结果的准确性和公正性。有鉴于此，我们应在以下三个方面作出改进：第一，强化面试内容的指向性。应认真参考岗位实际工作的性质的前提下来确定面试考察的内容，做到考察重点清晰明了，测评要素周密全面，重点关注具体岗位与面试内容的一致性，保证招考人员素质满足相应工作岗位需求。第二，面试方法的多元化。面试环节与笔试环节完全不同，其更注重更侧重考察和评判报考者的内在素质。这样对面是组织者的思维创新具有极高的要求。在这种形势下，借鉴西方一些发达国家在公务员面试的先进经验，去粗取精，开发探索出一套符合我国国情的公务员面试法则就是一条可行之路。其中情景模拟法、心理测试法、无领导小组讨论、人格性向测评法、笔迹辨析法等，都有助于面试的考察和测评。

其次，对考试方法进行分类分级，职位分析更加具体化。我国公务员考试录用的基础和前提是职位分类制度，职位分析在公务员考试录用的过程中就显得尤为重要。美国行政学家韦洛贝曾说，"职位分类是人事行政工作的起点，也是人事行政工作的基础。"❶ 相关主管部门和用人单位在公务员考试录用的初始阶段，就应通过具体的职位分析方法对招录岗位的职责内容、工作范围、工作性质等方面进行系统的分类，这样做是为了将报考资格条件明确限定，有利于为公务员录用提供切实可行的选拔标准。西方一些发达国家在考试分类分级方面，早已制定了一套行之有效的方法。在这些西方国家，他们会根据部门职位和岗位不同，对其性质进行划分归类。由此，不同分类的命题内容也会有所不同。这样的分类方法使得应试者与所报考岗位的匹配程度更加紧密。当前，我国公务员考试录用中分类分级考试的方法还很欠缺，忽视招录岗位在层级和类别方面的不同，一律采用同一张笔试试卷，在考试内容差异化方面还存在着很大不足，使得录用人员与岗位的匹配度难以切合。

2. 公务员报考资格的科学设定

报考资格的设定是公务员考试录用的第一个环节，它直接决定了一个公民能否踏入公务员考试录用和选拔的大门，任意一个限定条件的细微变化都会对数以万计的考生造成影响。其重要性可见一斑。因此，公务员报考资格不能由

---

❶ 卫清. 公务员制度备览 [M]. 北京：书刊文献出版社，1994（66）.

公务员主管单位或用人单位随意设定，公务员报考资格的设定必须符合招录岗位的实际需求。只有科学设定公务员报考资格，才能为所有报考者提供一个公平竞争的平台，从而保障公务员选拔过程的得公平公正。

第一，谨慎设置学历、专业和工作经历的条件限制。

有关报考者学历、专业和工作经历的限制在历年公务员考试资格审查中十分普遍。报考者的学历和专业不能代表其真实业务能力和知识水平，所以在公务员招考过程中应谨慎设置报考条件，学历和专业要求应符合招考岗位实际需求，不可随意提高和收缩范围。至于工作经历的限制，应该根据具体岗位的实际情况进行限定，采取科学谨慎的态度。一方面，对于那些对工作经验要求不高的普通岗位，对报考者的基层工作经验及其他工作经历应在一定程度上放宽要求。另一方面，对于某些特殊岗位，其对专业要求较高，则应严格审查报考者相关工作经历，从而保证参考人的任职资格与招录岗位的职能需求一致。

第二，取消户籍方面的限制。

随着我国经济的不断发展，人口的跨区域流动现象越发增加。因此，户籍的限制成为才资源的优化配置的巨大阻碍。党和国家有关部门也已经着手户籍制度改革的相关工作。尽管如此，"户籍"这一壁垒在公务员考试中始终存在。多地区在公务员招考过程中，对户籍提出明确限制，比如必须满足本地户口、必须为非农业户口等，这样的规定，直接将外来人员和农村户籍人员拒之门外。这种具有排他性的硬性规定非常不合理，明显与我国公务员法的平等原则相违背，不利于人才选拔机制的公平性。因此，在国家推行户籍改革的大背景下，公务员录用考试户籍限制的放宽已经成为大势所趋。与之相对应的，以当地常住人口为选拔对象显得更为科学，也符合社会经济发展的客观规律。对于一些特殊岗位，由于其工作性质的特殊性，则更应该在全社会范围内进行选拔，取消户籍方面的限制。

第三，放宽年龄方面的限制。

我国公务员法对公务员年龄方面的要求为18周岁以上；我国公务员录用条例制定的要求为18周岁以上35周岁以下。但是，很多地方政府在招考过程中对报考年龄作出来更加具体的要求。这些细化的规定不利于各方面人才顺畅流动，造成优秀人才的流失。因此，公务员报考资格年龄应该适度放宽。只要报考者年满18周岁的成年人，具有完全行为能力，均可参加公务员报考，而公务员报考年龄上限，则没必要作出具体规定。

第四，规范身体状况方面的条件限制。

我国公务员考试录用中对报考者性别、身高、相貌、健康状况以及是否残疾等方面有条件限制，而这些大都以隐形方式表现出来。其实，针对报考者性别、身高、相貌等方面的限制，明显不符合相关法律法规的规定，损害了报考者的合法权益，若报考岗位没有特殊要求，则应该予以取消。此外，国家出台相应的法律法规妥善解决残疾人能否参加公务员考试的问题。

3. 优化考官队伍建设

在我国各级公务员考试录用过程中，考官队伍大都是由公务员考录工作的主管及监督部门和当地高等院校专业学者等几部分人员组成。一方面，这些人员只是在工作经验或专业研究方面能力突出，却不一定不熟悉考试录用工作的具体业务，这将对考录工作的效率产生影响。另一方面，一些考官岗前培训多存在临时性和形式化问题，专业的考官培训尤为缺乏。在这种背景下，要优化公务员考官队伍建设，就要把考官结构的调整放在首要地位，坚持在科学理论的指导下，将各领域的专家通过多种方法和渠道组织起来，打造一支专业化强、工作效率高的优秀考官队伍，将考官持证上岗制度化。此外，特殊注意的是，相关监督部门人员必须加入到考官队伍中，从而尽量避免考试过程中可能存在的不公正及贪腐事件的发生。随着公务员考试录用制度的不断完善，还应逐步实施对考官的绩效考评制度。要使考官明确自己的权利力与义务，制定相关的工作细则。一套行之有效的针对考官工作的考察评测系统，是保证考官队伍的整体质量的重要环节。

## 三、加强评估反馈机制的建设

公务员考试录用的评估反馈工作是公务员考试录用制度中必不可少的重要组成部分，它有利于促进公务员考试录用工作的改革创新，同时也在公务员考试录用工作的公正性、实效性方面提供科学客观的评估准则。

1. 建立评估反馈的部门联动与信息共享机制

当前，我国公务员考试录用过程的各个环节的评估反馈工作，都由各相应部门在负责。但是,各部门间缺乏联合协作,各自为政的工作方式,对评估反馈的具体工作带来了负面影响,给评估结果的整合带来了阻碍。同时,公务员考试录用的评估反馈信息的流通,通常仅供部门内部共享,一个跨部门的信息反馈平台亟待建立。

因此,在公务员考试录用工作进行评估反馈时,形成有关部门各司其职、密切配合的工作格局和联动机制,加强跨部门,跨地区的协同合作,进一步加强公务员录用信息的共享。落实到具体工作中,公务员考试录用主管部门协调抓总,成立综合评估反馈工作小组,其成员应涵盖报考资格审查、笔试命题、面试命题、考官队伍、用人单位等多个相关部门。这样在公务员招考录用过程中,以评估反馈为纽带的信息共享平台就得以建立,该平台可对公务员考试录用过程中出现的各种问题进行评估反馈以及信息的整合归纳,实现信息共享,又便于各类意见和建议的上传下达,真正带动各部门联动协作,发挥出"1+1>2"的良好效果。

2. 重视评估结果的反馈运用

评估结果的合理运用,是评估反馈制度之所以存在的原因。公务员考录评估工作的重要之处,就在于其对考录过程和结果作出客观公正的整体评判,从而保障及时从中发现问题并提出解决方案的指导依据。因此,相关部门一定要保障公务员考试录用评估工作的顺利进行,同时对其反馈结果进行合理分析及运用,二者都是相关部门工作的重点。政府相关部门对评估结果的反馈进行恰当地运用,对考试录用的技术手段和方法、管理理念、防范监督、后勤保障等整个体系进行不断地优化和改革,从而对考试录用工作的各个环节进行客观细致的分析研究,并进行系统化的梳理和改进。除此之外,合理运用评估反馈的结果对于公务员录用后期的岗位培训、绩效测评、量化管理、职能安排等提供比较客观科学的依据。

值得注意的是,在公务员考试录用的评估体系中,相比较于新录用公务员与职位在数量上面的科学设置,相关各部门更应着眼于新录用公务员与岗位在质量方面的合理匹配,从而保障评估反馈机制的高效运行,将其作用发挥到最大化。

3. 探索引入独立的第三方评估机制

在西方国家,为了保证评估结果的公正性、专业性和权威性,"第三方评估机制"被广泛引入。第三方具有其特有优势,例如独立、专业等特性,从而使其最大限度的在源头上确保评估工作的客观公正并提高了评估结果的权威性和公信力。鉴于此,我国一些地区也在将第三方评估机制积极引入到公务员考试录用工作中。依据"第三方"自身的组织成份为标准,目前存在于我国各地的"第三方评估"形式主要分为四种,即专业公司评估模式、高校专家评估模式、社会代表评估模式和民众参与评估模式。虽然第三方评估机制作为新兴事物,还存在着一些有待完善的不足之处,但可以预见的是,在未来政府公共事务管理工作中,第三方评估机制发挥独一无二的作用。鉴于此,我国相关部门结合自身实际及地方特点,秉持改革创新的积极态度,对公务员考试录用的第三方评估机制进行创新优化,提高公务员考试录用结果评估的客观公正。

## 四、完善公务员考试录用制度的监督约束机制

我国公务员考试录用制度要求考试公开、公正、公平地进行,因而考试录用过程的公正性将直接影响到我国考录工作进行,同时也关系着公务员队伍的素质以及党和政府在广大人民群众中的形象问题。这样如何保证考录制的公平和公正就成了重点问题。考试主管机关自身的因素和监督体系的完善都是值得关注的点。因此,健全监督机制,完善监督体系,保证考试的公平性是公务员考试录用工作的重中之重。由于我国公务员考试录用监督机制方面仍然有许多不足之处。本文建议对以下几个方面加以改进和完善:

1. 健全考试录用制度的监督体系

目前我国在公务员考试录用的监督约束工作还不够完善,相关的法律法规仍存在空白。需要一整套的专门性法律法规体系来填补空缺。鉴于此,对公务员考试录用的监督工作通过立法的形式加以明确和固定就成为我国的相关立法部门亟待解决的问题。建立健全与之相配套的监督约束体系有利于我国公务员制度的进一步完善。

首先,建立完善的公务员考试录用监督体系。由应由公务员考试录用主管部门和纪检部门负责建立监督体系,并组建以一定比例的考试专家学者共同参

与的公务员考试录用的监督机构。赋予监督机构相应的监督检察权,是监督形式更加多样化:纪律检查部门的专门监督、公众监督、社会团体监督、社会媒体监督等监督形式,保证监督工作的全面、明确、彻底。

其次,明确公务员考试录用的监督内容。整个公务员考试录用过程原则上都应处于监督范围内。从公务员报考资格条件的确定和审查到笔试内容的编排设计,从面试考官队伍构成到面试过程及结果等,都应在监督体系内进行。从而充分保障监督作用的实操性。

2. 监督渠道的多样化

目前我国采用内部行政监督为主、外部监督为辅的形式对于公务员考试录用进行监督,由相关纪检监察部门和政府人事主管部门进行主要监督工作。这样单一的监督形式造成监督面狭窄,监督力度和效果很难达到理想状态。而推动我国公务员考试录用监督渠道的多元化能够有效解决这一问题。

首先,完善群众监督机制。共产党有密切联系群众的优秀历史传承,有着良好的群众基础,能够充分发挥群众广泛监督的力量。相关政府职能部门应尽快制定相应的政策机制促进群众监督的进一步完善和发展,为群众监督提供多种渠道,使其可以通过检举、行政申诉、建议、旁听、信访等多种形式进行有效监督。

其次,积极引导媒体舆论监督。在当今社会,媒体舆论的作用不可忽视,其监督导向作用在众多监督渠道中占据着重要地位,是一种十分重要的监督形式。政府相关部门应积极引导有关电视台、电子化媒体、报纸杂志乃至新兴自媒体,充分发挥其自身监督作用。

最后,发挥网络监督的作用。近年来,社会上的许多热点问题都来源于网络。在互联网高速发展的时代,网络早已与我们的显示生活密不可分。理所当然,互联网已然成为一种新型的监督形式,关于互联网监督的问题已经得到政府和社会的高度重视。有关政府部门应与时俱进,充分利用互联网这一监督形式,发挥其渠道畅通、高效、影响范围广的特点,使得互联网监督成为公务员考试录用监督工作中的新亮点。

3. 监督主体的多元化

多年以来,我国公务员考试录用过程的监督体系一直不够完善,这很大一部分原因是监督主体力量的弱小和不集中，因此，当下我国公务员考试录用工作的重中之重是大力推进监督主体的多元化。

首先，成立专门从事公务员考试录用的监督工作监督委员会。为确保对考试录用各个环节的充分行使监督检查职权，考试录用监督委员会必须保持一定独立性。委员会的人员组成可借鉴西方一些国家的经验，由政府在职公务员、相关专家学者、社会公众、已退休公务员等多样化主体构成。

其次，建立公务员考试录用专职巡视员制度。一方面，专职巡视员的人选一定要有严格的要求，其必须对中央和地方关于公务员考试录用政策、对考试的指导原则和纪律有充分的了解，并具备一定的专业知识素养，熟悉公务员考试具体流程的注意事项和操作要点。另一方面，专职巡视员应被赋予一定的监督检查权力，使其有权对考试录用工作中发现的问题进行质询，必要时可以检查调取有关公务员考试录用的相关资料。

最后，拓宽系统外部的监督渠道。就公务员考试录用全过程进行监督，在建立政府系统内部的各种监督渠道同时，还应该积极扩大外部的监督渠道，如聘请社会媒体、纪检监察人员等。应积极创建监督约束长效机制，形成多层次、全方位的监督体系。

# 第五章

# 中国政府领导力提升

## 第一节　坚定共产主义理想信念

德国著名诗人歌德曾经把理想信念喻为生活的"导游者"。他说,我们的生活就像旅行,理想是导游者,没有导游者,一切都会停止,目标就会丧失,力量也会化为乌有。"愚公移山"的寓言故事中的愚公一家不畏艰难,靠肩挑手搬,要移走太行、王屋两座大山,凭的就是他们坚信"山不会再增高",只要坚持不懈地挖下去,总有一天会把山搬掉的坚定信念。人们常说:"山高水流长,志大干劲足"。一个人的理想信念越坚定,追求的目标越高,他的聪明才智就发挥得越好,对社会就越有益。

理想,是人对未来的向往和奋斗目标,信念是对理想所持的坚定不移的态度,以及为理想而奋斗的热情、意志和决心。也就是说,理想信念就是人们对未来的向往和追求,以及对理论真实性和实践行为正确性的确认,是人们政治信仰和世界观在奋斗目标上的具体体现。

人必须要有理想信念,不同的人可能有不同的理想信念。而我们共产党人应该有什么样的信念?为什么我们要坚定信念?在新历史条件下如何坚定理想信念?笔者认为这是新时期共产党人应该学习和认识的。

## 一、为什么共产党员要坚定共产主义理想信念

1. 坚定共产主义理想信念是对每个共产党员的基本要求

十八大以来,习近平总书记在多次考察、讲话中,从树立党章意识、坚定理想信念等层面阐述了共产党员如何加强党性,始终心系党、心系人民、心系国家,体现先进性和纯洁性。习近平总书记提出坚定理想信念,坚守共产党人精神追求,始终是共产党人安身立命的根本。对马克思主义的信仰,对社会主义和共产主义的信念,是共产党人的政治灵魂,是共产党人经受住任何考验的精神支柱。形象地说,理想信念就是共产党人精神上的"钙",没有理想信念,理想信念不坚定,精神上就会"缺钙",就会得"软骨病"。

我们每个共产党员坚持理想信念,就是要胸怀共产主义远大理想,坚定走中国特色社会主义道路的信念。无论什么时候,崇高的理想信念,都是我们共产党人的立身之本,是每一名共产党员保持先进性的强大精神动力。因为有了这一理想信念,我们才会有崇高的思想境界和道德情操,才会有明确的奋斗目标,才能保持旺盛的革命意志和献身精神,才能自觉地为党和人民的事业不断奋斗。"理想信念至关重要",过去如此,今天亦如此。这是因为理想信念是人的精神支柱和精神动力,不同的理想信念决定着不同的人生追求和思想境界。1835年,17岁的卡尔·马克思在他的毕业论文中写道:"如果我们选择了最能为人类福利而劳动的职业,我们就不会为它的重负所压倒,因为这是为全人类所做的牺牲;那时我们感到的将不是一点点自私而可怜的欢乐,我们的幸福将属于千万人,我们的事业并不是显赫一时,但将永远存在,而面对我们的骨灰,高尚的人们将洒下热泪。"❶ 正是胸怀这样的远大理想,面对屡遭迫害的险恶的政治环境、极度贫困的生活,马克思在长达40年的时间里,从未放

---

❶ 泉州机关党建信息网:《为什么说坚定理想信念是对共产党员最基本的要求》,2002年4月28日。

弃对真理的探求，直至去世。中国共产党之所以能够在非常困难的条件下奋斗出来，正如邓小平同志深刻指出的："就是因为我们有理想，有马克思主义信念，有共产主义信念。"他还说："我们过去几十年艰苦奋斗，就是靠用坚定的信念把人民团结起来，为人民自己的利益而奋斗。没有这样的信念，就没有凝聚力。没有这样的信念，就没有这一切。"因此共产党员什么时候都不能对自己的理想信念有丝毫动摇，因为这是最根本的，如果发生了动摇，就意味着政治立场的改变、政治方向的偏离。坚定共产主义理想信念是共产党人必须具备的思想政治素质，没有这样的素质，就不是一个真正的共产党员。

2. 坚定共产主义理想信念是新时期共产党员的合格标志

在革命战争年代，无数革命先烈之所以冲锋陷阵、赴汤蹈火在所不辞；社会主义建设和改革开放中，焦裕禄、孔繁森、任长霞、李素芝、牛玉儒等一大批好党员、好干部之所以能为党和人民的事业鞠躬尽瘁，说到底就是因为有崇高的理想和坚定的信念在激励着他们。在改革开放、发展社会主义市场经济的新的历史条件下，党员总体上是坚定共产主义信念并努力为之奋斗的。但也必须看到，由于党所处的国内外环境、肩负的历史任务发生了很大的变化，加上社会经济生活中出现的许多新情况、新问题，必然会对党员产生一定的影响，一些党员的理想信念发生了动摇，出现了这样那样的问题。有的只讲"金钱"不讲"信仰"，不是为共产主义奋斗，而是为了个人利益奋斗；有的对社会主义前途丧失信心，千方百计给自己找"退路"，留"后路"；有的思想空虚、精神萎靡、不思进取、消极颓废、沉醉于吃喝玩乐，热衷于宗教封建迷信活动；有的完全背弃了共产主义理想信念，与党离心离德、贪污受贿、腐化堕落；等等。无数事实说明，理想的动摇，是最危险的动摇；信念的滑坡，是最致命的滑坡。坚定的共产主义理想信念，无论过去、现在和将来都是共产党人保持先进性的精神动力。

当前，在改革开放和市场经济条件下，我们每个共产党员都面临着能否坚定理想信念的现实考验。精神状态好不好、工作标准高不高、自我要求严不严、事业心强不强、能不能耐得住艰苦、抗得住诱惑、抵得住人情、管理得住小节，是检验一个人有没有坚定正确的理想信念、是不是合格共产党员的重要标志。

3. 坚定共产主义信念才能永葆共产党员的先进性

共产主义理想和社会主义信念，是共产党人崇高的追求和强大的精神支柱，也是共产党的政治优势，党员有了这样的理想信念，就有了立身之本，就能够经受住各种考验，始终保持正确的政治方向。

首先，坚定理想信念，就要把握和正确认识人类社会发展规律。共产主义理想和信念，是以马克思主义揭示的人类社会发展规律为基础的，因而是科学的理想信念。既要正确认识资本主义社会的基本矛盾以及发展的历史趋势和社会主义发展过程中出现的曲折和反复，又要正确认识社会主义制度的强大生命力和巨大优越性。

其次，坚定理想信念，就要体现在对党的事业的执着追求上。在艰苦的战争年代，共产党人之所以一不怕苦、二不怕死、威武不屈、气壮山河，正是因为我们有理想、有马克思主义信念、有共产主义信念。和平建设时期就出现了"铁人"王进喜、郑培民、牛玉儒等优秀共产党员，他们在困难面前不低头，压力面前不弯腰，始终以饱满的热情、高昂的斗志、创造一流的业绩，努力为党和人民工作。他们的理想和追求感染和激励着一代又一代共产党人为党和人民的事业鞠躬尽瘁、死而后已。

最后，坚定理想信念，要落实在为共产主义而奋斗的不懈努力中。理想和信念是思想认识问题，更是一个实践问题。习近平同志指出，没有远大理想，不是合格的共产党员；离开现实工作而空谈远大理想，也不是合格的共产党员。我们强调党员干部要坚定马克思主义、共产主义信仰，脚踏实地为实现党在现阶段的基本纲领而不懈努力，扎扎实实做好每一项工作。只有把共产主义的向往和追求，把对人民事业的热爱和忠诚，化作自觉行动，才能真正走在时代前列。理想信念是一个人的奋斗目标、精神支柱，中国共产党的根本政治信仰是建设有中国特色的社会主义和实现共产主义的伟大事业，它也是共产党的立党之本，执政为民、立党为公的灵魂所在和事业成功的动力。一名党员的首要条件就是要有坚定的理想信念，正确的理想信念能指明自己前进的方向，奋斗目标，能使我们站得高、看得远、想得深，能始终把个人的前途与党的事业和人民的利益联系在一起。有了坚定正确的理想和信念，就能升华自己的精神境界；有了正确的理想信念，就能认识自我、改造自我、充实自我、升华自我、超越自我，就能顾全大局、想大事、谋大局、干大业，不为个人名利左右，才能永葆党员的先进性。

## 二、如何坚定理想信念

1. 坚定共产主义理想信念，必须牢固树立马克思主义的世界观

理想信念问题，实质上是一个用什么样的世界观观察和认识世界的问题。要坚定共产主义理想和中国特色社会主义信念，最重要的是要牢固树立马克思主义世界观。这是做一名合格共产党员、保持党员先进性的必由之路。树立马克思主义的世界观，就是要努力学习马克思主义，正确认识人类社会发展的客观规律，把对共产主义、社会主义的信仰建立在科学理解的基础上。真正相信，人类最终要实现共产主义，明白中国现在必须走有中国特色的社会主义道路。

习近平同志指出，坚定理想信念，坚守共产党人精神追求，始终是共产党人安身立命的根本。对马克思主义的信仰，对社会主义和共产主义的信念，是共产党人的政治灵魂，是共产党人经受住任何考验的精神支柱。这就深刻揭示了坚定正确的理想信念，无论过去、现在和将来，都是共产党人保持先进性的精神动力。每个共产党员都必须坚定正确的理想信念，积极投身到建设中国特色社会主义的伟大实践中去，为实现共产主义远大理想奋斗终生。

2. 坚定共产主义理想信念，必须努力付诸实践

坚定理想信念，绝不是空洞的口号，而是实实在在的行动。如果有了正确的理想，只是把它空谈一阵，束之高阁，不去努力实践，那么无论这种理想多么崇高、美好，都将毫无意义。我国春秋时期的《老子》一书中曾有"合抱之木，起于垒土；千里之行，始于足下"之说。这句古语，对共产党员坚定理想信念具有深刻的启示。这就是说，坚定理想信念并使之得以实现，是一个需要把理想付诸实践的过程，如筑九层之台，行千里之路，得从点点滴滴做起。笔者认为，在实践中坚定共产党员的理想信念，首先要认识到：只有坚持共产主义的理想信念才会有政治上的坚定性；只有坚持共产主义的理想信念，才能在贯彻执行党在当前阶段的纲领路线和方针政策时具有高度的自觉性，而

不至于离开正确的方向；只有坚持共产党员的理想信念，才能自觉地抵制资本主义腐朽思想和生活方式的侵蚀，保持住共产党员的先进性；只有坚持共产党员的理想信念，才能让中国共产党团结全国人民共同奋斗。其次在具体实践中要坚持做到以下三点。

第一，要把加强理论学习作为坚定理想信念的必由之路，真正解决思想入党的问题。只有学好科学理论，才能使我们正确而深刻地认识社会发展的客观规律，而不被各种纷繁复杂的形势所迷惑。许多走上犯罪道路的党员，在剖析原因时，都把不注重理论学习放在了第一条，这绝非巧合，二者存在着因果关系。理论上的糊涂就会导致政治上的动摇，政治上的动摇就会迷失方向，甚至必然步入歧途。因此，党员领导干部一定要警示自己，把理论学习作为事业和人生的大事，深入、全面、系统地而不是肤浅、片面、零碎地学习马列主义、毛泽东思想和邓小平理论，以及"三个代表"思想和科学发展观及党的十八大和十八届三中、四中、五中、六中全会精神及习近平总书记的重要讲话精神，积极参加群众路线教育实践活动、"三严三实"等专题教育活动，真正理解和掌握人类社会发展的客观规律，坚定共产主义必胜的信心，使共产主义的理想信念深深地扎根于自己的头脑里、凝刻在自己的心目中，筑起拒腐防变的思想长堤。

第二，要把注重世界观的改造作为强化理想信念的总开关。面对复杂多变的国际局势，面对物欲喧嚣、诱惑肆虐的世俗人生，每一名共产党员，特别是领导干部，要牢固树立正确的世界观、人生观、价值观。马克思主义世界观的确立和坚持，绝不是一朝一夕的事情；也不会随着党龄增加、职位上升而自然获得，必须经历一个长期不懈的艰苦努力的过程，一个不断坚持真理、修正错误的过程。这个过程，就是学习理论、投身社会实践和自觉加强党内生活锻炼这三条基本途径相互作用、有机统一的过程。"见贤思齐焉，见不贤而内自省也"，像焦裕禄、孔繁森那样对党对国家对人民对社会主义无限忠诚，为了党的事业，为了共产主义理想鞠躬尽瘁，死而后已。树立正确的世界观和人生观，无论过去、现在和将来，对于每一名党员来说，都是首要的问题。因此，必须切实加强对党员的理想信念教育，真正从世界观、人生观、价值观上解决问题。要深入学习马列主义、毛泽东思想、邓小平理论，武装头脑，坚定有中国特色社会主义的立场和实现共产主义的信念，还要不断加强实践锻炼，联系党的历史经验、联系改革开放和现代化建设的实践、联系当前面临的形势与任务、联系自己的工作和思想实际,切实解决"人生为什么,入党做什么,掌权干什么"这一重要问题,不断提高党性修养,以适应国际国内的新形势,适应社会经济、政治、文化生活的新变化,使各种唯心论、非马克思主义和反马克思主义的东西没有可乘之机,在新的征途上迈出坚定步伐,永远站在时代的前列。

第三,共产党人还必须讲正气,保持革命气节,这是坚定共产主义理想信念的应有之义。党员同志要在社会主义市场经济条件下,以共产党人的浩然正气面对权力、金钱、美色的诱惑,不断培养高尚的人格品质,力行共产主义道德,实现政治坚定性与道德纯洁性、理论学习与人格完善的统一,"富贵不能淫,贫贱不能移,威武不能屈",拒腐防变、严于律己、疾恶如仇、永葆革命气节。

总之,坚定正确的理想信念,既是推进党的事业的力量源泉,也是每个党员有所作为、实现人生价值的精神动力。每个共产党都要从推进党的伟大事业的高度,从打牢团结人民共同奋斗的思想和政治基础的高度,从始终保持共产党员先进性的高度,深刻认识坚定理想信念的重要性,在改革开放和现代化建设的实践中自觉坚定共产主义的理想信念。

## 第二节 提高国家领导人领导行为影响力

领导干部的领导力是指领导干部的知识、才能、精神、观念、气质、性格、品质等因素的总和。党政领导干部的领导力高低优劣直接影响着党政机关的运转效率、行政决策的科学化程度、联系服务群众的水平以及引领经济社会和谐发展能力等诸多方面。打造服务型政府,进一步密切当前党群干群关系,提高机关工作的群众满意度,就必然要求各级领导机关和领导者们更加重视提升领导力的问题。

## 一、认识党政领导干部的领导力内涵

领导力属于行政管理的范畴，主要包括洞察力、决断力、亲和力、激发力、凝聚力、学习力、影响力、应变力、创新力、执行力等。领导力产生于领导者与被领导者之间，它是指领导者对被领导者实施领导的能力。在复旦大学，通过高效有序的教学管理、灵活互动的教学方式和周密紧凑的培训安排，7天的时间就让学员们涉猎了县域经济招商引资模式创新与营销策略、新时期政府投融资渠道建设与管理创新、沟通与团队建设、公务员情绪与压力管理、公共突发事件的危机管理与舆情引导、领导干部的核心管理能力提升等多门有针对性提升领导干部领导力的课程知识，从某种程度上来说，这也是复旦创新力的一种外在体现，给了学员们一次生动的学习体验。

领导有它的特定含义，但"领"与"导"又有着不同的含义，"领"是带领、率领、引领之领，强调的是在前面以身作则，一呼百应，在党政领导干部中主要体现在行政决策上。因此领导者必须是先知者、先行者。"导"是引导、教导、疏导、辅导之导，强调引导和促使所属成员有能力并有意愿与领导者一道前行，去实现组织的共同愿景，它主要体现在认同上。因此领导者又应是沟通者、激励者。领导力是靠领导者来实现的，领与导不可分开，领导者与领导力也不能分开，因此，任何领导都需要领导力，不具备、不善于运用领导力，就不是一个名副其实的领导者。领导力一般具有五个特点：一是柔性的特点。重视应用软权力来发挥作用。二是双向性的特点。特别注意领导者与追随者之间的相互影响和及时回应。三是人性化的特点。在关注工作、关注利益的同时，更突出以人为本的思想，更关注人的情感、人的快乐、人的价值和人的发展。四是叠加性的特点。在应用权力的同时，更注重领导者自身的品德、个性、专长、能力、业绩等方面软权力的叠加作用和放大作用。五是艺术性的特点。既讲究科学，讲究遵循规律，更强调创新，强调权变融合，强调领导艺术的巧妙运用。

## 二、当前领导干部领导力方面存在的不足

美国西北理工大学工商管理博士、复旦大学特聘讲师李澄尘认为,领导是一种行为,是运用各种优势对他人施加影响,从而激励人们实现目标的过程行为,而领导者就是从事这种领导工作的人,他们是团队的核心,是团队成员的榜样。然而当前,一些党政领导干部在从事领导工作、充当榜样的过程中,却并不能高效地激励团队去实现目标,而是出现了欠缺与不足,集中表现在政治信念弱化、理论素养弱化、综合能力弱化、大局意识弱化和担当意识弱化。

(1)政治信念弱化。这突出表现在执行力不够。中国特色社会主义实践在不断深入,新形势要有新要求,新变化要有新观念,但无论形势怎么变化,坚定的政治信仰和政治信念是绝不能动摇的。但我们在现实中却看到,少数领导干部思想滑坡、信念动摇,党性观念、宗旨意识和执政意识不强,对马克思主义信仰不坚定,对中国特色社会主义缺乏信心,贯彻党的民主集中制不力,对上级的决策部署执行不认真,落实不到位,有的领导干部甚至上有政策,下有对策,不管上边如何"定音定调",自己却"另打算盘"。

(2)理论素养弱化。科学理论指导实践工作,生动的实践反过来完善科学理论。但不少领导干部罔顾带头建设马克思主义学习型政党,提高全党的思想政治水平和理论素养的政治要求,忙于各种应酬,学习的积极性、主动性不够。有的领导干部忽视理论学习,说起来重要,忙起来不要。特别是对党的重大理论、中华民族的传统美德、马克思主义哲学、政治经济学等,摆不上位、排不上队,存在走形式、走过场的现象,也从而造成一些领导干部思想闭塞、思考片面,讲守旧过时的话、办落俗无效的事。

(3)综合能力弱化。随着信息化建设的不断发展和"公推公选"领导干部制度施行,一批又一批年轻化、学历化、考试化的领导干部走向更多的领导职位和岗位。实践也充分证明,有的学历高能力却一般化;有的考试成绩很高,但政绩非常一般化;还有的年轻有位,但却年轻无为,虽然年纪轻轻走上了重要岗位,但政绩平平,所掌管的"一方"也并没有什么改观和发展。领导干部应具备的"说、写、讲、谈和组织、协调"等"基本功"欠缺,难以让干部群众心服口服。

(4) 大局意识弱化。由于平时不注重学习，缺乏专业知识、管理技巧和领导能力，再加上长期"遥控指挥"和"远程指导"，一些领导干部想发展、谋发展、抓发展的大局意识淡漠。制定政策只盯着眼前利益，而忽视长远的指导性和稳定性；招商引资只盯着资金和项目，而忽视人力资源和人力资本的科学配置；城市规划只盯着高楼大厦，而忽视城市文化和环境保护建设；解决就业压力只盯着安置的数量，而忽视再就业的质量和人们生活的幸福指数。有的领导干部甚至为了个别项目的落地，不调查论证就"拍胸脯"决策，最终造成资源浪费、环境严重污染。

(5) 担当意识弱化。从当前党员干部队伍建设来看，总体是适合形势发展的。同时，也存在不少不适应新形势新任务、不符合领导干部岗位和职位要求的。对上怕出事，对下怕担责，等、靠、要思想严重。有的领导干部对上级领导有要求、上级文件有规定的，照抄照搬、生搬硬套，甚至推一推就动一动。还有的对部属和群众高高在上，脱离部属，脱离群众。对部属只管八小时之内的表现，不问八小时之外的"行踪"，对那些思想活跃和有"想法"的部属，很少谈心也不去了解情况，听之任之，直到"东窗事发"。对群众反映的问题，不是积极调查，摸清底数，提前发现"苗头"和"倾向"，而是能推则推，得过且过。

### 三、当前党政领导干部领导力弱化的原因分析

党政领导干部领导力受机关管理、社会环境和个人素养等综合因素的影响，既有体制机制上的弊端，也有社会风气的影响，同时随着各种利益关系的调整，组织关系业缘化和乡缘化，领导干部选拔、培养和使用上存在的诸多不利因素，都使得当前党政领导干部的领导力呈现出了弱化的趋势，主要原因有：

(1) 学习抓落实力度不够。当前，从上到下都注重加强对党员领导干部的学习教育，也制定出台了一系列党员干部和领导干部学习规划。但从各级领导干部学习教育的实际成效来看，在组织形式上，"规定动作"较少，"自选动作"较多；在学习教育时间上，集中学习时间较短，个人自学散学时间较长；在学习教育内容上，专题知识和活动较多，政治、法律、经济、哲学、行

政管理等系统知识学习较少；在处理工学矛盾上，各种工作会议较多，专项和专题学习教育较少；在学习教育考核验收上，启发自觉性的"软要求"较多，学什么、怎么学、掌握到什么程度的"硬杠杠"较少；等等。这些都直接影响领导干部学习教育时间、内容和成效的落实程度。

（2）干部考核评价不科学。干部考核的科学化程度直接影响着领导干部领导力的水平。"论资排辈""轮流坐庄""以德和稳为先"仍然是当前一些地方选拔任用干部的主要形式和标准。之所以延续这种"传统"的用人模式，最主要的就是从上到下，在对党员干部，特别是领导干部"德、能、勤、绩、廉、学"等主项指标考核上，缺乏更精细化、更标准化、更科学化的指标体系，缺乏更直观、更准确、更有说服力的科学化评价分值。从目前一些地方领导干部的任用来看，还是以稳重为先、才华靠后，以学历为先、能力靠后，以关系为先、政绩为后，这就导致很多党政领导普遍存在"不求有功、但求无过"的消极思想。

（3）选拔任用程序待完善。习近平总书记提出，好干部的标准是信念坚定、为民服务、勤政务实、敢于担当、清正廉洁。中国共产党一直非常注重在严格选拔任用干部上下功夫，着力把政治素质坚定、履职能力突出、工作作风扎实的干部选拔出来，也创新创优了许多好方法、好路子。但是，我们也应看到，一些"群众推荐、良才自荐、组织发现和考察、层级晋升"等好的选拔任用制度也呈现弱化的趋势，一些地区甚至还出现了超编制配备人员、编制混乱、职责不明和人浮于事的现象。在公选领导干部方面，一些地方也是仅盯在年龄、学历、职称和经历上，没有把重点放在基层经验、工作能力和政绩实绩上来。而实际上，要做到更加科学选人用人，无论是副职还是"一把手"，都应注重从对口专业、垂直部门的优秀干部中"能级选拔""逐级提拔"。

（4）反腐治庸力度待加强。从当前组织、公务员管理、纪检监察等部门的履职情况来看，反腐倡廉、治庸治懒、惩戒预防工作还不够主动，特别是县市以下机关和部门，中央和上级没精神不动，所属地区没大案要案不动，人民群众不举报不上访不动。针对不同行业、不同权力点、不同人员素质构成，这些部门有的没有针对性的防范措施，也没有阶段或年度查办违纪违法案件和纠正行业不正之风的计划与部署。少数地方甚至出现组织、公务员管理和纪检监察部门职能交叉，机构重叠，从而造成制度缺失，职能弱化，形式主义严重，相互推诿扯皮等现象。

## 四、加强党政领导干部领导力的培养途径

领导力是一切管理资源里最重要的能力，也是领导干部为党分忧、为国尽责、为民奉献的综合能力和素质体现。加强领导干部的领导力，最根本的就是要从强化精神、责任和素质上着手，增强领导干部的党性意识、宗旨意识、执政意识、大局意识和责任意识，引导领导干部勤学廉政、勤奋进取，带头弘扬爱国主义精神和改革创新的时代精神，以良好的品德形象和过硬的领导能力抓班子、带队伍、谋发展、创事业。

（1）增强干部的知识恐慌意识。作为领导干部，肩负重任，既要管人，还要管物；既要稳定，还要发展；既要创新，还要创优。因此要自觉增强学习、求知、接受教育的能力和觉悟，增强学习的紧迫感，保持必要的知识恐慌、能力恐慌和本领恐慌意识，确保学习知识系统、学习内容丰富和教育效果明显。因此，作为县市以下的领导干部，每年应利用不少于40天的时间进行集中学习和教育，重点学习与时代发展相适应的法律法规、经济基础、行政管理、党章、计算机网络、农林等基本理论和知识，只有不断强化自身的学习教育，才是培养和增强领导干部领导力的主要方法和渠道。

（2）完善干部考核的制度建设。随着干部人事制度改革的不断深化，进一步完善领导干部考评制度、规范领导干部评价体系势在必行，各地区也应该积极探索，并制定出适合本地区特点的考评制度，尤其是在加强和改进领导干部考核体系建设上，要始终坚持以德为本、以人为本和以法为本的宏观考评原则，细化领导干部"德、能、勤、绩、廉、学"等主项考核内容，拓展和规范领导干部上级、班子、部属、家属、群众和自我评价体系，采取全方位、多角度考评体系，量化领导干部德行标准、实际能力和管理水平。

（3）规范干部选拔任用程序。从领导干部的管理和任用来看，本系统和本地区内，甚至部门内逐级提拔、能级晋升还应该是领导干部提拔使用的根本渠道。公选成"海选"，公考成"海考"，都很容易造成一些领导干部因为"无土栽培"而"营养不良"，因为"经历单一"而缺乏后劲。树立"大变革""大开放"式公推公选和公务员招录制度，表面看似拓宽了干部培养和选

拔的渠道，增强了干部队伍的活力，但实质上带来的负面影响也很大。一些缺乏基层锻炼和意志磨炼的"学生官""分数官""学历官""海归官"等走上领导岗位，极易造成党的优良传统失传、领导干部队伍鱼目混珠等现象。因此，要着力于"逐级提拔"使用，让更多有基层经历、有丰富经验、有坚定信仰和有突出贡献的优秀党员干部和年轻干部走上领导岗位，并形成制度化。

（4）继续加强干部作风建设。习近平总书记提出，作风建设永远在路上。针对党内出现的一些"无得无能耽误群众、欺上瞒下愚弄群众、腐败堕落坑害群众"的领导干部，应加快推进惩治和预防腐败体系建设，深入开展反腐败斗争和治庸治懒行动，尤其是对县市及以下领导干部，特别是党政"一把手"，坚持用制度管权、管事、管人、管配偶子女和身边工作人员，畅通上级、下级、同级和人民群众的检举渠道，充分利用电话、网络、信函等形式，加大查办领导干部违纪、违法、违章案件和事故工作力度，严肃查处发生在领导机关和领导干部中滥用职权造成重大损失的、贪污贿赂造成重大经济流失的、腐化堕落造成重大影响的、失职渎职造成民愤民怨的案件，完善举报人和举证人保护制度，依法追究、依法惩治。

## 第三节　加强政府执行力和公信力

执行力是政府执行的能力和效能，是衡量执行工作的标准；公信力则体现政府的信用能力。可以说，政府执行力和公信力是政府生命力和信用度的重要体现。如果政府的执行力不强，工作决策和部署落不到实处，就不可能有工作实绩；若政府的公信力低下，就容易失去诚信，将得不到人民群众的支持。政府公信力和执行力是相辅相成、相互制约的。公信力弱的政府，不能取得人民群众的足够信任，就会有令难行，也就不可能有很强的执行力；而执行力弱的政府，往往使编制的规划和出台的政策措施难以落实到位，公信力也不可能高到哪里去。

在当代公共行政改革中，各国都把提高政府的执行力和公信力作为重要内容。就我国深化行政管理体制改革而言，一个重要的目标，就是要提高政府执行力和公信力。随着改革开放的不断深入和行政管理体制改革的逐步深化，我国各级政府的执行力和公信力有了明显提高。但有些地方政府职能转变滞后，决策缺乏科学化、民主化和透明度，行政效率不够高；有的地方没有严格依法行政，搞所谓的"上有政策、下有对策"，工作中推诿扯皮、推卸责任，降低了行政执行力；一些工作人员没有树立正确的政绩观，不信守承诺，出现失职渎职、不作为或乱作为现象，一定程度上影响了政府的公信力。执行力和公信力方面存在的一些问题，应当引起我们高度重视，认真加以研究，妥善予以解决。从实践看，不断增强执政为民意识和诚信行政意识，加快建立健全决策、执行、监督的行政运行机制，使之相互制约又相互协调，是提高执行力和公信力的关键环节。具体来说，可以从以下方面去把握。

坚持以人为本，牢固树立执政为民的思想。我们的政府是人民的政府，我们所做的一切工作，都是为人民谋利益，人民赋予政府的权力必须用来全心全意为人民服务。各级政府及公务员要真正做到以科学发展观为指导，坚持以人为本，执政为民，情为民所系，权为民所用，利为民所谋，打牢建设信用政府、提高政府执行力的思想基础。要把维护好、实现好、发展好人民群众的根本利益作为政府一切工作的出发点和落脚点，真抓实干，诚实守信，树起良好的诚信形象。

坚持科学决策，推进行政决策的科学化、民主化。科学决策是提高政府执行力的前提。应建立和坚持严格的决策程序，大力推行公示听证、决策评估等制度，创新政务公开形式，拓宽人民群众参与决策的渠道，调动各方积极性，增加政府工作透明度，提高政府的反应能力和社会回应能力。通过政务公开化、公正化、透明化，推进行政决策的科学化、民主化，使各项政策更加符合实际、经得起检验，收到更好的效果。

扎实推进依法行政。各级政府要有所作为，而不应"不作为"或者"乱作为"，才能切实提高政府的执行力和公信力。因此，各级政府及部门要自觉遵守宪法和法律，坚持依法行政，认真解决有法不依、执法不严等问题，做到规范执法、公正执法和文明执法。

建设高素质公务员队伍。政府执行力的高低，主要取决于公务员的素质。必须努力培养和造就一支政治坚定、业务精通、清正廉洁、作风优良的高素质公务员队伍。要切实按照科学发展观和正确政绩观的要求，大力加强作风建设和效能建设，切实推行公共服务承诺制，加强干部职业道德建设，增强公务员的使命感、责任感和荣誉感，强化公务员的法律意识和诚信道德意识，提高其贯彻执行国家大政方针、法律法规、规划计划、决策政令的能力，使政府的执行力和公信力的提高有坚实的干部基础。

强化监督，推行行政问责制。加强对权力运行过程的监督与问责，是提高政府执行力和公信力的关键。而要加强对政策执行情况的检查监督，就应当建立健全监督机制，加强人大、政协、民主党派、社会监督和舆论监督。建立健全行政问责制，以制度建设保障政府执行力和公信力的提高。对决策失误、违法行政、执行不力和效能低下、疏于管理和处置不当等实施问责和责任追究，以不断提高公务员的工作责任心和服务质量。

坚持诚信行政，取信于民。公信力是一种责任信任，也是一种评价信任，更是一种执政信任。诚实守信是政府必须遵循的基本行为准则，是政府公信力的基础。各级政府要坚持诚信行政，令出必行，注意保持政策的连续性和稳定性，政府作出的承诺必须兑现，做到言必信、行必果。对一些由于客观条件限制一时做不到的，要讲清楚原因，说明道理，以得到群众的理解与支持，赢得群众信任。

## 第四节　深化国家行政体制改革

党的十八届三中全会提出了完善和发展中国特色社会主义制度、推进国家治理体系和治理能力现代化的全面深化改革总目标。深刻领会和认真贯彻中央要求，在新的历史起点上推动实现这一总目标，是深化行政体制改革的重要任务。

### 一、充分认识行政体制改革在推进国家治理体系和治理能力现代化中的作用

国家治理体系和治理能力，是一个国家制度和制度执行力的集中体现。在

我国，国家治理体系就是在党领导下管理国家的制度体系，包括经济、政治、文化、社会、生态文明和党的建设等各领域的体制机制、法律法规安排。国家治理能力，是运用国家制度管理社会事务的能力。要更好发挥中国特色社会主义制度优越性，必须从各个领域推进国家治理体系和治理能力现代化。

深化行政体制改革是推进国家治理体系和治理能力现代化的重要组成部分。十八届三中全会就行政体制改革提出了许多明确要求，强调要加快转变政府职能，优化政府组织结构，创新行政管理方式，增强政府公信力和执行力，建设法治政府和服务型政府。这些都是推进国家治理体系和治理能力现代化的重要内容。要紧紧围绕推进国家治理体系和治理能力现代化的总目标，深化行政体制改革总体研究，细化改革的重点任务、路线图和时间表，到2020年在重点领域和关键环节改革上取得决定性成果，建立起比较完善的中国特色社会主义行政体制，形成系统完备、科学规范、运行有效的制度体系，以此为基础，把各方面制度优势转化为管理国家的效能，实现党、国家、社会各项事务治理制度化、程序化、规范化。

推进国家治理体系和治理能力现代化，必须通过深化行政体制改革，妥善处理好政府和市场的关系，使市场在资源配置中起决定性作用和更好发挥政府作用。这是中国共产党对发展社会主义市场经济认识上的又一次升华。要把市场这只"无形的手"和政府"有形的手"有机结合起来，发挥各自优势，做到相辅相成，推动社会主义市场经济更有效率、更加公平、更可持续发展。要坚持市场优先原则，进一步划清政府与市场的职责边界，大力简政放权。凡是市场机制能够发挥作用的领域，政府都要逐步退出，大幅度减少对资源的直接配置，充分激发市场主体活力和创造力，解放和发展生产力，释放改革红利。同时，使市场在资源配置中起决定性作用，并不是否定或忽视政府作用。科学的宏观调控，有效的政府治理，是发挥社会主义市场经济体制优势的内在要求。这就需要政府在尊重市场经济规律的前提下，改善经济调节和市场监管，加强和优化公共服务，创新社会治理，保持宏观经济稳定，维护市场秩序，促进共同富裕，弥补市场失灵的缺陷。

推进国家治理体系和治理能力现代化，要通过深化行政体制改革，正确处理政府和社会的关系，强化政府社会管理和公共服务职能，引导社会各方面积极有效地参与社会管理服务。要紧紧围绕更好保障和改善民生、促进社会公平正义，切实履行政府社会管理职能，更好发挥政府主导作用，规范社会行为、协调社会关系、促进社会认同，不断提高政府驾驭社会矛盾、化解社会风险的能力，为社会发展创造既有秩序又有活力的基础运行条件，推动社会和谐发展。同时，着力解放和增强社会活力，改变政府在社会管理领域包揽过多的制度安排，把宜由事业单位、群众团体、市场中介组织承担的职责转移出去，积极培育和发展社会中介组织，拓展人民群众参与社会治理渠道，实现政府治理和社会自我调节、居民自治良性互动。

## 二、深化行政体制改革的主要任务

在全面深化改革的总体布局中，行政体制改革与各领域改革都有紧密联系。要按照推进国家治理体系和国家治理能力现代化的要求，加快推进行政体制改革各项任务，为全面深化改革提供支持和保障。

1. 加快转变政府职能

行政体制改革的核心是转变政府职能。改革开放以来，我国政府职能发生了深刻变化，适应社会主义市场经济的职能体系基本建立，但也存在市场作用发挥不够，政府"越位"和"缺位"并存等问题。《中共中央关于全面深化改革若干重大问题的决定》（以下简称《决定》）强调，加快转变政府职能。这就要求政府尽快从"越位点"退出，把"缺位点"补上，把职能切实转到更好维护社会的公平正义，创造更好的发展环境，提供更加优质的公共服务上来。

转变政府职能要以行政审批制度改革为突破口，减少政府对微观事务的干预，激发市场、社会创造活力和内生动力。行政审批是行政权力最为集中的领域，也是政府管理经济社会的重要手段。当前，行政审批事项仍然过多，企业和群众反映强烈。必须进一步向市场放权，发挥市场在资源配置中的决定性作用。进一步向社会放权，发挥社会组织在公共事务管理中的积极作用。进一步向下级政府放权，发挥地方政府贴近基层、就近管理、便民服务的优势。对现有审批事项该取消的取消，该下放的下放，该转移的转移，确保放到位、能落地、不反弹。防止审批事项边减边增，明减暗增。对确需保留的行政审批事项要形成目录清单，规范程序，提高效率，并向社会公开，接受各界监督。

全面正确履行职能，完善政府职能体系。这是有效政府治理的内在要求。简政放权的同时要把政府该管的事管住管好，加快形成权界清晰、分工合理、权责一致、运转高效、法治保障的政府机构职能体系。要改善和加强宏观管理，尤其是要注重宏观调控方式，以国家发展战略和规划为导向，以财政政策和货币政策为主要手段，健全宏观调控体系，把好"方向舵"，留有"撒手锏"，增强宏观调控的针对性、有效性。实行统一的市场准入制度，在制定负面清单基础上，各类市场主体可依法平等进入清单之外的领域。建立健全市场监管体系，实行"宽进严管"，加强对市场主体及其活动的事中事后监管，特别要把监管的重点放到人民群众反映强烈、对经济社会发展可能造成大的危害的领域上。建立与经济社会发展水平相适应的公平公正、惠及全民、比较完整、可持续发展的公共服务体系，更加有效地提供公共产品。加强社会治理，使社会各方面利益关系得到妥善协调，社会公平正义得到切实维护和实现。

科学划分中央和地方职责，充分发挥两个积极性。这是完善国家治理体系、提高治理能力的重要基础。要明确中央事权、中央和地方共同事权以及地方事权的范围，强化责任落实。进一步加强中央政府宏观调控职责和能力，保持总量平衡，促进结构调整，优化发展布局，为经济社会发展创造良好环境。进一步加强地方政府公共服务、市场监管、社会管理、环境保护等职责。按照财力与事权相匹配的原则，科学配置各级政府的财力，增强地方特别是基层政府管理服务能力。

2. 优化组织结构

合理的组织结构是实施政府有效治理，推进国家治理体系有效运转和治理能力提高的重要保障。改革开放以来，我国经过七次比较集中的政府机构改革，基本形成了适应社会主义市场经济体制的政府组织架构，但仍然存在机构设置过细、职责交叉、党政群机构改革协同不够、运行不顺畅等问题，直接影响国家治理的效能。《决定》强调，必须深化机构改革，优化组织结构。要紧紧围绕转变职能和理顺职责关系，按照精简统一效能原则，优化机构设置，合理配置编制资源。

（1）统筹党政群机构改革，优化组织结构。按照党总揽全局、协调各方要求，优化机构设置、职能配置、工作流程，完善决策权、执行权、监督权既相互制约又相互协调的行政运行机制。合理设置党委、人大、政府、政协机构，科学配置党政部门及内设机构权力和职能，明确职责定位和工作任务。积极稳妥实施大部门制改革，进一步明确各部门之间的职责分工，明确各类机构的功能定位、规格体系、运行关系，推动形成各就其位、各司其职、各负其责、分工协作的机构设置新格局，为国家治理体系的有效运转提供组织保障。

（2）深化地方机构改革，推进机构综合设置。地方政府处在管理和服务的前沿，市场主体、人民群众的权益主要通过地方政府去实现、维护和发展。要综合设置机构，整合执法主体，相对集中执法权，推进综合执法，减少行政执法层级，加强食品安全、安全生产、环境保护、劳动保障、城市管理等涉及人民群众切身利益的重点领域基层执法力量，理顺执法体制，提高执法和服务水平。完善垂直管理体制和机构设置，理顺条块关系。有条件的地方探索推进省直接管理县（市）体制改革，减少行政层次。要防止和纠正变相的机构升格、干部高配。按照新型城镇化和发展基层民主的要求推进经济发达镇行政体制改革，创新基层治理体系。

（3）严格控制机构编制，创新管理方式。严格落实本届政府任期内财政供养人员只减不增的要求，强化机构编制管理，严控总量、盘活存量、优化结构、增减平衡。着力向深化改革、加强管理、运用信息技术要编制，提高编制资源使用效益，满足党和国家事业发展需要。既要服务改革、推进改革，又要通过改革实现内部优化组合、盘活机构编制存量。着力查处违法违纪行为，强化机构编制刚性约束。进一步推进机构编制管理科学化、规范化、法制化，将行之有效的管理办法和手段上升为制度法规。

（4）加快事业单位分类改革，增强事业单位发展活力。事业单位改革是推进国家治理体系和治理能力现代化的重要方面。要按照政事分开、事企分开和管办分离要求，以创新体制机制为核心，分类推进改革。对主要承担行政职能的事业单位，逐步将其行政职能划归行政机构或逐步转为行政机构。推进有条件的事业单位转为企业或社会组织。对主要从事公益服务的事业单位，强化公益属性，探索建立事业单位法人治理结构。理顺公办事业单位与主管部门关系，逐步取消学校、科研院所、医院等单位的行政级别，实现去行政化。推广政府购买服务，将适合市场化方式提供的事项，交由具备条件的社会组织、机构和企业承担，逐步建立起能办事、少养人的新机制。建立各类事业单位统一登记管理制度，为社会力量公平参与公益服务创造条件。

3. 创新行政管理方式

高效的行政管理方式是政府治理能力和水平的集中体现，也是体现国家治理能力和水平的重要方面。《决定》强调，创新行政管理方式，增强政府公信力和执行力，建设法治政府和服务型政府。要适应经济社会发展变化的需要，提高政府管理科学化水平，方便群众办事，提高行政效率和服务质量。

全面推进依法行政。坚持法治政府与法治市场、法治社会一体推进，用法治思维和法治方式，依照法定权限和法定程序行使职权，履行职责，是建设法治政府的核心。严格依法行政，完善法律制度，健全行政法制体系，确保行政权力在法律范围内行使，让法律真正成为政府治理的准绳。法律不禁止的，市场主体皆可为；法律未授权的，政府部门不能为；市场主体间依法进行的自愿行为且对第三方无害的，政府不干预。

拓宽政务公开范围。构建决策科学、执行坚决、监督有力的权力运行体系，形成科学有效的权力制约和协调机制。推行地方各级政府及其工作部门权力清单制度，依法公开权力运行流程，完善党务、政务和各领域办事公开制度，促使隐性权力公开化、显性权力规范化。健全民主监督、行政监督和社会舆论监督等制约制度，防止各种滥用权力行为，提高政府公信力。

改进政府管理服务。整合政务服务资源，完善政务服务平台，促进政务服务的均等化、规范化、高效化。改进和优化办事流程，凡与企业和人民群众密切相关的行政管理事项，都要纳入政务服务中心办理，为群众办事提供便利。要公开办理主体、办理依据、办理条件、办理程序、办理时限等事项，加大推进"一个窗口受理、一站式审批、一个窗口收费"的力度，不断提高办事效率和水平。严格政府绩效管理，突出责任落实，确保权责一致。

## 三、打好行政体制改革攻坚战

当前，改革已经进入深水区和攻坚期。深化行政体制改革面临许多躲不开、绕不过、拖不起的难题。要按照中央的决策部署，解放思想、实事求是，既勇于担当又审慎推进,打好改革攻坚战。

把握方向,力求实效。深化改革必须始终坚持正确的方向。改革的目的是不断推进我国社会主义制度的自我完善和发展,赋予社会主义新的生机活力,核心是坚持和改善党的领导,坚持和完善中国特色社会主义制度。当前和今后一个时期,要紧紧围绕全面深化改革总目标,以抓铁有痕、踏石留印的劲头和"钉钉子"精神,锲而不舍把改革推向前进,创造经得起实践、历史和人民检验的改革业绩。

全面推进,重点突破。行政体制改革作为上层建筑调整,贯穿于我国改革开放和社会主义现代化建设全过程,必须适应经济社会的发展变化和全面深化改革的要求全面推进。全面推进不等于同步推进。不同地区、不同层级、不同领域、不同方面发展不平衡,矛盾和问题的突出程度也有差别,具体改革措施的推进要区分轻重缓急。要按照全面深化改革要求,坚持以问题为导向,瞄准老百姓最期盼的领域,瞄准制约经济社会发展、影响国家治理体系和治理能力现代化最突出的体制机制问题,瞄准社会各界能够达成共识的环节,集中优势兵力打歼灭战,积小胜为大胜,不断推进改革深化。

统筹规划,协同推进。要注重改革的关联性和耦合性,坚持与其他领域改革相衔接、相配套,为各领域改革提供体制机制保障。要在中央统一领导下,坚持上挂下联,创新工作机制和方法,建立推进改革的倒逼机制、评价机制、监督机制等,充分调动部门和地方的改革积极性,凝聚各方面力量和智慧,协同推进改革。要善于寻求改革最大公约数,把改革的力度、发展的速度和社会可承受度结合起来,最大限度减少改革的阻力,形成改革正能量。

胆子要大,步子要稳。要以更大的决心冲破因循守旧的障碍,突破利益固化的藩篱,做到勇于担当,敢于负责、敢于较真、敢于碰硬、敢于得罪人。同时,该由中央统一部署的不抢跑,服从命令听指挥。该尽早推出的不延宕,雷厉风行抓落实。需要试点先行的,要对可能产生的矛盾和问题进行预判,既不打无准备之仗,也不打有准备无把握之仗,防止未改先乱,确保稳妥可控。

## 四、深化行政管理体制改革的重要性和紧迫性

党中央、国务院历来高度重视行政管理体制改革。改革开放以来,不断推

进行行政管理体制改革，加强政府自身建设，取得了明显成效。经过多年努力，政府职能转变迈出重要步伐，市场配置资源的基础性作用显著增强，社会管理和公共服务得到加强；政府组织机构逐步优化，公务员队伍结构明显改善；科学民主决策水平不断提高，依法行政稳步推进，行政监督进一步强化；廉政建设和反腐败工作深入开展。从总体上看，我国的行政管理体制基本适应经济社会发展的要求，有力保障了改革开放和社会主义现代化建设事业的发展。

当前，我国正处于全面建设小康社会新的历史起点，改革开放进入关键时期。面对新形势新任务，现行行政管理体制仍然存在一些不相适应的方面。政府职能转变还不到位，对微观经济运行干预过多，社会管理和公共服务仍比较薄弱；部门职责交叉、权责脱节和效率不高的问题仍比较突出；政府机构设置不尽合理，行政运行和管理制度不够健全；对行政权力的监督制约机制还不完善，滥用职权、以权谋私、贪污腐败等现象仍然存在。这些问题直接影响政府全面正确履行职能，在一定程度上制约经济社会发展。深化行政管理体制改革势在必行。

行政管理体制改革是政治体制改革的重要内容，是上层建筑适应经济基础客观规律的必然要求，贯穿我国改革开放和社会主义现代化建设的全过程。必须通过深化改革，进一步消除体制性障碍，切实解决经济社会发展中的突出矛盾和问题，推动科学发展，促进社会和谐，更好地维护人民群众的利益。

1. 指导思想、基本原则和总体目标

深化行政管理体制改革，要高举中国特色社会主义伟大旗帜，以邓小平理论、"三个代表"重要思想和科学发展观及党的十八大和十八届三中、四中、五中、六中全会精神及习近平总书记的重要讲话精神指导，深入贯彻落实科学发展观，按照建设服务政府、责任政府、法治政府和廉洁政府的要求，着力转变职能、理顺关系、优化结构、提高效能，做到权责一致、分工合理、决策科学、执行顺畅、监督有力，为全面建设小康社会提供体制保障。

深化行政管理体制改革，必须坚持以人为本、执政为民，把维护人民群众的根本利益作为改革的出发点和落脚点；必须坚持与完善社会主义市场经济体制相适应，与建设社会主义民主政治和法治国家相协调；必须坚持解放思想、实事求是、与时俱进，正确处理继承与创新、立足国情与借鉴国外经验的关系；必须坚持发挥中央和地方两个积极性，在中央的统一领导下，鼓励地方结合实际改革创新；必须坚持积极稳妥、循序渐进，做到长远目标与阶段性目标相结合、全面推进与重点突破相结合，处理好改革发展稳定的关系。

深化行政管理体制改革的总体目标是，到2020年建立起比较完善的中国特色社会主义行政管理体制。通过改革，实现政府职能向创造良好发展环境、提供优质公共服务、维护社会公平正义的根本转变，实现政府组织机构及人员编制向科学化、规范化、法制化的根本转变，实现行政运行机制和政府管理方式向规范有序、公开透明、便民高效的根本转变，建设人民满意的政府。今后5年，要加快政府职能转变，深化政府机构改革，加强依法行政和制度建设，为实现深化行政管理体制改革的总体目标打下坚实基础。

2. 加快政府职能转变

深化行政管理体制改革要以政府职能转变为核心。加快推进政企分开、政资分开、政事分开、政府与市场中介组织分开，把不该由政府管理的事项转移出去，把该由政府管理的事项切实管好，从制度上更好地发挥市场在资源配置中的基础性作用，更好地发挥公民和社会组织在社会公共事务管理中的作用，更加有效地提供公共产品。要全面正确履行政府职能。改善经济调节，更多地运用经济手段、法律手段并辅之以必要的行政手段调节经济活动，增强宏观调控的科学性、预见性和有效性，促进国民经济又好又快发展。严格市场监管，推进公平准入，规范市场执法，加强对涉及人民生命财产安全领域的监管。加强社会管理，强化政府促进就业和调节收入分配职能，完善社会保障体系，健全基层社会管理体制，维护社会稳定。更加注重公共服务，着力促进教育、卫生、文化等社会事业健康发展，建立健全公平公正、惠及全民、水平适度、可持续发展的公共服务体系，推进基本公共服务均等化。各级政府要按照加快职能转变的要求，结合实际，突出管理和服务重点。中央政府要加强经济社会事务的宏观管理，进一步减少和下放具体管理事项，把更多的精力转到制定战略规划、政策法规和标准规范上，维护国家法制统一、政令统一和市场统一。地方政府要确保中央方针政策和国家法律法规的有效实施，加强对本地区经济社会事务的统筹协调，强化执行和执法监管职责，做好面向基层和群众的服务与管理，维护市场秩序和社会安定，促进经济和社会事业发展。按照财力与事权相匹配的原则,科学配置各级政府的财力,增强地方特别是基层政府提供公共服务的能力。合理界定政府部门职能,明确部门责任,确保权责一致。理顺部门职责分工,坚持一件事情原则上由一个部门负责,确需多个部门管理的事项,要明确牵头部门,分清主次责任。健全部门间协调配合机制。

3. 推进政府机构改革

按照精简统一效能的原则和决策权、执行权、监督权既相互制约又相互协调的要求,紧紧围绕职能转变和理顺职责关系,进一步优化政府组织结构,规范机构设置,探索实行职能有机统一的大部门体制,完善行政运行机制。深化国务院机构改革。合理配置宏观调控部门的职能,做好发展规划和计划、财税政策、货币政策的统筹协调,形成科学权威高效的宏观调控体系。整合完善行业管理体制,注重发挥行业管理部门在制定和组织实施产业政策、行业规划、国家标准等方面的作用。完善能源资源和环境管理体制,促进可持续发展。理顺市场监管体制,整合执法监管力量,解决多头执法、重复执法问题。加强社会管理和公共服务部门建设,健全管理体制,强化服务功能,保障和改善民生。推进地方政府机构改革。根据各层级政府的职责重点,合理调整地方政府机构设置。在中央确定的限额内,需要统一设置的机构应当上下对口,其他机构因地制宜设置。调整和完善垂直管理体制,进一步理顺和明确权责关系。深化乡镇机构改革,加强基层政权建设。精简和规范各类议事协调机构及其办事机构,不再保留的,任务交由职能部门承担。今后要严格控制议事协调机构设置,涉及跨部门的事项,由主办部门牵头协调。确需设立的,要严格按规定程序审批,一般不设实体性办事机构。推进事业单位分类改革。按照政事分开、事企分开和管办分离的原则,对现有事业单位分三类进行改革。主要承担行政职能的,逐步转为行政机构或将行政职能划归行政机构;主要从事生产经营活动的,逐步转为企业;主要从事公益服务的,强化公益属性,整合资源,完善法人治理结构,加强政府监管。推进事业单位养老保险制度和人事制度改革,完善相关财政政策。认真执行政府组织法律法规和机构编制管理规定,严格控制编制,严禁超编进人,对违反规定的限期予以纠正。建立健全机构编制管理与财政预算、组织人事管理的配合制约机制,加强对机构编制执行情况的监督检查,加快推进机构编制管理的法制化进程。

4. 加强依法行政和制度建设

遵守宪法和法律是政府工作的根本原则。必须严格依法行政，坚持用制度管权、管事、管人，健全监督机制，强化责任追究，切实做到有权必有责、用权受监督、违法要追究。加快建设法治政府。规范行政决策行为，完善科学民主决策机制。加强和改进政府立法工作。健全行政执法体制和程序。完善行政复议、行政赔偿和行政补偿制度。推行政府绩效管理和行政问责制度。建立科学合理的政府绩效评估指标体系和评估机制。健全以行政首长为重点的行政问责制度，明确问责范围，规范问责程序，加大责任追究力度，提高政府执行力和公信力。健全对行政权力的监督制度。各级政府要自觉接受同级人大及其常委会的监督，自觉接受政协的民主监督。加强政府层级监督，充分发挥监察、审计等专门监督的作用。依照有关法律的规定接受司法机关实施的监督。高度重视新闻舆论监督和人民群众监督。完善政务公开制度，及时发布信息，提高政府工作透明度，切实保障人民群众的知情权、参与权、表达权、监督权。加强公务员队伍建设。完善公务员管理配套制度和措施，建立能进能出、能上能下的用人机制。强化对公务员的教育、管理和监督。加强政风建设和廉政建设，严格执行党风廉政建设责任制，扎实推进惩治和预防腐败体系建设。

5. 做好改革的组织实施工作

深化行政管理体制改革意义重大、任务艰巨，各地区各部门要在党中央、国务院的领导下，精心组织，周密部署，狠抓落实。要认真组织实施国务院机构改革方案，抓紧制订地方政府机构改革、议事协调机构改革、事业单位分类改革的指导意见和方案，制定和完善国务院部门"三定"规定，及时修订相关法律法规。要严肃纪律，严禁上级业务主管部门干预下级机构设置和编制配备，严禁突击提拔干部，严防国有资产流失。重视研究和解决改革过程中出现的新情况、新问题，加强思想政治工作，正确引导舆论，确保改革顺利推进。

# 第六章

# 中国特色领导力的实践及影响

## 第一节 中国政府领导力建设水平对国际政治的影响

领导力指数应该被作为一项区分是否为真正的世界强国还是只是具有"世界级指标"的地区大国的标准。比如在1914年,德国和美国一样,它们的经济指标和安全指标很多项都居于世界领先地位,但是从它的资金流动范围、区域影响力以及安全指标等方面来讲却远远没有达到一个世界级大国的水平,所以也无法说德国已经在国际中处于领导阶层;与此同时,相反的是1945年的苏联,无论是工农业经济发展水平还是它的科技水平与美国相比都有一定的差距,但是它的跨区域影响力和政治上的特殊优势却发挥了很大的作用,这也是为什么苏联可以在当时被称为世界第二大国的原因所在。

从这个角度看,中国在经济总量上超过美国远不等于"挑战"成功,它甚至可能只是更大、更复杂的考验的开端;而无论中国是否以完全"取代"

美国为目标，提升领导力指数都将是未来几十年对外战略的重心。在对中国的国际领导力作出分析时，又须回答这几个问题：从"韬光养晦"到"有所作为"，中国需要放弃哪些战术优势，又将面临何种风险？美国的"衰落"对国际权势分布有何长期影响，它是否必然导向中国在全球范围内的"崛起"？中国需要在内外政策方面作出何种调整，才能在领导力指数上获得持续而稳固的提升？

## 一、超越"弱者战略"

罗伯特·罗斯（Robert S. Ross）是美国最具影响力的一位专门研究中国问题的学者之一。他曾用"安全至上""保持机动性"来概括中国现行的外交政策。罗斯认为，目前中国的主要利益还局限在整个亚洲范围之内，为了确保安全，并且有计划地投射区域影响力，中国一直是以"弱者"的面貌出现，这种"弱者战略"使得国家或领导人在对外发生纠纷时可以进行讨价还价，并且专注于眼前的问题，也不会因此对声望产生严重的影响。"弱者战略"还使得北京有了一定程度的战略机动性，由于中国本身无论是在人口、地理位置还是在领土规模上都有一定的优势，自然在国际活动中发挥了不可或缺的作用，那这种影响如果用在扰乱已经存在的联盟上，就会获得更大的机动性。

中国在现如今的外交交往中也仍会使用"弱者战略"。例如，中国在参与国际非传统安全问题的应对时，往往是以该任务是否与本国海外利益直接相关为准绳；在包括亚丁湾护航在内的国际行动中，中国也更乐于以独立身份展开活动，而非服从于多国联合指挥机构，以免削弱机动性（虽然与各国指挥机关的交流始终在进行）。在参与特定的地区安全问题和包括气候、太空等在内的全球"公地"治理时，中国政府依然会遵循传统路线，提出基于道义原则而非可操作性的处置方针——道义原则当然不只是"空口言"，但它是一种相对"安全"的表态，因为很少有国家会从正面对这些原则进行攻击。然而安全的同时也要付出一定的代价，中国在申明道义原则的同时也就相应对大国协调产生了排斥，并且缺乏实际的约束力和实施力，所以收获的也多是其他国家的口头感谢。

在当下中国经济和社会所处的深化改革阶段，"弱者战略"毋庸置疑还有着很可观的剩余价值。但是与此同时我们也应该对于其产生的消极影响有一定的认识。首先，在参与跨地区的区域合作尤其是安全合作时，中国都相当谨慎，通常都会优先考虑与本国自身利益相关的事务，而对于其他事务多采取观望的态度。虽然这并不违背我国的国家利益，但是如果作为亚太地区所定位的"负责任的利益相关者"，这种作为就有失偏颇了。虽然说在国际交往中，中国在很多方面都表现出来了能力或经验上的缺陷，但这些其实都远远没有中国在对外交往中所持有的这种"自扫门前雪"的态度所给领导力指数所带来的伤害大。迄今为止，中国参与的有建设性的国际事务少之又少，多数都是一种"搭车"行为，包括很少展现作为跨地区国际合作组织者的意愿或能力。这些自然无法使国际社会对中国产生信任感和依靠，相反还会使大量国家去支持美国对中国的"软遏制"。在众多国家眼中，尽管美国存在大量缺陷，但风格还算透明化，与美国相比，中国作为一个新领导者显示出来的却更多是动机不明确，自然大家都会选择前者。

其次，中国参与和融入国际制度的程度越来越深，"弱者战略"所带来的无法规避的缺陷也就越发明显，比如，过去灵活的机动性受到的限制也越发严重，本身"弱者战略"的出发点在于避免完全由本国承担双边或多边政策的成本，同时减少不必要的冲突，但现如今中国的经济、政治等发展现状都已经和过去的几十年不可同日而语，跨区域影响力也从亚洲扩展到整个世界，这就意味着规避风险有了更加严重的局限性。诚然，在不发生大规模对外冲突的情况下增长权势始终是中国的既定方针；但避免冲突并不等于游离逡巡，如果把对外合作视为理性的投资行为，在付出机动性作为代价的同时，北京完全可以尝试创设并扩展利己性的国际制度安排。

更重要的是，近几年周边安全形势的复杂化显示：以全球层面为导向的"弱者战略"，在和中国国家利益具有更紧密关联的西太平洋范围内并不完全适用，甚至会产生适得其反的效果。毕竟，即使中国在全球范围内长期以"弱者"自居，它的政治和安全能量在亚洲范围内都是不折不扣的庞然大物，空间距离的有限和解放军装备现代化带来的直接压力使得以东南亚国家为代表的周边势力很难完全认同中国基于道义原则或公开表态的"示弱"。对周边国家的这种疑惧，中国未必要以睚眦必报的极端方式作为回应，但超越"弱者战略"、以自信和果断的姿态主导亚洲安全环境的改善，无疑是长期的努力方向。

## 二、辩证看"兴""衰"

2008年全球经济危机爆发，随之而来的舆论都在流传着"美国衰落"，同时被鼓噪起来的还有"中国领导世界"的呼声。其实，尽管美国在经济危机中遭受了重创，但是它也没有像曾经的法国和苏联一样一蹶不振。在整个世界范围之内，美国的经济实力、军事机器和区域影响力依然是举世无双的。但是西方的观察学家也表示：单极时代正在过去，美国作为世界领导者的合法性、稳定性和可持续性都出现了缩水。与之相反，中国的国际影响力仍在不断上升当中，并被视为美国的后继者。这就出现了一个相当微妙的问题：美国的"衰落"是否必然导致中国的"上位"？

首先我们可以肯定的是，全球领导地位并非私相授受，不能单从中国和美国两个方面来考虑，我们更需考虑的是美国的衰落对于世界范围内权势结构带来哪些长期影响："一超多强"格局已趋于终结，但尚未有其他国家或集团明确表达希望领导世界的意愿。欧盟始终未能成为独立的全球性政治力量，俄罗斯的注意力主要集中在对原苏联西部加盟共和国的影响力的进一步巩固上，像中国、印度这些新兴国家，又存在较为突出的周边的安全隐患问题，这些现状都使得全球的权势分布较为分散。不仅如此，伴随美国在大中东地区输出美式民主政体尝试的失败，从非洲北部到中亚的"伊斯兰新月"地带出现了持续的政治动荡，并以链式反应模式在相邻国家间蔓延。这种动荡很难归结于单一缘由，它是后冷战时代以来政治经济发展不平衡、人口爆炸式增长、传播技术高度发展乃至"失败国家"主体意识崛起杂糅而成的产物，并且迄今尚未得到有效疏导。这就使得后"一超"时代的全球权势分布变得越发不稳定。

这种现象被布热津斯基称为"全球政治觉醒"，它不仅仅会对美国和全球的政治造成影响，甚至还会对地区间的政治冲突造成持久的冲击。前不久在越南爆发的反华风潮中，已经出现了以"抵制中国"为引子、要求改革越南国内政策甚至政治体制的声音，这绝不会是个案。未来相当一段时间里，很多亚洲国家很可能都会以"反华"作为政治变革的引子，这对中国来说一定不是个好消息。和美国不同，中国在地区和全球范围内都面临着重大的安全挑战，其中周边国家给予的压力远远大于全球范围的。美国控制力的逐渐下降，导致全球的权势分布碎片化，这也将使大部分国家开始热衷于大肆宣扬利己的政治或安全诉求，从而使得亚洲国家对于亚洲权势的追求，损害了中国对于全球领导力的追求的进程。

"二战"以来，现在的亚洲可能是存在最多安全隐患、潜在冲突甚至核问题的地区，这也意味着中国不可能什么也不做就等到世界领导权的自然转移。想要提升全球领导力，首先要建立的就是对地区安全隐患的控制能力，简言之，就是如果中国把世界领导者的地位作为一个目标，那么在这之前中国的主要注意力还应该放在周边地区，这可能会需要很长的一段时间，这期间就必须努力排除可能造成资源和注意力分散的潜在忧患。从另一角度看，西太平洋沿岸已经成为全球范围内经济增长最为强劲的板块，中国主导这一地区的治理本身就有助于提升国际领导力。

另外，中美两国的关系在这个过渡时期也会出现一定的缓和期。对于中国来讲，在美国的权势已经相对缩水的情况下，中国以一个第二强国的身份不管是在资源集中度和运用效率上都有一定优势存在。只要中国能够在尽量避免与美国发生大规模冲突的前提下，尽可能地提升国际影响力，并且把建立地区安全保障作为目前的主要任务，还是有可能实现权势的和平转移的。但这又涉及另一个问题，就是中国如何在制度、心态乃至宣传方面向真正的世界领导者前进。

## 三、提升"内功"

回望整个美国作为世界领导者的年代，有几点优势我们还是不得不认同的：首先，"美国模式"本身有一定的吸引力和极强的模仿价值，所以它在现实的政治竞争中完全压倒了苏联模式，致使许多国家都开始模仿美国。其次，美国政府与公众之间的互动在大部分时间里处于良性状态，公众舆论在接受并参与承担美国作为世界领导者的角色的同时，也为国民提供全球事务的解说和教育。领导力的养成由内而外，成为美国在20世纪发挥重大世界影响的基础。

相反方面，美国的"衰落"也恰好是这两大优势的缩水，在21世纪初期，小布什政府过于鲁莽而作出的一系列单边行动都大大削弱了国际上对于美国在"9·11"事件后的同情,再加上世界金融危机对于美国造成的严重经济影响,也令人对美国模式的可持续性产生了怀疑,对华盛顿的声望也产生了严重的影响。美国一直所推崇的民主、自由和人权等理念,也在2013年所曝光的"棱镜计划"和其他一系列的监听行动中受到了质疑,与此同时,国内收入差距的扩大和政治制度的党派化使得政策议程出现了间歇性振荡,达成政治共识也越发困难。这使得很多评论家都作出判断表明:美国要想抵消衰退的当务之急就是重新整合并持续发挥内在优势。

如果中国志在提升国际领导力,那么我们所需要借鉴并效仿的就是曾经属于美国的那些优势。迄今为止,中国一直秉承谨慎务实的方针,同时推进对政治、经济体制的改革,不得不肯定这是明智的。但是改革不能总是闭门造车,我们需要仔细揣摩如何将国内的改革与提升国际领导力相结合。2013年11月成立的国家安全委员会的职责要求和工作重点显示,北京已经在塑造一种能够对国内外重大事态形成有效对策、同时对长期的大战略缔造作出审视的安全决策体制,这是一个相当有意义的举措。但决策体制的优化仅仅是一个相对具体的侧面,更艰巨的任务是发展一种适合本国国情、同时具有更突出普世特征的民主政治体制。这种体制的意义不在于标榜,而是要在继续优化国家经济和政治效率、使社会保持稳定性和活力的同时,增强中国人在参与世界治理时的自信心。

除此之外,平和且自信的对外舆论环境也是中国提升国际领导力的必要因素。近十年来,随着中国国际地位的逐渐提升,随之而来的是外部环境的日趋复杂化,由于媒体的引导,国内越来越多的公众对对外政策表达自己的看法,这也为缔造政策提供了一种新的来源,但这一过程中,公众所鼓吹的是在每一次对外交涉中睚眦必报,动不动就宣传"坚决制裁×××"之类的偏激言论,这恰恰是中国不自信的表现。中国如今的经济实力其实也不过是在近三十年内实现的,这三十年的时间所带给我们的是充裕的资源和时间,以及政治影响力和软实力的提升。所有的争端和冲突是不可避免的,但是绝不是需要我们如此鲁莽的做决定的时候。从另一方面来讲,当下的中国还未建立起强劲的国际领导力,如果动辄就以经济制裁来威胁其他国家,那么又怎能使世界舆论对中国产生信任呢?在此不妨重温布热津斯基(Zbigniew Brzezinski)的告诫:国家间的能力差别,往往体现于它们能否区分以下两种状态:什么是持之以恒的雄心，什么是自以为是的轻佻。

**四、中国的领导力建设实践**

基于中国在国际社会影响力的日益增加，国家公务员局副局长杨春光先生系统阐述了中国领导力建设的主要经验及当前的着力点。中国领导力建设的主要做法和经验包括：第一，注重思想政治建设，领导干部必须具备较高的道德水平和强烈的奉献精神。第二，注重公务员的规范，中国《公务员法》对公务员的准入、考核、任职、定级、监督等内容进行了明确的规定，尽可能保证了选人用人的公平公正。第三，注重领导能力建设的长远规划，中国每隔十年就出台干部人事制度改革的规划纲要，这从制度上对领导干部能力建设作出重要的部署。第四，注重发挥领导班子的集体作用，坚持民主集中制的领导方式。第五，注重培训和实践锻炼。中国共产党开展反对形式主义、官僚主义、享乐主义和奢靡之风为主要内容的群众路线教育实践活动，其目的在于提高中国各级领导干部的领导能力，提高政府的公信力，以进一步赢得人民群众的拥护和支持。新形势下中国领导力建设和领导者素质提升需要把握几个关键点：第一，博学博大。第二，勇于担当、责任到位。第三，勤政务实，服务人民。

国家行政学院纪委书记、中国特色社会主义理论体系研究中心主任杨文明先生认为，中国的领导力建设的最大特点就是强调党和国家层面的领导力，特别是中国共产党的执政能力和各级政府领导科学发展、建设和谐社会的能力。因此，中国的领导力建设更多的是从党和国家层面而非个人层面、从政治层面而非技术层面、从规律层面而非现象层面、从全球层面而非自层面加以把握，从而进一步巩固和提升党的执政能力。

## 第二节　中国政府领导力建设水平对世界稳定的影响

"中国是全世界最具活力的国家，中国的历史、哲学和文化，将影响全世界的领导力研究、教育和实践。"英国阿什里奇商学院副院长菲利普·米克斯表示。如今中国正在对全世界大多数国家的经济和社会产生直接或间接的影响，并启发人们探索领导力研究方面的新模式和新理论。

中国领导力的研究和提升，既要积极借鉴国外领导力发展的优秀成果，又要善于总结、汲取中国共产党的成功领导经验以及中国历史和传统文化中的执政智慧。

中国带给世界的影响不仅仅是经济上的，更有文化上的、思想上的，中国的历史、哲学和文化，中国特色领导力建设将影响全世界的领导力教育以及日常的领导力实践。中国经济和社会上的实践和探索会启发人们创新领导力研究和领导力建设方面的理论和模式，这必将对世界产生深远影响。[1]

新加坡驻华大使罗家良先生认为，世界其他国家、地区的稳定和发展与新加坡的繁荣和福祉密切相关，要想在未来掌握主动、获得成功就必须了解世界，特别是作为全球第一人口大国、第一贸易大国和第二大经济体的中国。所以，新加坡特别重视来中国进行学习和交流，一方面更好地了解中国取得的成就、面对的挑战以及中国在重要问题上的观点和看法，相互借鉴，相互学习；另一方面也可以为双方未来领导人提供一个建立个人友谊、增进了解、共同成长的平台。

英国驻华使馆代表岳德伟先生认为，尽管中英两国国情、文化和体制不同，但双方都面临相似的挑战，比如全球化的影响、公共产品提供、突发事件应对、国际领导力提升等。这一切挑战的应对都需要领导力，需要领导力研究和培训机构提供支持和帮助，因此，在领导力建设和培训方面，中英两国能够相互借鉴、促进合作。

国家行政学院党委委员、纪委书记杨文明先生认为，中国的领导力会走向世界，世界的领导力也已来到中国，领导力国际论坛的高端对话和深度交流，必将有利于中国和各国领导力的提升，也会有利于领导科学的进一步创新和发展。

---

[1] 杨文明. 中国将影响世界领导力研究 [N]. 中国社会科学报，2013-10-20.

# 第七章

# 中国政府领导力发展的启示与思考

当今和未来世界的竞争，说到底就是国家领导力的竞争。这种竞争一刻也没有停息，而且随着世界形势的发展变化变得越来越激烈、越来越复杂、越来越深刻。大家都竭力向比自己发展快、竞争实力强的国家学习经验，也从一些失败者身上汲取教训。由于这种意识的强弱和自觉程度不同，由于国家的体制不同，各国在这方面提高的幅度也不同。改革开放以后，中国共产党在坚持四项基本原则的前提下，一直强调加强和改善党的领导，这实际上就是在强调提高自己的领导力，而且在实践上我们采取了许多措施，取得了长足的进展。与此同时，世界各国及其执政党，也在国内和国际的改革建设和斗争中提高着自己的领导能力，他们在世界角逐中的每一次大大小小的胜利，都是他们领导力的一次成功展示。各国人民选择自己的执政党，也越来越关注其实际的领导力，这又反过来促进各国政党在提高自身领导力方面的努力和竞争。我们应当积极学习借鉴各国在这方面的有益经验，切实加强党和国家的领导力建设。

## 第一节 我国政府领导力建设需要把握的基本问题

### 一、把握领导力建设的国际共识与国家特色

从国际上对领导力的研究来看,尽管在范畴和框架上依然存在争议,但是已经对一些基本问题达成了共识。比如,普遍认为领导力是当代领导者最需培养的率领并引导下属朝目标努力的影响力的能力。领导和管理是截然不同的,一个领导人领导力的强弱,不仅影响着领导者个人的成败,也会对组织的成长以及兴衰产生影响。注重将理论与实践相结合,同时在发展的过程中不断吸收和运用管理学、心理学、社会学等学科并促进不同学科之间的融合。

领导力的研究与实践是全球性的,但由于不同的国家在民族、历史、文化、信仰和体制等方面的差异,领导力的特质有着明显的区别。换句话说,领导力是一个非常具有民族性和政治性的概念,这是由不同国度的政治文化、价值标准、思维方式、沟通习惯等差异所决定的,在一种类型国家适用的领导力,在另一种类型国家可能就不适用。在西方一些国家,侧重于个人和组织的领导力,包括企业和私营部门的领导力。即使在政府部门,由于政治官员(部长)主要是为本党的政治目标服务,实际上部门的领导权在常务副部长(最高执行官)手里。政治官员在具体领导上的弱化和执行官权力的强化,使得西方一些国家政府部门的领导力,更多更明显地表现为政府的执行力。因此,在领导力的研究与实践中,尽管存在一定的国际共识和共性,但更多的是不同国家的个性化问题。应当承认差异性,尊重多样性,主张"和而不同"。在这一思想指导下,我们应注重总结和吸收中华民族悠久历史和传统文化中的积极要素和思想内涵,特别要总结概括中国共产党执政的经验和教训,打造具有中国特色、适合中国国情的领导力。

## 二、把握领导力建设的不同层面和最高形式

领导力分为个体层面的领导力和组织层面的领导力。所谓个体的领导力就是各个层面领导力的基础，而与个体领导力相对的是组织的领导力，它是现代社会最普遍发挥作用的领导力，也是社会各个形态领导力的总和。除了一般组织中的领导力，它最高的表现形式是国家和执政党的领导力。国家的领导力是国家组织、协调和运用各种力量，维护和拓展国家利益的能力。从理论上来讲，社会主义国家作为最先进的国家形式在领导力建设上有很大的优势，执政党都是目前的现代国家中的领导者，所以执政党的领导力水平直接决定了国家的领导力。

西方国家所实行的联邦制限制了联邦的权利，再加上政府实行的轮流坐庄的体制机制，使得政府领导人很难有长远的打算，国家对于执政党领导力又没有严格的要求，这些都导致了西方国家执政党层面的领导力不足。而作为社会主义国家的中国，我们实行的是单一制，国家层面的领导力也更容易形成并且更好地发挥作用。再加上共产党以为人民服务为根本宗旨，有着马克思主义的科学指引，有着几十年成功执政的经验，这种领导力代表了先进生产力的发展要求，代表了先进文化的发展方向，代表了最广大人民的根本利益，因此在本质上是最强大的。在我国研究领导力问题，或者说研究"中国领导力"，就是研究中国共产党的领导力。因此，应当把领导力建设与党的建设紧密结合起来，大力加强党的执政能力建设和先进性建设，切实提高中国特色社会主义事业的领导能力，这是中国领导力建设的核心和关键。

## 三、把握领导力建设的改革推力和时代特征

领导力建设与公共管理改革有着十分密切的关系。20世纪80年代以来，为化解政府弊病，西方各国开展了大规模的政府改革和政府再造运动。这轮改革的主导思想是师法企业，将企业经营和管理中注重效率、节约成本、大胆创新、勇于竞争、弹性应变、顾客满意等优秀特质引入政府部门，以此来改造传统的官僚体系，建设一个具有活力的政府。领导力建设与公共管理改革同行，

不仅解决政府部门内部的领导力低下问题，更重要的是，把领导力运用到对社会事务的管理和提供公共服务的过程中，改善政府与市场、社会、公民的关系，实现"善治"。同时，把服务型政府的建设与廉洁高效政府的建设有机结合起来，使它们相互促进，从而有效提升政府的领导力。

领导力建设的与时俱进，使其能够在当代公共管理的改革中不断向前推进。比如，新公用管理中更多地要求政府扮演领导者的角色，而不是以前的管理者，这就要求政府能够进行适当分权和放权，让各个机构更加的富有自主性和弹性，更好的发挥因地制宜的作用。比如，新公共管理中认为政府的职责可以比作掌舵，政府只要负责规划和确立方向，而实际的操作可以让企业和民间组织以承包的形式来承担。再比如，就如邓小平同志提出的"领导就是服务"，新公共管理中就提出了政府也要像企业对顾客那样服务，建立一个以顾客为导向的新型政府。以上这些，既是如何提升领导力的问题，也是公共管理改革的问题。

## 第二节　加强我国政府领导力建设的主要内容

### 一、提升预见和决策力

提高中国特色社会主义事业的领导能力，首先要提升预见和决策力。预见力就是对事物发展变化的趋势作出推断预测、谋划未来的能力。古人云：凡事预则立，不预则废。定计之先，需要料敌。战争只有知己知彼，才能用兵如神。企业在市场里面也就像参与战争，因此领导对自己的事业要具有远见卓识，料事如神的科学预见能力。在信息积累、思维分析、逻辑推理、可行性论证等科学程序和手段上建立的正确预测的基础上，还要采用科学的决策方法和技术完成决策，这就需要我们全面认识形势，科学预见，果敢决策。

提升预见和决策力，首要是创新发展理念。所谓创新，不在于具体工作方法的创新，不在于微观细节方面的创新，而在于统揽全局的发展思想的创新。领导者要在对市场规律和本行业发展前景正确把握的基础上，深入研究，敢于并善于提出谋求新境界、推动社会前进的新思想、新理念、新战略，比如中国特色社会主义制度的提出，集中体现了中国特色社会主义的特点和优势，使我国改革开放和现代化建设实践生机勃勃。再比如，提出和谐社会的观点，指引当前中国的发展路径和方向。

提升预见和决策力，必须制定和实施好战略规划。预见和决策不只是指引出一个明确的方向，而且要设计一套面向未来的中长期战略规划，把长远奋斗目标落实到具体的规划、计划、步骤上，体现整体性、阶段性、可操作性。这样就能够避免随波逐流、被动应付，有效规避未来发展变化的不确定风险，成功地实现发展目标。比如邓小平同志制定的"三步走"战略，以及现在的"新三步走"战略，等等。制定发展战略，对未来发展方向、阶段、步骤等重大问题做决策是领导者最重要的职责之一。与战略规划一样，战略决策也必须建立在有效预见的基础之上，需要领导者高屋建瓴、高瞻远瞩。

提升预见和决策力，核心是贯彻民主集中制。毛泽东同志说过，"当领导有两件大事：出主意、用干部"。预见是否正确，决策是否科学，事关事业成败。在现代社会问题越来越复杂的情况下，科学预见和决策面临着很大挑战，预见和决策这一过程已经不再是单纯的个人行为，依靠个人的知识、经验、才能甚至魄力，而是逐渐依赖组织的行为，需要发挥整个组织的力量和智慧。从这一意义上讲，形成最优决策的关键就在于真正坚持和认真贯彻民主集中制，做到集思广益、民主科学决策，最终达成共识。把集中与民主、纪律与自由有机地结合起来，广泛吸纳组织成员、专业人士和社会公众的参与，善谋善断，以提高在危机状态下的决策效率。

提升预见和决策力，关键是运用好唯物论的认识论。预见不是凭经验去作猜测，决策不是主观武断，而是需要对形势的分析和判断，需要认清事物的本质和规律。科学的预见和决策，要求全方位收集和占有信息，信息越充分，越全面，就越有利于正确判断形势。还要求对形势进行客观理性的分析，对事物发展的特点和规律进行探求，对在未来发展进程中可能的变化有一个正确的认识。这是一个去粗取精、去伪存真、由此及彼、由表及里的辩证认识过程。

## 二、提升统筹和平衡力

提高中国特色社会主义事业的领导能力，必须要提升统筹和平衡力。在建设中国特色社会主义的进程中，经济建设、政治建设、文化建设、社会建设和生态文明建设等多个方面，是相互联系、相互影响，需要统筹协调的。在某一方面、某一领域"孤军突进式"的发展，注定不符合潮流，为统筹和平衡带来的代价和难度会更大。当前我国正处于社会快速转型中，城乡差距、区域差距、贫富差距大，矛盾突出，尤其需要大力提升统筹和平衡力。

提升统筹和平衡力，重在掌控和驾驭全局。树立"一盘棋"的整体思维、系统观念、全局意识，对全局进行统筹协调，包括对全局的各个方面、各个环节，对人、财、物、地、时等各种资源的利用，对各种观点、各种利益、各类人员都予以全面、周到的考虑，并作出合理回应和安排，使之相互衔接、相互照应、相互配合，以保证全局的协调发展。

提升统筹和平衡力，重在对思想观点的引导和包容。由于人们在年龄、阅历、知识结构、政治立场等方面存在差异，导致人们看问题的角度态度以及行事的个人风格等，都会有所不同。领导者的责任之一就是在思想各异、观点碰撞、价值多元的社会里，减少分歧、克服对立、凝聚共识，避免整个社会思想和价值混乱。这就需要领导者以民主为原则，对各种思想观点进行综合分析，形成能够被社会大众认可的价值观。还需要领导者以沟通为方法，既包括宏观的，比如思想宣传、表彰先进，也包括微观的，比如人文关怀、心理疏导等；既包括横向的，比如同事间的、同业间的、不同地区以至不同国家间的沟通，也包括纵向的，比如上级与下级间的、领导与员工间的沟通，在这种广泛的沟通中，树立起社会主义核心价值体系。

提升统筹和平衡力，重在对各种利益的兼顾和对弱势群体的关注。当前社会各种矛盾产生的根本原因在于利益的不平衡。在利益主体多元化、利益结构复杂化、利益差距扩大化、利益冲突明显化的情况下，领导者更应当提高社会利益统筹和平衡能力，善于运用法律、经济和行政等多种手段调整利益关系，统筹平衡不同区域、不同部门、不同行业、不同群体之间的利益，寻求各方共同关注的利益调节与合作的基础，努力建立有效协调各阶层利益的矛盾缓冲机制，为不同利益群体创造利益表达和参与的制度化渠道。在统筹和平衡利益关系时，最重要的是坚持公平公正原则，全力维护社会公平正义，特别是在当前贫富差距突出的情况下，要把统筹和平衡的注意力集中在困难阶层、弱势群体，给他们更多更大的倾斜。

提升统筹和平衡力，重在对"度"的把握。统筹和平衡不是面面俱到，也不是简单的协调分配。把握好"度"就是利用唯物辩证法的对立统一规律掌握事物的全局态势。当前，改革和发展面临着许多"两难"问题，比如既要提高效率，又要兼顾公平；既要深化改革，又要维持稳定。这些问题看似是对立的，但在理论上是统一的，在具体问题和实际操作中领导者要清醒地认识到问题的两重性和矛盾的关键点，创造性地将两者统一起来，在统筹平衡的不断调整中，推进社会全面发展，实现既定目标。

## 三、提升组织和执行力

提高中国特色社会主义事业的领导能力，必须要提升组织和执行力。如何把社会主义和市场经济有机结合起来，是一个世界性难题。1978年以来，我们改革探索，成绩斐然，今后还要持续探索下去。从推进具体工作来说，健全体制机制、加强目标管理、提高落实水平，也是摆在我们面前的突出问题。

落实任务是提升组织和执行力的根本目标。态度决定一切。任何一项工作，仅有战略和决策是不够的，必须有坚决执行和落实好的精神状态，否则，再完善再科学的决策方案，也只能成为沙盘上的蓝图、墙上的标语，无法转化为现实。一些领导干部发号施令多，有板有眼地抓落实少，或者不愿意下气力抓落实，把开完会当作任务的完成。还有一些地方，出主意的人很多，许多主意也是好的，但咬住不放、一抓到底的人很少，耽误了发展机会。甚至有的从部门或地方利益出发，采取实用主义的手段，割裂和曲解上级的规定或决定精神，为了局部利益甚至个人利益向组织讨价还价，这就不会有好的组织和执行力。

健全体制机制是提升组织和执行力的核心。组织架构和运行机制对于提升国家对社会管理的组织和执行力，至关重要。建立精干的组织架构，就是要统一目标、分层管理，在分权治事、职责明确的组织架构下，精简控制、讲求效率。在沿用传统组织的基础上，针对环境与结果的不确定性，应提倡采取"弹性化组织"的设计策略。建立高效的运行机制，如工作目标机制、目标导向机制、督促监督机制、修正反馈机制等。为适应形势要求，应加强制度设计，探索完善各级各类组织的运行机制。

精细管理是提升组织和执行力的重点环节。细节决定成败，考察全球化的优秀企业，我们发现，许多世界级企业的成功不在于其战略如何高超、技术如何先进，而在于它们坚持管理细节，通过精细管理打造世界级优秀企业。从这个角度看，企业中精益求精的组织执行者的重要性不亚于雄才伟略的战略家，只有做到细致和极致，我们的各项事业才能提质量、上水平。精细管理是一种以最大限度地减少管理所占用的资源和降低管理成本为主要目标的管理方式，应通过不懈努力，发展具有中国特色的精细管理方式。

落实任务是提升组织和执行力的根本目标。态度决定一切，任何一项工作，仅有战略和决策是不够的，还要靠坚决的执行和严格的落实来保障。否则，再完善再科学的决策方案，也无法转化为现实，"抓落实问题是党性问题"。"火车跑得快，全靠车头带"，领导要率先垂范，走在解决问题落实工作的前列，就会在无形中产生强大的引领力量，切实把各项工作抓出成效。一些领导发号施令多，有板有眼抓落实少，把开完会当作任务，这就不会有好的组织和执行力。

创造性地工作是提升组织和执行力的突出表现。创造性地工作就是把普遍性和特殊性很好地结合起来，把原则性和灵活性很好地结合起来，将上级的决策等具体化，形成符合实际的可行、可操作的实施方案，克服唯书唯上、照抄照转，克服断章取义、随意变通。就是根据实践发展、情况变化，分析研判执行的实际情况和效果，及时发现实施中的缺陷、问题和困难，及时调整修正方案，始终保持方案针对性、工作持续性和落实有效性。就是适应当今社会瞬息万变的环境，提高领导者的应急和应变能力，面对那些难以预见的新情况新形势以及突发而至的各种矛盾和事件，随机应变，及时修正决策，重新确定新的目标。

### 四、提升激励和约束力

提高中国特色社会主义事业的领导能力，必须要提升激励和约束力。毛泽东同志说过："政治路线确定之后，干部就是决定的因素。"推进中国特色社会主义事业，关键靠领导调动和激发人才的干事创业热情，而激励和约束是两种行之有效的基本手段。激励与约束有着不同的功能，两者又是相辅相成的，缺一不可。仅有激励没有约束，或仅有约束没有激励，都不能形成健康的可持续前进的动力。

提升激励和约束力，最重要的是要做到知人善任，选拔和使用好骨干人才和精英人才。识人用人是一名合格领导者具备的基本能力，把每个人才都安排到适当的岗位上去，让他们发挥特长、施展才干。特别要选拔和使用好占组织20%左右的骨干人才，抓住了这些骨干，就带动了整个组织。"善任"的关键是要改革传统的主观选拔方法，引入并形成竞争性更强的、更富有活力的选人用人机制，使那些有真才实学、能力出众的人能够脱颖而出，担当重任。此外，还可以将目光投向国际，通过专业猎头公司选拔人才，充分发挥市场在人才配置中的作用。

提升激励和约束力，核心是形成注重绩效导向，发挥正激励和负激励两种手段的作用。绩效是一个组织或个人在一定时期内的投入产出情况，它包括个人绩效和组织绩效两个方面。领导者不仅应关注个人绩效，更应重视整个组织的绩效。把激励和约束建立在绩效考核基础上，由事及人，凭实绩奖惩，实现有效领导。领导者应当灵活运用物质、精神、榜样、警示、成就、情感等多种激励方法，对下级进行激励。激励不能搞平衡照顾，而应真正依据贡献和表现进行奖惩，鼓励和引导大家干事创业，提高组织的整体绩效。

提升激励和约束力，就要改革和创新个性化培训，根据个人情况实行不同培训。以往培训由于缺少针对性，对培训对象的激励和约束作用都不大，因材施教的培训就成为激励和约束人才的一个重要而有效的手段。在培训中，应当注重对领导者能力建设的设计和开发，注重和培训对象一起分析自身存在的问题和不足，有针对性地提出改进的意见和建议；注重总结成功经验，并在此基础上对如何进一步提升给予指导和帮助，这样的培训对受训者的激励和约束作用都很大。为了实现这种个性化培训，需要加大需求调研，改革培训方式，实施个性化的课程设计。

提升激励和约束力，还要积极探索实行项目制等更多有效载体，努力做到责权利三者的统一。责任可以分为职位说明书上固定的和根据任务情况随机确定的不固定的。责任固定就会僵化，责任不固定就会虚化，项目制可以帮助企业处理需要跨领域解决的复杂问题，并实现更高的运营效率。项目制是将固定责任和不固定责任有效结合起来的理想方式，有利于责权利明确到位，有利于激励和问责，不会造成干事者、精英者得不到有效激励的问题，也能预防重大责任事故无法问责的难题。

### 五、提升影响和凝聚力

提高中国特色社会主义事业的领导能力，就必须提升影响和凝聚力。最大限度团结一切可以团结的力量，最大限度增加和谐的因素，最大限度地调动各方面的积极性，是中国特色社会主义事业成功的根本保证。而提升共产党和各级领导干部的影响和凝聚力，又是实现"最大限度"的基本保证。在更加开放的环境里、在长期执政的情况下，解决影响和凝聚力问题，更显得十分重要、十分迫切。

提升影响和凝聚力，就是要提升植根于心灵深处的精神力量。领导者影响和凝聚力的程度，最重要的是看在人们心灵深处冲击的强度和占有时间的长度。这是检验影响和凝聚力进而检验领导力的重要指标。广义上的影响和凝聚力包括权力性的和非权力性的，狭义的影响和凝聚力仅仅是指非权力性的，它不是从职位和权力中产生，而是由领导者的品格、能力、专业、感情等因素催生出来的非强制和非约束性的力量，我们这里说的就是狭义的影响和凝聚力。权力不可能产生出持久的影响和凝聚力，它会随着权力的消失而逝去，但建立在人格品质、心理品质、思想品质和价值体系之上的影响和凝聚力，会对人们产生持续的力量，根植于人们心中。

提升影响和凝聚力，就是要提升领导者的人格魅力。领导者的个人魅力是由品德品格决定的，如低调谦逊、沉稳冷静、果敢坚韧、宽容大度、诚实守信等。由于领导者身份、地位、作用的特殊性，所以他的品德品质的情况，就直接关系着人们对领导本人以及组织的评价。具有好品德的领导者，容易使被领导者产生亲近感和信赖感，产生发自内心的尊敬，成为一种无形的榜样力量，产生巨大的感召力和凝聚力，进而把整个队伍带入一种更高的精神境界，如此，领导者的个人魅力转化为组织的影响和凝聚力。

提升影响和凝聚力，就是要用好现代媒体"借力发力"。信息技术特别是网络技术的广泛运用，对领导者提升影响和凝聚力来说，既是机遇，也是挑战。领导者除了做好传统的一对一、面对面的沟通外，还要适应现代社会的要求，学会利用现代媒体，与被领导者包括社会公众进行零距离的接触和有效沟通，领导者要强化自身的专业素养、领导素质，不断完善自身，借现代媒体的"力"发领导之"力"，使领导者产生广泛的影响，塑造良好的形象。

综上所述，提高领导者的预见和决策力、统筹和平衡力、组织和执行力、激励和约束力、影响和凝聚力，是具有内在逻辑联系的整体。这些能力在一个组织或领导者个人身上，是以综合的方式体现的，是一种综合能力。预见和决策力，是瞻前顾后，决策方向；统筹和平衡力，是兼顾左右，平衡内外；组织和执行力，是协调上下，贯通执行；激励和约束力，是激发动力，形成压力；影响和凝聚力，是打造气场，赢得人心。这"五力"有骨架、有血肉、有气势、有结构、有机制、有功能。"五力"并举，对领导班子和领导干部来说，就有了强大的领导力；对共产党来说，就形成了强大的执政能力；对中国特色社会主义事业来说，就无往而不胜。

## 第三节　加强我国领导力建设的路径与方法

### 一、把领导力建设作为治党治国和长治久安的关键工程

一直以来，对于领导力建设的认识存在一定的认知偏差。很多人把领导力都与领导者联系在一起，并且还把领导力归属于领导者的个人素质里可有可无的能力；也有的人认为大多数人都与领导力无关，而是只针对至少中层以上的少数领导的；还有的人认为领导力建设是用来组织人事和人力资源部门的事，

与全局工作没有直接关系；甚至还有人认为领导力所研究的是为官之道的潜规则。这些种种不同的看法都导致对领导力的认识存在误区，以至于重视度不够，同时缺乏系统科学的领导力培养方法。

各级党委政府应当从治党治国、维护党的执政地位和国家的长治久安的高度来看待领导力建设问题，作为统揽全局、引领发展、提升执政能力的重中之重的任务来抓，作为一项关系党和国家未来命运的战略举措来部署。高层领导要高度重视，主要领导要亲力亲为，通过培养一大批、一代代具有较强领导力的领导人才，为中国特色社会主义事业提供坚强的领导保证。

## 二、把实现战略目标作为领导力建设的出发点和落脚点

领导力建设必须与战略目标的实现紧密结合起来。比如提高各级领导干部的领导力，必须紧紧围绕"新三步走"的战略目标，围绕贯彻落实科学发展观和建设社会主义和谐社会，围绕"十三五"时期的主题和主线。如果领导力的提升与实现整体战略脱节，领导力建设便迷失了方向，也失去了意义。

要想更好的实现战略目标关键在于将战略目标进行逐级分解，使各个部门的各个层级都能够以一个高层领导者的身份来放眼全局，及思考组织战略和自己的角色定位。这样才实现了战略的传承，只有改变各个层级的每一个人，从被动执行变为主动思考，才能够更好地将组织战略传递到每一个人。

从这一意义上来讲，各级领导者提高领导力的过程实际上就是分解实现战略目标的过程。全党上下若能充分理解党和国家的整体长远目标，明确角色，找准定位，发挥功能，完成任务，领导力就会从党和国家层面传递下去，从中央的领导力演变成为全党的领导力，成为全体党员的执政力，成为中国特色社会主义事业的支撑力。

## 三、把价值观导向始终摆在领导力建设的灵魂地位

不管在哪个层面来讲，价值观都是极其重要的，在个人方面，价值观就是对于周围事物的进行评判的是非标准，同时也决定了个人的整个行为方向和内心的期望值。从组织方面来讲，价值观作为整个组织的核心理念，是坚守和追

求的使命及信仰。在国家方面，价值观就是整个国家的主流精神和价值体系，同时也是整个民族的道德标准。

在我国党和政府的领导力建设中，公正的导向和服务的核心价值必须居于主导地位：包括忠诚于国家和人民，以人为本，服务于民；有坚定的政治信仰和强烈的政治责任感；有正确的权力观、地位观和利益观，树立民主意识，崇尚平等思想；坚持维护公共利益，促进公共福祉；等等。在新的时代条件下，党和政府还应具有统筹引领各种思想和价值观的能力，用社会主义核心价值体系教育和影响不同阶层、群体和社会成员，从而形成全社会的共同认识、共同愿望、共同理想，凝聚成全社会共同奋斗的强大精神动力。总之，领导力建设要高举价值观的大旗，高度重视思想的引领、理念的引领、道德的引领、文化的引领。

## 四、把提高"一把手"领导力和领导班子合力作为领导力建设的核心

领导力建设的关键就在于提高"一把手"的领导力，一个地区、一个部门的"一把手"也就是整个领导班子的"班长"，想要提升"班长"的领导力，那首先要做到的就是管好自己，率先垂范，对自己有一个客观的评价，准确地认识到自己的优缺点，展现出自己独特的人格魅力，充分调动大家的积极性。同时，要想带好一个团队，对于全体成员也要有一个准确客观的评价，进行合理分工，并大胆放权，但也要严格要求成员并监督他们廉洁自律。

一个人的力量是有限的，而班子整体力量是无穷的。在领导力建设上，不仅应当注重个人领导力，更应当注重班子集体领导力，达到 1+1>2 的整体合力。在领导班子的配备和调整时，应当从班子领导力的高度考虑班子的结构组合，使班子结构达到年龄形成梯次、专业知识配套、气质性格相融、职务分工合理的理想状态。还要用民主集中制规范班子成员的行为，坚持和完善组织生活制度，加强组织监督。班子成员也应以是否有利于团结来检查自己的一言一行，加强沟通，相互理解，做到"到位不越位、服从不盲从、补台不拆台、分工不分家"。还应把团结建立在坚持原则的基础上，不搞表面和谐、一团和气。

把对领导力人才的培训和锻炼作为重中之重，应该由上级党委直接负责，同级组织部门负责承办，加强各级各类后备干部的锻炼与培养，"一把手"的地位虽然具有特殊性，但是也应该使培训具有针对性，专门开设"一把手"专门的领导力培训课程，而不是与副职混在一起培训。领导力的培训课程也应该根据工作需要随时进行，采取多而短的方针，时间不宜过长，这样上级领导作为下级领导的主要师资来源，可以促进相互之间的学习与沟通，也是领导力的一种传承，对下级的领导力的培养也会产生巨大的影响。在进行课程培训的同时，还应对"一把手"进行轮岗交流和自学管理，尤其是要选派一些"一把手"到贫困地区或基层岗位进行锻炼，来提高其实践能力。

### 五、把集中精力抓大事作为领导力建设创新的重要内容

无论作为组织还是领导个体，精力都是有限的，应当将有限的精力投入到最重要的事情上来，谋长远抓大计，关注战略问题、重大问题、核心问题、根本问题，而不能事无巨细都抓在自己手里，事必躬亲。高明的领导者"抓大放小"，创造条件，搞好服务，把下级推向舞台中心，让他们充分施展才华，发挥主动性和创造性。强调领导者"无为而治"，不是无所作为，而是有所为有所不为，有所不为是为了更好地有所为。

正如邓小平同志曾经指出的"中国政治体制的最大问题在于太过集中"，要想集中精力抓大事，就必须简政放权。我国长久以来一直是一个集权的国家，这种集权传统使得无论是组织还是个人都习惯于选择集权，害怕放权就会失去控制。但是只有合理的放权，才能更好地集中精力做大事。所以说，解决好分权问题，任重而道远。

放权是为了更好地适应社会主义市场经济的要求，更好地加强并改善领导。放权即向企业和市场移权、向下级分权、向社会中介组织放权，不能以时机不成熟为理由，不放权就永远不会成熟，只有在放权之后的实践中不断锤炼，根据形势适时调整，同时把握好放权的度，收放自如，不能一蹴而就，才能使放权的目的得有实现。

## 六、把马克思主义哲学作为领导力建设的思想理论基础

马克思主义哲学是科学的世界观和方法论。提高领导力的一个基本功,就是学习运用马克思主义哲学的能力。对于领导者个人而言,哲学思维是领导者综合素质的精髓和核心。只有用哲学的头脑来思考问题,用辩证唯物主义和历史唯物主义分析问题,才能够具有驾驭全局的领导能力,才可能成为一位优秀的领导者。

对于领导集体而言,要充分运用哲学理论,使整个班子成员都能正确运用普遍联系的观点,以动态的思维及发展的眼光来思考问题,也更有助于加强班子的领导力建设和凝聚力,使彼此之间更有效的沟通与合作,深化认识,达成共识,形成合力。

# ■ 附录

## 附录一：《中华人民共和国公务员法》

(2005年4月27日第十届全国人民代表大会常务委员会
第十五次会议通过)

### 第一章 总　则

**第一条**　为了规范公务员的管理，保障公务员的合法权益，加强对公务员的监督，建设高素质的公务员队伍，促进勤政廉政，提高工作效能，根据宪法，制定本法。

**第二条**　本法所称公务员，是指依法履行公职、纳入国家行政编制、由国家财政负担工资福利的工作人员。

**第三条**　公务员的义务、权利和管理，适用本法。

法律对公务员中的领导成员的产生、任免、监督以及法官、检察官等的义务、权利和管理另有规定的，从其规定。

**第四条**　公务员制度坚持以马克思列宁主义、毛泽东思想、邓小平理论和"三个代表"重要思想为指导，贯彻社会主义初级阶段的基本路线，贯彻中国共产党的干部路线和方针，坚持党管干部原则。

**第五条**　公务员的管理，坚持公开、平等、竞争、择优的原则，依照法定的权限、条件、标准和程序进行。

**第六条**　公务员的管理，坚持监督约束与激励保障并重的原则。

**第七条**　公务员的任用，坚持任人唯贤、德才兼备的原则，注重工作实绩。

**第八条**　国家对公务员实行分类管理，提高管理效能和科学化水平。

**第九条**　公务员依法履行职务的行为，受法律保护。

**第十条**　中央公务员主管部门负责全国公务员的综合管理工作。县级以上地方各级公务员主管部门负责本辖区内公务员的综合管理工作。上级公务员主管部门指导下级公务员主管部门的公务员管理工作。各级公务员主管部门指导同级各机关的公务员管理工作。

## 第二章 公务员的条件、义务与权利

第十一条 公务员应当具备下列条件:
(一) 具有中华人民共和国国籍;
(二) 年满十八周岁;
(三) 拥护中华人民共和国宪法;
(四) 具有良好的品行;
(五) 具有正常履行职责的身体条件;
(六) 具有符合职位要求的文化程度和工作能力;
(七) 法律规定的其他条件。

第十二条 公务员应当履行下列义务:
(一) 模范遵守宪法和法律;
(二) 按照规定的权限和程序认真履行职责,努力提高工作效率;
(三) 全心全意为人民服务,接受人民监督;
(四) 维护国家的安全、荣誉和利益;
(五) 忠于职守,勤勉尽责,服从和执行上级依法作出的决定和命令;
(六) 保守国家秘密和工作秘密;
(七) 遵守纪律,恪守职业道德,模范遵守社会公德;
(八) 清正廉洁,公道正派;
(九) 法律规定的其他义务。

第十三条 公务员享有下列权利:
(一) 获得履行职责应当具有的工作条件;
(二) 非因法定事由、非经法定程序,不被免职、降职、辞退或者处分;
(三) 获得工资报酬,享受福利、保险待遇;
(四) 参加培训;
(五) 对机关工作和领导人员提出批评和建议;
(六) 提出申诉和控告;
(七) 申请辞职;
(八) 法律规定的其他权利。

## 第三章　职务与级别

第十四条　国家实行公务员职位分类制度。

公务员职位类别按照公务员职位的性质、特点和管理需要，划分为综合管理类、专业技术类和行政执法类等类别。国务院根据本法，对于具有职位特殊性，需要单独管理的，可以增设其他职位类别。各职位类别的适用范围由国家另行规定。

第十五条　国家根据公务员职位类别设置公务员职务序列。

第十六条　公务员职务分为领导职务和非领导职务。

领导职务层次分为：国家级正职、国家级副职、省部级正职、省部级副职、厅局级正职、厅局级副职、县处级正职、县处级副职、乡科级正职、乡科级副职。

非领导职务层次在厅局级以下设置。

第十七条　综合管理类的领导职务根据宪法、有关法律、职务层次和机构规格设置确定。

综合管理类的非领导职务分为：巡视员、副巡视员、调研员、副调研员、主任科员、副主任科员、科员、办事员。

综合管理类以外其他职位类别公务员的职务序列，根据本法由国家另行规定。

第十八条　各机关依照确定的职能、规格、编制限额、职数以及结构比例，设置本机关公务员的具体职位，并确定各职位的工作职责和任职资格条件。

第十九条　公务员的职务应当对应相应的级别。公务员职务与级别的对应关系，由国务院规定。

公务员的职务与级别是确定公务员工资及其他待遇的依据。

公务员的级别根据所任职务及其德才表现、工作实绩和资历确定。公务员在同一职务上，可以按照国家规定晋升级别。

第二十条　国家根据人民警察以及海关、驻外外交机构公务员的工作特点，设置与其职务相对应的衔级。

## 第四章　录　　用

第二十一条　录用担任主任科员以下及其他相当职务层次的非领导职务公务员，采取公开考试、严格考察、平等竞争、择优录取的办法。

民族自治地方依照前款规定录用公务员时，依照法律和有关规定对少数民族报考者予以适当照顾。

第二十二条　中央机关及其直属机构公务员的录用，由中央公务员主管部门负责组织。地方各级机关公务员的录用，由省级公务员主管部门负责组织，必要时省级公务员主管部门可以授权设区的市级公务员主管部门组织。

第二十三条　报考公务员，除应当具备本法第十一条规定的条件外，还应当具备省级以上公务员主管部门规定的拟任职位所要求的资格条件。

第二十四条　下列人员不得录用为公务员：

（一）曾因犯罪受过刑事处罚的；

（二）曾被开除公职的；

（三）有法律规定不得录用为公务员的其他情形的。

第二十五条　录用公务员，必须在规定的编制限额内，并有相应的职位空缺。

第二十六条　录用公务员，应当发布招考公告。招考公告应当载明招考的职位、名额、报考资格条件、报考需要提交的申请材料以及其他报考须知事项。

招录机关应当采取措施，便利公民报考。

第二十七条　招录机关根据报考资格条件对报考申请进行审查。报考者提交的申请材料应当真实、准确。

第二十八条　公务员录用考试采取笔试和面试的方式进行，考试内容根据公务员应当具备的基本能力和不同职位类别分别设置。

第二十九条　招录机关根据考试成绩确定考察人选，并对其进行报考资格复审、考察和体检。

体检的项目和标准根据职位要求确定。具体办法由中央公务员主管部门会同国务院卫生行政部门规定。

第三十条　招录机关根据考试成绩、考察情况和体检结果，提出拟录用人员名单，并予以公示。

公示期满，中央一级招录机关将拟录用人员名单报中央公务员主管部门备案；地方各级招录机关将拟录用人员名单报省级或者设区的市级公务员主管部门审批。

第三十一条　录用特殊职位的公务员，经省级以上公务员主管部门批准，可以简化程序或者采用其他测评办法。

第三十二条　新录用的公务员试用期为一年。试用期满合格的，予以任职；不合格的，取消录用。

## 第五章　考　　核

第三十三条　对公务员的考核，按照管理权限，全面考核公务员的德、能、勤、绩、廉，重点考核工作实绩。

第三十四条　公务员的考核分为平时考核和定期考核。定期考核以平时考核为基础。

第三十五条　对非领导成员公务员的定期考核采取年度考核的方式，先由个人按照职位职责和有关要求进行总结，主管领导在听取群众意见后，提出考核等次建议，由本机关负责人或者授权的考核委员会确定考核等次。

对领导成员的定期考核，由主管机关按照有关规定办理。

第三十六条　定期考核的结果分为优秀、称职、基本称职和不称职四个等次。

定期考核的结果应当以书面形式通知公务员本人。

第三十七条　定期考核的结果作为调整公务员职务、级别、工资以及公务员奖励、培训、辞退的依据。

## 第六章　职务任免

第三十八条　公务员职务实行选任制和委任制。

领导成员职务按照国家规定实行任期制。

第三十九条　选任制公务员在选举结果生效时即任当选职务；任期届满不再连任，或者任期内辞职、被罢免、被撤职的，其所任职务即终止。

第四十条　委任制公务员遇有试用期满考核合格、职务发生变化、不再担任公务员职务以及其他情形需要任免职务的，应当按照管理权限和规定的程序任免其职务。

第四十一条　公务员任职必须在规定的编制限额和职数内进行，并有相应的职位空缺。

第四十二条　公务员因工作需要在机关外兼职，应当经有关机关批准，并不得领取兼职报酬。

## 第七章　职务升降

第四十三条　公务员晋升职务，应当具备拟任职务所要求的思想政治素质、工作能力、文化程度和任职经历等方面的条件和资格。

公务员晋升职务，应当逐级晋升。特别优秀的或者工作特殊需要的，可以按照规定破格或者越一级晋升职务。

第四十四条　公务员晋升领导职务，按照下列程序办理：

（一）民主推荐，确定考察对象；

（二）组织考察，研究提出任职建议方案，并根据需要在一定范围内进行酝酿；

（三）按照管理权限讨论决定；

（四）按照规定履行任职手续。

公务员晋升非领导职务，参照前款规定的程序办理。

第四十五条　机关内设机构厅局级正职以下领导职务出现空缺时，可以在本机关或者本系统内通过竞争上岗的方式，产生任职人选。

厅局级正职以下领导职务或者副调研员以上及其他相当职务层次的非领导职务出现空缺，可以面向社会公开选拔，产生任职人选。

确定初任法官、初任检察官的任职人选，可以面向社会，从通过国家统一司法考试取得资格的人员中公开选拔。

第四十六条　公务员晋升领导职务的，应当按照有关规定实行任职前公示制度和任职试用期制度。

第四十七条　公务员在定期考核中被确定为不称职的，按照规定程序降低一个职务层次任职。

## 第八章　奖　　励

第四十八条　对工作表现突出，有显著成绩和贡献，或者有其他突出事迹的公务员或者公务员集体，给予奖励。奖励坚持精神奖励与物质奖励相结合、以精神奖励为主的原则。

公务员集体的奖励适用于按照编制序列设置的机构或者为完成专项任务组成的工作集体。

第四十九条　公务员或者公务员集体有下列情形之一的，给予奖励：

（一）忠于职守，积极工作，成绩显著的；

（二）遵守纪律，廉洁奉公，作风正派，办事公道，模范作用突出的；

（三）在工作中有发明创造或者提出合理化建议，取得显著经济效益或者社会效益的；

（四）为增进民族团结、维护社会稳定作出突出贡献的；

（五）爱护公共财产，节约国家资财有突出成绩的；

（六）防止或者消除事故有功，使国家和人民群众利益免受或者减少损失的；

（七）在抢险、救灾等特定环境中奋不顾身，作出贡献的；

（八）同违法违纪行为作斗争有功绩的；

（九）在对外交往中为国家争得荣誉和利益的；

（十）有其他突出功绩的。

第五十条　奖励分为：嘉奖、记三等功、记二等功、记一等功、授予荣誉称号。

对受奖励的公务员或者公务员集体予以表彰，并给予一次性奖金或者其他待遇。

第五十一条　给予公务员或者公务员集体奖励，按照规定的权限和程序决定或者审批。

第五十二条　公务员或者公务员集体有下列情形之一的，撤销奖励：

（一）弄虚作假，骗取奖励的；

（二）申报奖励时隐瞒严重错误或者严重违反规定程序的；

（三）有法律、法规规定应当撤销奖励的其他情形的。

## 第九章　惩　　戒

第五十三条　公务员必须遵守纪律，不得有下列行为：

（一）散布有损国家声誉的言论，组织或者参加旨在反对国家的集会、游行、示威等活动；

（二）组织或者参加非法组织，组织或者参加罢工；

（三）玩忽职守，贻误工作；

（四）拒绝执行上级依法作出的决定和命令；

（五）压制批评，打击报复；

（六）弄虚作假，误导、欺骗领导和公众；

（七）贪污、行贿、受贿，利用职务之便为自己或者他人谋取私利；

（八）违反财经纪律，浪费国家资财；

（九）滥用职权，侵害公民、法人或者其他组织的合法权益；

（十）泄露国家秘密或者工作秘密；

(十一) 在对外交往中损害国家荣誉和利益；

(十二) 参与或者支持色情、吸毒、赌博、迷信等活动；

(十三) 违反职业道德、社会公德；

(十四) 从事或者参与营利性活动，在企业或者其他营利性组织中兼任职务；

(十五) 旷工或者因公外出、请假期满无正当理由逾期不归；

(十六) 违反纪律的其他行为。

第五十四条　公务员执行公务时，认为上级的决定或者命令有错误的，可以向上级提出改正或者撤销该决定或者命令的意见；上级不改变该决定或者命令，或者要求立即执行的，公务员应当执行该决定或者命令，执行的后果由上级负责，公务员不承担责任；但是，公务员执行明显违法的决定或者命令的，应当依法承担相应的责任。

第五十五条　公务员因违法违纪应当承担纪律责任的，依照本法给予处分；违纪行为情节轻微，经批评教育后改正的，可以免予处分。

第五十六条　处分分为：警告、记过、记大过、降级、撤职、开除。

第五十七条　对公务员的处分，应当事实清楚、证据确凿、定性准确、处理恰当、程序合法、手续完备。

公务员违纪的，应当由处分决定机关决定对公务员违纪的情况进行调查，并将调查认定的事实及拟给予处分的依据告知公务员本人。公务员有权进行陈述和申辩。

处分决定机关认为对公务员应当给予处分的，应当在规定的期限内，按照管理权限和规定的程序作出处分决定。处分决定应当以书面形式通知公务员本人。

第五十八条　公务员在受处分期间不得晋升职务和级别，其中受记过、记大过、降级、撤职处分的，不得晋升工资档次。

受处分的期间为：警告，六个月；记过，十二个月；记大过，十八个月；降级、撤职，二十四个月。

受撤职处分的，按照规定降低级别。

第五十九条　公务员受开除以外的处分，在受处分期间有悔改表现，并且没有再发生违纪行为的，处分期满后，由处分决定机关解除处分并以书面形式通知本人。

解除处分后，晋升工资档次、级别和职务不再受原处分的影响。但是，解除降级、撤职处分的，不视为恢复原级别、原职务。

# 第十章　培　　训

第六十条　机关根据公务员工作职责的要求和提高公务员素质的需要，对公务员进行分级分类培训。

国家建立专门的公务员培训机构。机关根据需要也可以委托其他培训机构承担公务员培训任务。

第六十一条 机关对新录用人员应当在试用期内进行初任培训；对晋升领导职务的公务员应当在任职前或者任职后一年内进行任职培训；对从事专项工作的公务员应当进行专门业务培训；对全体公务员应当进行更新知识、提高工作能力的在职培训，其中对担任专业技术职务的公务员，应当按照专业技术人员继续教育的要求，进行专业技术培训。

国家有计划地加强对后备领导人员的培训。

第六十二条 公务员的培训实行登记管理。

公务员参加培训的时间由公务员主管部门按照本法第六十一条规定的培训要求予以确定。

公务员培训情况、学习成绩作为公务员考核的内容和任职、晋升的依据之一。

## 第十一章 交流与回避

第六十三条 国家实行公务员交流制度。

公务员可以在公务员队伍内部交流，也可以与国有企业事业单位、人民团体和群众团体中从事公务的人员交流。

交流的方式包括调任、转任和挂职锻炼。

第六十四条 国有企业事业单位、人民团体和群众团体中从事公务的人员可以调入机关担任领导职务或者副调研员以上及其他相当职务层次的非领导职务。调任人选应当具备本法第十一条规定的条件和拟任职位所要求的资格条件，并不得有本法第二十四条规定的情形。调任机关应当根据上述规定，对调任人选进行严格考察，并按照管理权限审批，必要时可以对调任人选进行考试。

第六十五条 公务员在不同职位之间转任应当具备拟任职位所要求的资格条件，在规定的编制限额和职数内进行。

对省部级正职以下的领导成员应当有计划、有重点地实行跨地区、跨部门转任。

对担任机关内设机构领导职务和工作性质特殊的非领导职务的公务员，应当有计划地在本机关内转任。

第六十六条 根据培养锻炼公务员的需要，可以选派公务员到下级机关或者上级机关、其他地区机关以及国有企业事业单位挂职锻炼。

公务员在挂职锻炼期间，不改变与原机关的人事关系。

**第六十七条** 公务员应当服从机关的交流决定。

公务员本人申请交流的，按照管理权限审批。

**第六十八条** 公务员之间有夫妻关系、直系血亲关系、三代以内旁系血亲关系以及近姻亲关系的，不得在同一机关担任双方直接隶属于同一领导人员的职务或者有直接上下级领导关系的职务，也不得在其中一方担任领导职务的机关从事组织、人事、纪检、监察、审计和财务工作。

因地域或者工作性质特殊，需要变通执行任职回避的，由省级以上公务员主管部门规定。

**第六十九条** 公务员担任乡级机关、县级机关及其有关部门主要领导职务的，应当实行地域回避，法律另有规定的除外。

**第七十条** 公务员执行公务时，有下列情形之一的，应当回避：

（一）涉及本人利害关系的；

（二）涉及与本人有本法第六十八条第一款所列亲属关系人员的利害关系的；

（三）其他可能影响公正执行公务的。

**第七十一条** 公务员有应当回避情形的，本人应当申请回避；利害关系人有权申请公务员回避。其他人员可以向机关提供公务员需要回避的情况。

机关根据公务员本人或者利害关系人的申请，经审查后作出是否回避的决定，也可以不经申请直接作出回避决定。

**第七十二条** 法律对公务员回避另有规定的，从其规定。

## 第十二章 工资福利保险

**第七十三条** 公务员实行国家统一的职务与级别相结合的工资制度。

公务员工资制度贯彻按劳分配的原则，体现工作职责、工作能力、工作实绩、资历等因素，保持不同职务、级别之间的合理工资差距。

国家建立公务员工资的正常增长机制。

**第七十四条** 公务员工资包括基本工资、津贴、补贴和奖金。

公务员按照国家规定享受地区附加津贴、艰苦边远地区津贴、岗位津贴等津贴。

公务员按照国家规定享受住房、医疗等补贴、补助。

公务员在定期考核中被确定为优秀、称职的，按照国家规定享受年终奖金。

公务员工资应当按时足额发放。

第七十五条　公务员的工资水平应当与国民经济发展相协调、与社会进步相适应。

国家实行工资调查制度，定期进行公务员和企业相当人员工资水平的调查比较，并将工资调查比较结果作为调整公务员工资水平的依据。

第七十六条　公务员按照国家规定享受福利待遇。国家根据经济社会发展水平提高公务员的福利待遇。

公务员实行国家规定的工时制度，按照国家规定享受休假。公务员在法定工作日之外加班的，应当给予相应的补休。

第七十七条　国家建立公务员保险制度，保障公务员在退休、患病、工伤、生育、失业等情况下获得帮助和补偿。

公务员因公致残的，享受国家规定的伤残待遇。公务员因公牺牲、因公死亡或者病故的，其亲属享受国家规定的抚恤和优待。

第七十八条　任何机关不得违反国家规定自行更改公务员工资、福利、保险政策，擅自提高或者降低公务员的工资、福利、保险待遇。任何机关不得扣减或者拖欠公务员的工资。

第七十九条　公务员工资、福利、保险、退休金以及录用、培训、奖励、辞退等所需经费，应当列入财政预算，予以保障。

## 第十三章　辞职辞退

第八十条　公务员辞去公职，应当向任免机关提出书面申请。任免机关应当自接到申请之日起三十日内予以审批，其中对领导成员辞去公职的申请，应当自接到申请之日起九十日内予以审批。

第八十一条　公务员有下列情形之一的，不得辞去公职：

（一）未满国家规定的最低服务年限的；

（二）在涉及国家秘密等特殊职位任职或者离开上述职位不满国家规定的脱密期限的；

（三）重要公务尚未处理完毕，且须由本人继续处理的；

（四）正在接受审计、纪律审查，或者涉嫌犯罪，司法程序尚未终结的；

（五）法律、行政法规规定的其他不得辞去公职的情形。

第八十二条　担任领导职务的公务员，因工作变动依照法律规定需要辞去现任职务的，应当履行辞职手续。

担任领导职务的公务员，因个人或者其他原因，可以自愿提出辞去领导职务。

领导成员因工作严重失误、失职造成重大损失或者恶劣社会影响的，或者对重大事故负有领导责任的，应当引咎辞去领导职务。

领导成员应当引咎辞职或者因其他原因不再适合担任现任领导职务，本人不提出辞职的，应当责令其辞去领导职务。

第八十三条　公务员有下列情形之一的，予以辞退：

（一）在年度考核中，连续两年被确定为不称职的；

（二）不胜任现职工作，又不接受其他安排的；

（三）因所在机关调整、撤销、合并或者缩减编制员额需要调整工作，本人拒绝合理安排的；

（四）不履行公务员义务，不遵守公务员纪律，经教育仍无转变，不适合继续在机关工作，又不宜给予开除处分的；

（五）旷工或者因公外出、请假期满无正当理由逾期不归连续超过十五天，或者一年内累计超过三十天的。

第八十四条　对有下列情形之一的公务员，不得辞退：

（一）因公致残，被确认丧失或者部分丧失工作能力的；

（二）患病或者负伤，在规定的医疗期内的；

（三）女性公务员在孕期、产假、哺乳期内的；

（四）法律、行政法规规定的其他不得辞退的情形。

第八十五条　辞退公务员，按照管理权限决定。辞退决定应当以书面形式通知被辞退的公务员。

被辞退的公务员，可以领取辞退费或者根据国家有关规定享受失业保险。

第八十六条　公务员辞职或者被辞退，离职前应当办理公务交接手续，必要时按照规定接受审计。

## 第十四章　退　　休

第八十七条　公务员达到国家规定的退休年龄或者完全丧失工作能力的，应当退休。

第八十八条　公务员符合下列条件之一的，本人自愿提出申请，经任免机关批准，可以提前退休：

（一）工作年限满三十年的；

（二）距国家规定的退休年龄不足五年，且工作年限满二十年的；

（三）符合国家规定的可以提前退休的其他情形的。

第八十九条　公务员退休后，享受国家规定的退休金和其他待遇，国家为其生活和健康提供必要的服务和帮助，鼓励发挥个人专长，参与社会发展。

## 第十五章　申诉控告

第九十条　公务员对涉及本人的下列人事处理不服的，可以自知道该人事处理之日起三十日内向原处理机关申请复核；对复核结果不服的，可以自接到复核决定之日起十五日内，按照规定向同级公务员主管部门或者作出该人事处理的机关的上一级机关提出申诉；也可以不经复核，自知道该人事处理之日起三十日内直接提出申诉：

（一）处分；

（二）辞退或者取消录用；

（三）降职；

（四）定期考核定为不称职；

（五）免职；

（六）申请辞职、提前退休未予批准；

（七）未按规定确定或者扣减工资、福利、保险待遇；

（八）法律、法规规定可以申诉的其他情形。

对省级以下机关作出的申诉处理决定不服的，可以向作出处理决定的上一级机关提出再申诉。

行政机关公务员对处分不服向行政监察机关申诉的，按照《中华人民共和国行政监察法》的规定办理。

第九十一条　原处理机关应当自接到复核申请书后的三十日内作出复核决定。受理公务员申诉的机关应当自受理之日起六十日内作出处理决定；案情复杂的，可以适当延长，但是延长时间不得超过三十日。

复核、申诉期间不停止人事处理的执行。

第九十二条　公务员申诉的受理机关审查认定人事处理有错误的，原处理机关应当及时予以纠正。

**第九十三条** 公务员认为机关及其领导人员侵犯其合法权益的,可以依法向上级机关或者有关的专门机关提出控告。受理控告的机关应当按照规定及时处理。

**第九十四条** 公务员提出申诉、控告,不得捏造事实,诬告、陷害他人。

## 第十六章 职位聘任

**第九十五条** 机关根据工作需要,经省级以上公务员主管部门批准,可以对专业性较强的职位和辅助性职位实行聘任制。

前款所列职位涉及国家秘密的,不实行聘任制。

**第九十六条** 机关聘任公务员可以参照公务员考试录用的程序进行公开招聘,也可以从符合条件的人员中直接选聘。

机关聘任公务员应当在规定的编制限额和工资经费限额内进行。

**第九十七条** 机关聘任公务员,应当按照平等自愿、协商一致的原则,签订书面的聘任合同,确定机关与所聘公务员双方的权利、义务。聘任合同经双方协商一致可以变更或者解除。

聘任合同的签订、变更或者解除,应当报同级公务员主管部门备案。

**第九十八条** 聘任合同应当具备合同期限,职位及其职责要求,工资、福利、保险待遇,违约责任等条款。

聘任合同期限为一年至五年。聘任合同可以约定试用期,试用期为一个月至六个月。

聘任制公务员按照国家规定实行协议工资制,具体办法由中央公务员主管部门规定。

**第九十九条** 机关依据本法和聘任合同对所聘公务员进行管理。

**第一百条** 国家建立人事争议仲裁制度。

人事争议仲裁应当根据合法、公正、及时处理的原则,依法维护争议双方的合法权益。

人事争议仲裁委员会根据需要设立。人事争议仲裁委员会由公务员主管部门的代表、聘用机关的代表、聘任制公务员的代表以及法律专家组成。

聘任制公务员与所在机关之间因履行聘任合同发生争议的,可以自争议发生之日起六十日内向人事争议仲裁委员会申请仲裁。当事人对仲裁裁决不服的,可以自接到仲裁裁决书之日起十五日内向人民法院提起诉讼。仲裁裁决生效后，一方当事人不履行的，另一方当事人可以申请人民法院执行。

## 第十七章 法律责任

第一百零一条 对有下列违反本法规定情形的，由县级以上领导机关或者公务员主管部门按照管理权限，区别不同情况，分别予以责令纠正或者宣布无效；对负有责任的领导人员和直接责任人员，根据情节轻重，给予批评教育或者处分；构成犯罪的，依法追究刑事责任：

（一）不按编制限额、职数或者任职资格条件进行公务员录用、调任、转任、聘任和晋升的；

（二）不按规定条件进行公务员奖惩、回避和办理退休的；

（三）不按规定程序进行公务员录用、调任、转任、聘任、晋升、竞争上岗、公开选拔以及考核、奖惩的；

（四）违反国家规定，更改公务员工资、福利、保险待遇标准的；

（五）在录用、竞争上岗、公开选拔中发生泄露试题、违反考场纪律以及其他严重影响公开、公正的；

（六）不按规定受理和处理公务员申诉、控告的；

（七）违反本法规定的其他情形的。

第一百零二条 公务员辞去公职或者退休的，原系领导成员的公务员在离职三年内，其他公务员在离职两年内，不得到与原工作业务直接相关的企业或者其他营利性组织任职，不得从事与原工作业务直接相关的营利性活动。

公务员辞去公职或者退休后有违反前款规定行为的，由其原所在机关的同级公务员主管部门责令限期改正；逾期不改正的，由县级以上工商行政管理部门没收该人员从业期间的违法所得，责令接收单位将该人员予以清退，并根据情节轻重，对接收单位处以被处罚人员违法所得一倍以上五倍以下的罚款。

第一百零三条 机关因错误的具体人事处理对公务员造成名誉损害的，应当赔礼道歉、恢复名誉、消除影响；造成经济损失的，应当依法给予赔偿。

第一百零四条 公务员主管部门的工作人员，违反本法规定，滥用职权、玩忽职守、徇私舞弊，构成犯罪的，依法追究刑事责任；尚不构成犯罪的，给予处分。

## 第十八章 附 则

**第一百零五条** 本法所称领导成员,是指机关的领导人员,不包括机关内设机构担任领导职务的人员。

**第一百零六条** 法律、法规授权的具有公共事务管理职能的事业单位中除工勤人员以外的工作人员,经批准参照本法进行管理。

**第一百零七条** 本法自 2006 年 1 月 1 日起施行。全国人民代表大会常务委员会 1957 年 10 月 23 日批准、国务院 1957 年 10 月 26 日公布的《国务院关于国家行政机关工作人员的奖惩暂行规定》、1993 年 8 月 14 日国务院公布的《国家公务员暂行条例》同时废止。

# 附录二：公务员公开遴选办法（试行）

中组发〔2013〕3号

## 第一章 总 则

**第一条** 为优化领导机关公务员队伍结构，建立来自基层的公务员培养选拔机制，推进和规范公务员公开遴选工作，根据公务员法、《党政领导干部选拔任用工作条例》等法律、法规，制定本办法。

**第二条** 本办法所称公开遴选，是指市（地）级以上机关从下级机关公开择优选拔任用内设机构公务员。公开遴选是公务员转任方式之一。

**第三条** 公开遴选坚持德才兼备、以德为先，坚持民主、公开、竞争、择优，坚持能力素质与职位要求相适应，坚持考试与考察相结合。

**第四条** 公开遴选必须在规定的编制限额和职数内进行，并有相应的职位空缺。

**第五条** 公开遴选按照下列程序进行：

（一）发布公告；

（二）报名与资格审查；

（三）考试；

（四）组织考察；

（五）决定与任职。

**第六条** 市（地）级以上公务员主管部门按照管理权限和职责分工负责公开遴选工作的综合管理和监督检查。公开遴选机关按照公务员主管部门的要求，承担公开遴选的有关工作。

## 第二章 申报计划与发布公告

**第七条** 公开遴选机关在进行公务员队伍结构和职位分析的基础上，根据工作需要，提出公开遴选职位及其资格条件，拟定公开遴选计划，报同级公务员主管部门审批。

**第八条** 公务员主管部门制定公开遴选方案并组织实施。

**第九条** 公务员主管部门根据公开遴选方案，制定公告，面向社会公开发布。公告应当包括以下内容：

（一）公开遴选机关、职位、职位简介和资格条件；

（二）公开遴选范围、程序、方式和相关比例要求；

（三）报名方式和需要提交的相关材料；

（四）考试科目、时间和地点；

（五）其他相关事项。

## 第三章 报名与资格审查

**第十条** 公开遴选报名一般采取个人意愿与组织推荐相结合的方式。公开遴选可由公务员本人申请并按照干部管理权限经组织审核同意后报名，也可征得本人同意后由组织推荐报名。

**第十一条** 报名参加公开遴选的公务员，应当具备下列资格条件：

（一）具有良好的政治、业务素质，品行端正，实绩突出群众公认；

（二）具有2年以上基层工作经历和2年以上公务员工作经历；

（三）公务员年度考核均为称职以上等次；

（四）具有公开遴选职位要求的工作能力和任职经历；

（五）报名参加中央机关、省级机关公开遴选的应当具有大学本科以上文化程度，报名参加市（地）级机关公开遴选的应当具有大学专科以上文化程度；

（六）身体健康；

（七）公务员主管部门规定的其他资格条件；

（八）法律、法规规定的其他条件。

公务员主管部门和公开遴选机关不得设置与公开遴选职位要求无关的报名资格条件。

**第十二条** 公务员有下列情形之一的，不得参加公开遴选：

（一）涉嫌违纪违法正在接受有关的专门机关审查尚未作出结论的；

（二）受处分期间或者未满影响期限的；

（三）按照国家有关规定，到定向单位工作未满服务年限或对转任有其他限制性规定的；

（四）尚在新录用公务员试用期的；

（五）法律、法规规定的其他情形。

第十三条　报名人员应当向公开遴选机关提交报名需要的相关材料，提交的材料应当真实、准确。公开遴选机关按照职位资格条件对报名人员提交的材料进行审查，在规定的时间内确定报名人员是否具有报名资格。

第十四条　对未达到公告规定比例，不能形成有效竞争的公开遴选职位，经公务员主管部门同意可予以取消，允许该职位报名人员改报其他职位。

## 第四章　考　　试

第十五条　考试采取分级分类的方式，根据职务层次和职位类别进行。

考试分为笔试和面试，由公务员主管部门统一组织实施。经公务员主管部门授权，面试可以由公开遴选机关组织实施。

第十六条　笔试主要测试政策理论水平、分析和解决实际问题能力、文字表达能力等综合素质。

第十七条　面试人选根据笔试成绩由高到低的顺序，按照公告规定的比例确定。

第十八条　面试主要测试履行职位职责所要求的基本素质和能力。面试的内容和方式应当针对各职位的特点和要求分别确定。必要时，可以进行职位业务水平测试。

第十九条　面试考官一般不少于7人，其中公开遴选机关以外的考官一般应占三分之一。面试考官应当挑选公道正派、理论素养高、熟悉公开遴选职位相关业务、具有干部测评相关经验的人员担任。

第二十条　根据笔试、面试成绩，按照公告规定的权重确定考试综合成绩。笔试、面试成绩和考试综合成绩应当及时通知本人。

## 第五章　组织考察

第二十一条　公开遴选采取差额考察的办法。考察对象根据考试综合成绩由高到低的顺序，按照公告规定的比例确定。

第二十二条　公开遴选机关对考察对象的德、能、勤、绩、廉情况及其政治业务素质与公开遴选职位的适应程度进行全面考察，重点考察德的情况、工作实绩和群众公认程度。

第二十三条　考察可以采取个别谈话、民主测评等方法进行，也可以采取德的专项测评、实绩公示、业绩评价和履历分析等方法。

对在基层一线窗口单位工作的考察对象，要注重听取服务对象的意见。

第二十四条　公开遴选机关派出两名以上人员组成考察组。考察组一般由干部（人事）部门的人员和熟悉公开遴选职位相关业务的人员组成。

第二十五条　考察对象所在机关应当积极支持和配合考察组工作。

## 第六章　决定与任职

第二十六条　公开遴选机关根据考察情况和职位要求按照干部管理权限，集体讨论决定拟任职人员。

第二十七条　公开遴选机关对拟任职人员进行公示，公示期一般为7天。公示期满，对没有问题或者反映问题不影响任用的，报公务员主管部门审批备案后，办理调动和任职手续；对反映有严重问题并查有实据的，取消公开遴选资格。

## 第七章　纪律与监督

第二十八条　公开遴选工作中存在应当回避情形的，按照有关规定执行。

第二十九条　有下列情形之一的，由公务员主管部门视情况予以责令纠正或者宣布无效；对负有领导责任和直接责任的人员，视情节轻重给予批评教育、调离工作岗位或者处分；构成犯罪的，依法追究刑事责任：

（一）不按规定的编制限额、职数和职位要求进行的；

（二）不按规定的条件和程序进行的；

（三）擅自变更公开遴选政策，造成不良影响的；

（四）公开遴选工作中徇私舞弊的。

第三十条　公开遴选工作人员有下列情形之一的，由公务员主管部门或所在单位，视情节轻重给予批评教育、调离工作岗位或者处分；构成犯罪的，依法追究刑事责任：

（一）泄露试题和其他公开遴选涉密信息的；

（二）伪造考试成绩或者其他有关资料的；

（三）协助参加考试人员作弊的；

（四）违反考察纪律的；

（五）因工作失职，影响公开遴选工作正常进行的；

（六）违反公开遴选工作纪律的其他行为。

第三十一条 对违反公开遴选纪律的报名人员，视情节轻重给予批评教育、取消公开遴选资格、调离工作岗位或者处分；构成犯罪的，依法追究刑事责任。

第三十二条 公开遴选工作要接受监督。公务员主管部门和公开遴选机关应当及时受理举报，并按照管理权限进行处理。

## 第八章 附 则

第三十三条 各省、自治区、直辖市公务员主管部门应根据本办法，结合本地实际，制定实施细则。

第三十四条 公开遴选参照公务员法管理的机关（单位）工作人员，参照本办法执行。

第三十五条 本办法由中共中央组织部、人力资源社会保障部负责解释。

第三十六条 本办法自颁布之日起施行。

# 附录三：公务员考核规定（试行）

中组发〔2007〕2号

## 第一章 总 则

**第一条** 为了正确评价公务员的德才表现和工作实绩，规范公务员考核工作，促进勤政廉政，提高工作效能，建设高素质的公务员队伍，根据公务员法，制定本规定。

**第二条** 本规定所称公务员考核是指对非领导成员公务员的考核。对领导成员的考核，由主管机关按照有关规定办理。

**第三条** 公务员考核坚持客观公正、注重实绩的原则，实行领导与群众相结合，平时与定期相结合，定性与定量相结合的方法，按照规定的权限、条件、标准和程序进行。

## 第二章 考核内容和标准

**第四条** 对公务员的考核，以公务员的职位职责和所承担的工作任务为基本依据，全面考核德、能、勤、绩、廉，重点考核工作实绩。

德，是指思想政治素质及个人品德、职业道德、社会公德等方面的表现。

能，是指履行职责的业务素质和能力。

勤，是指责任心、工作态度、工作作风等方面的表现。

绩，是指完成工作的数量、质量、效率和所产生的效益。

廉，是指廉洁自律等方面的表现。

**第五条** 公务员的考核分为平时考核和定期考核。定期考核以平时考核为基础。

平时考核重点考核公务员完成日常工作任务、阶段工作目标情况以及出勤情况，可以采取被考核人填写工作总结、专项工作检查、考勤等方式进行，由主管领导予以审核评价。

定期考核采取年度考核的方式，在每年年末或者翌年年初进行。

**第六条** 年度考核的结果分为优秀、称职、基本称职和不称职四个等次。

**第七条** 确定为优秀等次须具备下列条件：

（一）思想政治素质高；

（二）精通业务，工作能力强；

（三）工作责任心强，勤勉尽责，工作作风好；

（四）工作实绩突出；

（五）清正廉洁。

**第八条** 确定为称职等次须具备下列条件：

（一）思想政治素质较高；

（二）熟悉业务，工作能力较强；

（三）工作责任心强，工作积极，工作作风较好；

（四）能够完成本职工作；

（五）廉洁自律。

**第九条** 公务员具有下列情形之一的，应确定为基本称职等次：

（一）思想政治素质一般；

（二）履行职责的工作能力较弱；

（三）工作责任心一般，或工作作风方面存在明显不足；

（四）能基本完成本职工作，但完成工作的数量不足、质量和效率不高，或在工作中有较大失误；

（五）能基本做到廉洁自律，但某些方面存在不足。

**第十条** 公务员具有下列情形之一的，应确定为不称职等次：

（一）思想政治素质较差；

（二）业务素质和工作能力不能适应工作要求；

（三）工作责任心或工作作风差；

（四）不能完成工作任务，或在工作中因严重失误、失职造成重大损失或者恶劣社会影响；

（五）存在不廉洁问题，且情形较为严重。

**第十一条** 公务员年度考核优秀等次人数，一般掌握在本机关参加年度考核的公务员总人数的百分之十五以内，最多不超过百分之二十。

## 第三章 考核程序

第十二条 公务员考核按照管理权限和规定的程序进行，由机关公务员管理部门组织实施。

机关在年度考核时可以设立考核委员会。考核委员会由本机关领导成员、公务员管理及其他有关部门人员和公务员代表组成。

第十三条 年度考核按下列程序进行：

（一）被考核公务员按照职位职责和有关要求进行总结，并在一定范围内述职；

（二）主管领导在听取群众和公务员本人意见的基础上，根据平时考核情况和个人总结，写出评语，提出考核等次建议和改进提高的要求；

（三）对拟定为优秀等次的公务员在本机关范围内公示；

（四）由本机关负责人或者授权的考核委员会确定考核等次；

（五）将考核结果以书面形式通知被考核公务员，并由公务员本人签署意见。

对担任机关内设机构领导职务公务员的考核，必要时可以在一定范围内进行民主测评。

第十四条 公务员对年度考核定为不称职等次不服，可以按有关规定申请复核和申诉。

第十五条 各机关应当将《公务员年度考核登记表》存入公务员本人档案，同时将本机关公务员年度考核情况报送同级公务员主管部门。

## 第四章 考核结果的使用

第十六条 公务员年度考核的结果作为调整公务员职务、级别、工资以及公务员奖励、培训、辞退的依据。

第十七条 公务员年度考核被确定为称职以上等次的，按照下列规定办理：

（一）累计两年被确定为称职以上等次的，在所定级别对应工资标准内晋升一个工资档次；

（二）累计五年被确定为称职以上等次的，在所任职务对应级别范围内晋升一个级别；

（三）确定为称职以上等次，且符合规定的其他任职资格条件的，具有晋升职务的资格；连续三年以上被确定为优秀等次的，晋升职务时优先考虑；

（四）被确定为优秀等次的，当年给予嘉奖；连续三年被确定为优秀等次的，记三等功；

（五）享受年度考核奖金。

第十八条 公务员年度考核被确定为基本称职等次的，按照下列规定办理：

（一）对其诫勉谈话，限期改进；

（二）本考核年度不计算为按年度考核结果晋升级别和级别工资档次的考核年限；

（三）一年内不得晋升职务；

（四）不享受年度考核奖金。

第十九条 公务员年度考核被确定为不称职等次的，按照下列规定办理：

（一）降低一个职务层次任职；

（二）本考核年度不计算为按年度考核结果晋升级别和级别工资档次的考核年限；

（三）不享受年度考核奖金；

（四）连续两年年度考核被确定为不称职等次的，予以辞退。

第二十条 公务员主管部门和公务员所在机关应根据考核情况，有针对性地对公务员进行培训。

## 第五章 相关事宜

第二十一条 新录用的公务员在试用期内参加年度考核，不确定等次，只写评语，作为任职、定级的依据。

第二十二条 调任或者转任的公务员，由其调任或者转任的现工作单位进行考核并确定等次。其调任或者转任前的有关情况，由原单位提供。

挂职锻炼的公务员，在挂职锻炼期间由挂职单位进行考核并确定等次。不足半年的，由派出单位进行考核。

单位派出学习、培训的公务员，由派出单位进行考核，主要根据学习、培训表现确定等次。其学习、培训的相关情况，由所在学习、培训单位提供。

第二十三条 病、事假累计超过考核年度半年的公务员，不进行考核。

第二十四条 公务员涉嫌违法违纪被立案调查尚未结案的，参加年度考核，不写评语、不定等次。结案后，不给予处分或者给予警告处分的，按规定补定等次。

第二十五条 受处分公务员的年度考核，按下列规定办理：

（一）受警告处分的当年，参加年度考核，不得确定为优秀等次；

（二）受记过、记大过、降级、撤职处分的期间，参加年度考核，只写评语，不定等次。在解除处分的当年及以后，其年度考核不受原处分影响。

第二十六条　公务员不进行考核或参加年度考核不定等次的，本考核年度不计算为按年度考核结果晋升级别和级别工资档次的考核年限。

第二十七条　对无正当理由不参加年度考核的公务员，经教育后仍然拒绝参加的，直接确定其考核结果为不称职等次。

第二十八条　对在考核过程中有徇私舞弊、打击报复、弄虚作假等违法违纪行为的，依照有关规定予以严肃处理。

第二十九条　对参照公务员法管理的机关（单位）中除工勤人员以外的工作人员的考核，参照本规定执行。

第三十条　本规定由中共中央组织部、人事部负责解释，各地各部门可结合实际制定具体的实施细则。

第三十一条　本规定自发布之日起施行。

# 附录四：公务员培训规定（试行）

中组发〔2008〕17号

## 第一章 总 则

**第一条** 为推进公务员培训工作科学化、制度化、规范化，建设高素质的公务员队伍，根据公务员法、《干部教育培训工作条例（试行）》和有关法律法规，制定本规定。

**第二条** 公务员培训应当根据经济社会发展和公务员队伍建设需要，按照职位职责要求和不同层次、不同类别公务员特点进行。

**第三条** 公务员培训应当遵循理论联系实际、以人为本、全面发展、注重能力、学以致用、改革创新、科学管理的原则。

**第四条** 公务员培训情况、学习成绩作为公务员考核的内容和任职、晋升的依据之一。

**第五条** 中共中央组织部主管全国公务员培训工作。人力资源和社会保障部按照职责分工，负责指导协调全国行政机关公务员培训工作。

中央机关各部门按照职责分工，负责相关的公务员培训工作，指导本系统公务员业务培训。

地方各级党委组织部门主管本辖区公务员培训工作。政府人事部门按照职责分工，负责指导协调本辖区行政机关公务员培训工作。

地方各级党委和政府各部门按照职责分工，负责相关的公务员培训工作。

## 第二章 培训对象

**第六条** 公务员有接受培训的权利和义务。

**第七条** 公务员培训的对象是全体公务员。机关根据公务员工作和职业发展需要安排公务员参加相应的培训。

担任县处级以上领导职务的公务员每5年应当参加党校、行政学院、干部学院或经厅局级以上单位组织（人事）部门认可的其他培训机构累计3个月以上的培训。

其他公务员参加脱产培训的时间一般每年累计不少于12天。

有条件的地方和部门可以实行公务员培训学时学分制。

第八条 公务员应当服从组织调训，遵守培训的规章制度，完成规定的培训任务。

公务员参加培训经考试、考核合格后，获得相应的培训结业证书。

第九条 公务员按规定参加脱产培训期间，其工资和各项福利待遇与在岗人员相同。

第十条 法律法规对领导成员、后备领导人员和法官、检察官培训另有规定的，从其规定。

## 第三章 培训分类

第十一条 公务员培训分为初任培训、任职培训、专门业务培训和在职培训。

第十二条 初任培训是对新录用公务员进行的培训，培训内容主要包括政治理论、依法行政、公务员法和公务员行为规范、机关工作方式方法等基本知识和技能，重点提高新录用公务员适应机关工作的能力。

初任培训由组织、人事部门统一组织。专业性较强的机关按照组织、人事部门的统一要求，可自行组织初任培训。

初任培训应当在试用期内完成，时间不少于12天。

第十三条 任职培训是按照新任职务的要求，对晋升领导职务的公务员进行的培训，培训内容主要包括政治理论、领导科学、政策法规、廉政教育及所任职务相关业务知识等，重点提高其胜任领导工作的能力。

任职培训应当在公务员任职前或任职后一年内进行。

担任县处级副职以上领导职务的公务员任职培训时间原则上不少于30天，担任乡科级领导职务的公务员任职培训时间原则上不少于15天。

调入机关任职以及在机关晋升为副调研员以上及其他相当职务层次的非领导职务的公务员，依照前款规定参加任职培训。

第十四条 专门业务培训是根据公务员从事专项工作的需要进行的专业知识和技能培训，重点提高公务员的业务工作能力。

专门业务培训的内容、时间和要求由机关根据需要确定。

第十五条　在职培训是对全体公务员进行的以更新知识、提高工作能力为目的的培训。

在职培训的内容、时间和要求由各级组织、人事部门和机关根据需要确定。

第十六条　对担任专业技术职务的公务员，应当按照专业技术人员继续教育的要求，进行专业技术培训。

第十七条　没有参加初任培训或培训考试、考核不合格的新录用公务员，不能任职定级。

没有参加任职培训或培训考试、考核不合格的公务员，应及时进行补训。

专门业务培训考试、考核不合格的公务员，不得从事专门业务工作。

在职培训考试、考核不合格的公务员，年度考核不得确定为优秀等次。

无正当理由不参加培训的公务员，根据情节轻重，给予批评教育或者处分。

## 第四章　培训方式

第十八条　坚持和完善组织调训制度。

组织、人事部门负责制定公务员脱产培训计划，选调公务员参加脱产培训。公务员所在机关按照计划完成调训任务。

第十九条　推行公务员自主选学。

组织、人事部门应当按照公务员个性化、差别化的培训需求，定期公布专题讲座等培训项目和相关要求。

鼓励公务员利用业余时间自主选择参加培训。

第二十条　建立健全公务员在职自学制度。

鼓励公务员本着工作需要、学用一致的原则利用业余时间参加有关学历学位教育和其他学习。

公务员所在机关应当为公务员在职自学提供必要的条件。

第二十一条　推广应用网络培训、远程教育、电化教育等手段，提高培训教学和管理的信息化水平。

第二十二条　组织、人事部门根据工作需要，组织开展公务员境外培训工作。

## 第五章　培训保障

第二十三条　国家根据公务员培训工作需要加强培训机构建设，构建分工明确、优势互补、布局合理、竞争有序的公务员培训机构体系。

第二十四条　党校、行政学院和干部学院应当按照职能分工开展公务员培训工作。

部门和系统的公务员培训机构，应当按照各自职责，承担本部门和本系统的公务员培训任务。

其他培训机构经市（地）级以上组织、人事部门认可，可承担机关委托的公务员培训任务。

第二十五条　公务员培训机构应当按照素质优良、规模适当、结构合理、专兼结合的原则，加强师资队伍建设。

省级以上组织、人事部门应当建立公务员培训师资库，实现资源共享。

从事公务员培训工作的教师应当根据学员特点，有针对性地综合运用讲授式、研讨式、案例式、模拟式、体验式等培训方法，提高培训质量。

第二十六条　建立统一规范、科学实用、各具特色的教材体系，适应不同层次、不同类别公务员培训的需要。

第二十七条　通过培训、交流等措施加强公务员培训管理者队伍建设。

第二十八条　公务员培训所需经费列入各级政府年度财政预算，并随着财政收入增长逐步提高。对重要培训项目予以重点保证。

加强对公务员培训经费的管理，提高培训经费使用效益。

## 第六章　培训登记与评估

第二十九条　公务员的培训实行登记管理。

公务员所在机关建立和完善公务员培训档案，对公务员参加培训的种类、内容、时间和考试考核结果等情况进行登记。

第三十条　公务员的培训情况一般由公务员培训机构或培训主办单位记载，并及时反馈公务员所在机关。

公务员自学情况由公务员所在机关认可后予以登记。

第三十一条　组织、人事部门负责对公务员培训机构进行评估，评估内容主要包括培训方针、培训质量、师资队伍、组织管理、基础设施、经费保障等。

公务员培训主办单位要对培训班进行评估，也可委托培训机构进行，评估内容主要包括培训方案、培训教学、培训保障和培训效果等。

评估结果作为改进培训工作、提高培训质量的重要依据。

## 第七章　监督与纪律

第三十二条　组织、人事部门应当对公务员培训工作进行监督检查，制止和纠正违反本规定的行为。

第三十三条　公务员所在机关未按规定履行公务员培训职责的，由组织、人事部门责令限期整改，逾期不改的给予通报批评。

第三十四条　公务员培训机构有下列情形之一的，由组织、人事部门责令限期整改，逾期不改的给予通报批评；情节严重的，由有关部门对负有主要责任的领导人员和直接责任人员给予处分：

（一）采取不正当手段招揽生源的；

（二）以公务员培训名义组织公费旅游或进行高消费活动的；

（三）违反国家有关规定收取培训费用的；

（四）违反国家有关规定擅自印发学历证、学位证、资格证、培训证的；

（五）其他违法违纪行为。

第三十五条　公务员在参加培训期间违反培训有关规定和纪律的，视情节轻重，给予批评教育直至处分。

## 第八章　附　则

第三十六条　参照公务员法管理的机关（单位）中除工勤人员以外的工作人员的培训，参照本规定执行。

第三十七条　本规定由中共中央组织部、人力资源和社会保障部负责解释。

第三十八条　本规定自发布之日起施行。1996年6月5日印发的《国家公务员培训暂行规定》（人发〔1996〕52号）同时废止。

# 附录五："十三五"行政机关公务员培训纲要

国办发〔2016〕92号

为全面加强行政机关公务员队伍建设，促进"十三五"期间经济社会发展，根据《中华人民共和国公务员法》《干部教育培训工作条例》等，结合行政机关公务员培训工作实际，制定本纲要。

## 一、总体要求

（一）指导思想。

高举中国特色社会主义伟大旗帜，坚持以马克思列宁主义、毛泽东思想、邓小平理论、"三个代表"重要思想、科学发展观为指导，全面贯彻党的十八大和十八届三中、四中、五中、六中全会精神，深入贯彻习近平总书记系列重要讲话精神和治国理政新理念新思想新战略，认真落实党中央、国务院决策部署，统筹推进"五位一体"总体布局和协调推进"四个全面"战略布局，牢固树立和贯彻落实创新、协调、绿色、开放、共享的发展理念，以坚定理想信念、提高履职能力、改进工作作风为重点，把"三严三实"要求贯穿行政机关公务员培训全过程，打造信念坚定、为民服务、勤政务实、敢于担当、清正廉洁的高素质专业化公务员队伍，为推动"十三五"时期经济社会发展、夺取全面建成小康社会决胜阶段的伟大胜利提供思想政治保证、人才保证和智力支持。

（二）基本原则。

1. 服务大局，紧扣需求。紧紧围绕服务党和国家事业发展需要，特别是建设法治政府、创新政府、廉洁政府和服务型政府对行政机关公务员能力素质提出的新要求，结合行政机关公务员岗位职责和健康成长需求，确定培训项目、内容和方式方法，发挥培训的先导性、基础性、战略性作用。

2. 以德为先，注重能力。坚持德才兼备、以德为先的培养标准，突出理想信念教育和职业道德教育,把能力培养贯穿行政机关公务员培训的始终,坚持学以致用,全面提高公务员德才素质和履职能力。

3. 全员培训,突出重点。按照干部管理权限,全面抓好行政机关公务员培训。扩大培训覆盖面,补齐培训短板,解决"多年不训"问题。提高培训统筹性,实现培训均衡发展。将教育培训的普遍性要求与不同类别、不同层次、不同岗位公务员的特殊需要相结合。重点加强基层和机关基础岗位(以下称"双基")公务员培训。

4. 改革创新,力求实效。适应形势任务发展变化需要,遵循公务员成长规律和培训规律,坚持问题导向和目标导向,推进行政机关公务员培训理论创新、实践创新、制度创新,优化资源配置、完善内容设置、创新方式方法,提升培训质量和效益。

5. 依法治训,从严管理。建立健全培训法规制度,严格依法依规开展行政机关公务员培训,规范培训流程,从严管理教师、学员行为,保持良好培训秩序和学习风气。

(三)工作目标。

"十三五"期间,行政机关公务员每人每年参加培训累计不少于12天或者90学时(对担任领导职务的公务员有其他规定的,按有关规定执行,下同)。到2020年,行政机关公务员培训规模和效益进一步提升,任职培训参训率和质量不断提高,网络培训成为培训重要方式,分类培训取得突破性进展,培训体系进一步完善,培训工作刚性约束和活力显著增强,行政机关公务员队伍理想信念更加坚定、履职能力显著提升、工作作风明显改进。

## 二、培训内容

(一)理想信念教育。深入开展马克思列宁主义、毛泽东思想、邓小平理论、"三个代表"重要思想、科学发展观特别是习近平总书记系列重要讲话精神培训,加强党的路线方针政策、社会主义核心价值观、党史国史、国情形势、廉政教育、国家安全教育等培训,引导行政机关公务员坚定共产主义远大理想和中国特色社会主义共同理想,增强中国特色社会主义道路自信、理论自信、制度自信、文化自信,牢固树立人民公仆意识,提高运用马克思主义立场、观点、方法分析解决实际问题的能力,增强推进改革开放和社会主义现代化建设的本领。

(二)职业道德教育。深入开展以"坚定信念、忠于国家、服务人民、恪尽职守、依法办事、公正廉洁"为主要内容的公务员职业道德培训。突出信念、忠诚、责任、纪律、廉洁等方面培训,使行政机关公务员具有文明人格、高尚精神追求、良好职业操守。实施公务员职业道德教育计划,力争5年内将行政机关公务员培训一遍。将职业道德教育作为公务员初任、任职、在职培训的必修内容,纳入各级行政学院等培训机构培训课程。

(三)施政能力提升。紧紧围绕全面建成小康社会奋斗目标,加强新发展理念、供给侧结构性改革、创新驱动发展战略培训,加强培育壮大新动能、加快发展新经济、简政放权政策培训,加强政府治理与服务、大数据思维、创新创业、网络安全与信息技术、统筹城乡发展、精准扶贫等方面培训,引导行政机关公务员牢固树立和贯彻落实新发展理念,改进管理方式,优化工作方法,提高施政能力和服务水平。

(四)依法行政培训。围绕到2020年基本建成法治政府的奋斗目标,加强中国特色社会主义法治道路、法治理论、法体系等培训,突出宪法培训,加强国家基本法律、与经济社会发展和人民生产生活密切相关法律法规、与履行岗位职责密切相关法律法规培训,提高行政机关公务员法治素养,增强在法治轨道上深化改革、推动发展、化解矛盾、维护稳定的能力。加强依法决策、依法履职培训,确保法定职责必须为、法无授权不可为。继续加强公务员法等法律法规培训,提高公务员管理法治化水平。

(五)专门业务培训。坚持干什么学什么、缺什么补什么,抓好履职基本功训练,有针对性地开展岗位必备知识培训,加强与业务工作密切相关的各种新理论、新知识、新技能的培训,切实提高行政机关公务员的专业素养和履职能力,使之成为本职工作的行家里手。

(六)科学人文培养。围绕提高行政机关公务员综合素质,帮助其加快知识更新、优化知识结构、拓宽眼界视野,广泛开展哲学、历史、科技、文学、艺术以及国防军事、外交、民族、宗教、环保、安全保密、政务公开、电子政务、心理健康等方面的培训。支持行政机关公务员参加在职学历学位教育、与本职工作直接相关的职业资格培训。继续推进公共管理硕士(MPA)专业学位教育改革创新。

## 三、主要任务

(一)进一步完善培训制度。修订《公务员培训规定(试行)》。完善培训需求调研制度,健全培训质量评估办法。强化行政机关公务员培训激励约束机制,实现培训与考核、任职、晋升等环节紧密结合。建立健全培训档案,如实记载参加培训情况和考核结果。将参加脱产培训情况记入公务员年度考核登记表,参加2个月以上的脱产培训情况记入干部任免审批表。

（二）探索推进分类培训。加强调查和基础研究，准确把握综合管理类、专业技术类、行政执法类行政机关公务员类别特点和不同培训需求，在抓好理想信念、职业道德教育的同时，采用"通用能力培训+类别专业能力培训"等方式积极探索推进行政机关公务员分类培训。综合管理类公务员培训以提高公共管理能力和综合能力素质为重点，专业技术类公务员培训以更新知识和提升专业技术水平为重点，行政执法类公务员培训以强化法律意识和提升执法能力为重点，增强培训的针对性、实效性。做好人民警察及其他特殊工作岗位公务员实训工作。国家公务员局组织开展专业技术类和行政执法类公务员培训试点工作。

（三）坚持抓好初任、任职、专门业务、在职培训和对口培训。行政机关公务员初任培训要在保证应训必训基础上，进一步提高培训质量。制定实施初任培训大纲，规范新录用公务员宣誓工作。任职培训要着重提高参训率，健全统一管理、统一要求、分级培训的任职培训模式，确保新任职公务员在规定时间内接受培训。专门业务培训要注重提高解决实际问题的能力，围绕不同部门、不同岗位工作中的重点难点热点问题开展。在职培训要紧密结合中心工作，围绕重点内容扎实开展，灵活运用讲座、网络学习、以会代训、研究式学习等方式，促使行政机关公务员更新知识、提高素质。对口培训要深入贯彻落实国家区域协调发展总体战略，形成以国家公务员局项目为主、地区间项目为补充的对口培训格局。优化专题培训，形成一批精品对口培训项目。紧紧围绕打赢脱贫攻坚战，结合贫困地区实际需要，开展精准培训，创新培训方式方法，有效提升贫困地区行政机关公务员队伍抓改革促发展能力。继续加大对艰苦边远地区行政机关公务员培训的支持力度，重点向新疆、西藏以及四省藏区倾斜。各地区各部门要结合实际做好相关对口培训工作。国家公务员局重点抓好中央国家机关新录用公务员初任培训、处级公务员任职培训示范和对口培训项目。

（四）大力开展"双基"公务员培训。继续实施基层公务员培训工程，坚持务实、管用原则，重点加强县（市、区）、乡镇、街道和公共服务部门基层公务员培训，不断提高其依法行政、政策执行、服务群众、应急处置和维护稳定等本领。实施机关基础岗位公务员培训工程，以机关内设机构一般工作人员为重点，加强调查研究能力、沟通协调能力、文字表达能力等培训。根据不同地区、不同层次、不同岗位行政机关公务员实际，实行脱产培训与在职自学、现场培训与网络培训相结合，运用巡回宣讲、流动课堂等方式，推动优质培训资源向"双基"倾斜。要将"双基"公务员培训列入年度培训计划，确保"双基"公务员每人每年参加脱产培训不少于6天。

（五）以网络培训为牵引推进培训方式方法创新。充分运用现代信息技术，利用多种资源,大力推动网络培训,形成兼容、开放、共享、规范的网络培训体系。各省(区、市)通过自建、共建或政府购买服务等方式普遍建立行政机关公务员培训网络平台,实现网络培训全员覆盖。探索建立网络课件开发交流共享制度。改进教学方式方法,综合运用讲授式、研讨式、案例式、模拟式、体验式等教学方法。探索跨地区、跨部门培训合作模式,开展好异地培训、境外培训工作。

(六)加强培训基础建设。公务员主管部门要加强对培训机构的业务指导。发挥各级行政学院培训主渠道作用;充分发挥公务员特色实践教育基地作用,坚持突出特色、动态管理;积极利用高等院校、科研院所、社会培训机构等优质资源为行政机关公务员培训服务。坚持政治合格、素质优良标准,建设规模适当、结构合理、专兼结合的高素质师资队伍,完善师资库。建立健全担任领导职务公务员上讲台制度。组织编写务实管用的培训教材和富有时代特征的学习读本。加大精品课程开发力度,建立培训精品课程库。认真总结典型经验和成功做法,推出一批培训工作范例。

## 四、组织保障

(一)加强组织领导。各地区各部门要切实把行政机关公务员培训工作摆上重要议事日程,纳入本地区本部门工作发展规划,纳入政府工作绩效考评内容,结合实际制定本地区本部门本系统行政机关公务员培训纲要或实施方案,并抓好组织实施。各级公务员主管部门要切实做好整体规划、制度建设、宏观指导、协调服务、督促检查等工作,及时发现和解决存在的问题,总结推广有益经验和做法。要加强对本纲要实施情况的评估,确保各项任务扎实推进、取得实效。

(二)保证经费投入。各级政府要按照公务员法规定将行政机关公务员培训经费列入年度财政预算,按照公务员培训管理分工安排经费,尤其要对"双基"公务员培训给予必要保障,保证培训工作需要。完善培训经费"跟着项目走"的管理办法。加强培训经费管理,确保专款专用,并厉行节约、勤俭办学,提高经费使用效益。

(三)严格监督管理。公务员主管部门要会同有关部门对行政机关公务员培训工作情况进行监督检查,制止和纠正违反公务员培训法规制度的行为,并对有关责任人员提出处理意见和建议。行政机关公务员必须严格遵守培训规章制度,严格遵守学习培训和廉洁自律各项规定,完成规定的培训任务。对无正当理由不参加培训的,给予批评教育直至组织处理。对脱产培训考核不合格的,年度考核不得确定为优秀等次。对弄虚作假获取培训经历、学历或者学位的,要按照有关规定严肃处理。

（四）强化培训管理者队伍建设。采取有力措施抓好培训管理者培训和实践锻炼，建设高素质、专业化培训管理者队伍。加强行政机关公务员培训工作的战略性、前瞻性研究，推动研究成果共享和运用。国家公务员局重点培训1000名培训管理者。

# 附录六：国家公务员通用能力标准框架（试行）

国人部发〔2003〕48号

## 一、政治鉴别能力

——具有相应的政治理论功底，坚持党的基本理论、基本路线、基本纲领和基本经验，认真实践"三个代表"重要思想；

——善于从政治上观察、思考和处理问题，能透过现象看本质，是非分明；

——具有一定的政治敏锐性和洞察力，正确把握时代发展要求，科学判断形势；

——贯彻执行党的路线、方针、政策。

## 二、依法行政能力

——有较强的法律意识、规则意识、法制观念；

——忠实遵守宪法、法律和法规，按照法定的职责权限和程序履行职责、执行公务；

——准确运用与工作相关的法律、法规和有关政策；

——依法办事，准确执法，公正执法，文明执法，不以权代法；

——敢于同违法行为作斗争，维护宪法、法律尊严。

## 三、公共服务能力

——牢固树立宗旨观念和服务意识，诚实为民，守信立政；

——责任心强，对工作认真负责，密切联系群众，关心群众疾苦，维护群众合法权益；

——有较强的行政成本意识，善于运用现代公共行政方法和技能，注重提高工作效益；

——乐于接受群众监督，积极采纳群众正确建议，勇于接受群众批评。

## 四、调查研究能力

——坚持实践第一的观点，实事求是，讲真话、写实情；

——坚持群众路线，掌握科学的调查研究方法；

——善于发现问题、分析问题，准确把握事物发展的历史、现状和产生的影响；

——积极探索事物发展的规律，预测发展的趋势，提出解决问题的建议；

——善于总结经验，发现典型，指导、推动工作。

## 五、学习能力

——树立终身学习观念，有良好的学风，理论联系实际，学以致用；

——学习目标明确，根据自己的知识结构和工作需要，从理论和实践两方面积累知识与经验；

——掌握科学学习方法，及时更新和掌握与工作需要相适应的知识、技能；

——拓宽学习途径，向书本学、向实践学、向他人学。

## 六、沟通协调能力

——有全局观念、民主作风和协作意识；

——语言文字表达条理清晰，用语流畅，重点突出；

——尊重他人，善于团结和自己意见不同的人一道工作；

——坚持原则性与灵活性相结合，营造宽松、和谐的工作氛围；

——能够建立和运用工作联系网络，有效运用各种沟通方式。

## 七、创新能力

——思想解放，视野开阔，与时俱进，具有创新精神和创新勇气；

——掌握创新方法、技能，培养创新思维方式；

——对新事物敏感，善于发现、扶植新生事物，总结新鲜经验；

——善于分析新情况，提出新思路，解决新问题，结合实际创造性地开展工作。

## 八、应对突发事件能力

——有效掌握工作相关信息，及时捕捉带有倾向性、潜在性问题，制定可行预案，并争取把问题解决于萌芽之中；

——正确认识和处理各种社会矛盾，善于协调不同利益关系；

——面对突发事件，头脑清醒，科学分析，敏锐把握事件潜在影响，密切掌握事态发展情况；

——准确判断，果断行动，整合资源，调动各种力量，有序应对突发事件。

## 九、心理调适能力

——事业心强，有积极、乐观、向上的精神状态和爱岗敬业的热情；

——根据形势和环境变化适时调整自己的思维和行为，保持良好的心态、情绪；

——自信心强，意志坚定，能正确对待和处理顺境与逆境、成功与失败；

——良好的心理适应性，心胸开阔，容人让人，不嫉贤妒能。

# 参考文献

## 中文文献

[1] 詹姆斯·W. 鲁滨逊，韦尔其. 领导艺术 [M]. 北京：中信出版社，2004.

[2] 高伟. 卡耐基论领导艺术 [M]. 北京：燕山出版社，2007.

[3] 本尼斯，纳努斯. 领导者 [M]. 北京：人民大学出版社，2008.

[4] 曹军. 法家的法术管理：领导者的权与势 [M]. 北京：中国广播电视出版社，2007.

[5] 李学芝. 领导艺术 [M]. 北京：化学工业出版社，2009.

[6] 孙静涛. 领导艺术 [M]. 北京：国防工业出版社，2009.

[7] 刘峰. 企业的领导艺术 [M]. 北京：中国经济出版社，1999.

[8] 刘文江. 非权力领导艺术 [M]. 北京：中国时代经济出版社，2002.

[9] 邵光远. 现代领导艺术经典 [M]. 呼和浩特：内蒙古人民出版社，2006.

[10] 王旭东. 领导者谈领导艺术 [M]. 北京：中国档案出版社，2007.

[11] 杰克·韦尔奇，约翰·拜恩·杰克. 韦尔奇自传 [M]. 北京：中信出版社，2001.

[12] 斯蒂芬·P. 罗宾斯，蒂莫西·A. 贾奇. 组织行为学精要 [M]. 郑晓明，译. 北京：机械工业出版社，2012.

[13] 斯蒂芬·P. 罗宾斯，蒂莫西·A. 贾奇. 组织行为学 [M]. 孙建敏，译. 北京：中国人民大学出版社，2012.

[14] 埃德加·H. 沙因. 企业文化与领导 [M]. 朱明伟，罗丽萍，译. 北京：中国友谊出版公司，1989.

[15] 约翰·P. 科特. 领导力革命 [M]. 廉晓红，译. 北京：商务印书馆，2005.

[16] 彼得·圣吉. 第五项修炼：学习型组织的艺术与实务 [M]. 郭进隆，译. 上海：上海三联书店．1998.

［17］詹姆斯·麦格雷戈·伯恩斯．领导学［M］．陈爱民，译．北京：中国人民大学出版社，2013．

［18］亨利·明茨伯格，科特．领导［M］．北京：中国人民大学出版社，2000．

［19］哈格斯，吉纳特，柯菲．领导学：在经验积累中提升领导力［M］．朱舟，译．北京：清华大学出版社，2007．

［20］天津市领导学研究会第三届会员代表大会暨2012年学术年会顺利召开［J］．求知，2012（10）．

［21］冯绍雷，杨景明．都市转型背景下的领导学研究与面临的挑战［J］．上海行政学院学报，2005（4）．

［22］文茂伟．领导学研究中需要澄清的几个概念［J］．领导科学，2007（10）．

［23］于洪生．互通与共融：全球化时代的中国领导学研究［J］．中国行政管理，2007（9）．

［24］奚洁人，于洪生．改革开放以来中国领导学研究的回顾与前瞻［J］．中国浦东干部学院学报，2008（3）．

［25］张素玲．个人生活史：领导学研究的新视角［J］．领导科学，2011（20）．

［26］寸守栋．领导力对绩效的影响研究述评——兼论研究理论框架中的变量设计［J］．中国集体经济，2015（30）．

［27］姜志兵．中国优秀传统文化背景下的领导力提升探究［J］．才智，2014（33）．

［28］耿在英．领导力理论的发展研究［J］．经营与管理，2013（12）．

［29］文茂伟．"组织领导力发展"内涵探讨［J］．外国经济与管理，2011（12）．

［30］戴卫东，陈芳．基于动态模糊理论的企业胜任领导力的综合评价［J］．经营与管理，2011（11）．

［31］周敏．论网络时代领导力的变革［J］．中国行政管理，2011（10）．

［32］严瑞丽，朱兵．变革型领导风格对知识型员工的适应性分析［J］．科技进步与对策，2011（15）．

［33］张小林，陆扬华．中国组织情境下企业管理者责任领导力维度结构［J］．应用心理学，2011（2）．

［34］张伟明，夏洪胜．魅力型领导、下属的信任与团队创新绩效关系的研究［J］．科技管理研究，2011（8）．

[35] 陆远权,张基斌. 领导者有效领导力的自我塑造与提升 [J]. 领导科学,2011 (8).

[36] 任多伦. 中国传统文化视野下的领导力研究 [J]. 领导科学,2011 (5).

[37] 贺善侃. 强化柔性领导力:构建和谐领导力的有效途径 [J]. 领导科学,2011 (2).

[38] 赵前前,王继荣. 九型人格与政府领导力重塑 [J]. 领导科学,2011 (1).

[39] 刘兰芬. 当代西方领导学研究走向探要 [J]. 领导科学,2003 (17).

[40] 李森,郑金洲. 领导学研究应注意处理好几个关系 [J]. 领导科学,2007 (4).

[41] 李森. 中西领导学研究之差异 [J]. 领导科学,2007 (24).

[42] 钱门,奥内尔. 发现,然后培育你的领导力 [M]. 郑春蕾,译. 北京:京华出版社,2004.

[43] D.C.菲立普. 社会科学中的整体论思想 [M]. 宁夏:宁夏人民出版社,1988.

[44] 滕金霞. 发挥干部部门职能作用 增强干部政策制度执行力 [J]. 政工学刊,2012 (8).

[45] 赵理. 加强领导能力建设,不断发挥班子整体效能 [J]. 苏盐科技,2012 (3).

[46] 贺安杰. 在创先争优中建设一流参谋服务队伍 [J]. 新湘评论,2012 (18).

[47] 李敬沛,包万伦. 善于用好领导能力的"笔杆子" [J]. 中国教育学刊,2010 (6).

[48] 刘茜. 如何实现领导能力的提高和发展 [J]. 理论学习,2007 (7).

[49] 纪勤. 关于提高领导干部领导素质与领导能力的几点思考 [J]. 中共南京市委党校南京市行政学院学报,2004 (S1).

[50] 公茂虹. 领导能力的培养和评估 [J]. 中外企业文化,2003 (11).

[51] 张记国,李景平,王婷. 中国式新领导力:向度、特征及价值 [J]. 理论与改革,2016 (1).

[52] 张记国,李景平,马希良. 党政干部领导风格、工作满意度对工作绩效的影响 [J]. 统计与信息论坛,2014 (12).

[53] 李光炎. 领导科学:领导科学园地的"国色天香" [J]. 领导科学,2015 (9).

［54］许志功．对办好《中国领导科学》杂志的几点想法——在《中国领导科学》杂志创刊座谈会上的发言［J］．中国领导科学，2014（2）．

［55］孔庆新．从系统论看领导科学［J］．领导科学，2013（17）．

［56］毛志成．领导科学与权力文明［J］．中关村，2012（2）．

［57］李锡炎．科学发展观视阈中的科学领导与领导科学［J］．领导科学，2011（29）．

［58］冰冰，郝永生，荣丽卿，吴向东，等．实现科学领导需要学习领导科学［J］．领导科学，2010（14）．

［59］彭树人．对领导科学三个问题的看法［J］．领导科学，2003（22）．

## 英文文献

［1］OlliKuivalainen, Sanna Sundqvist, Kaisu Puumalainen, John W. Cadogan. The Effect of Environmental Turbulence and Leader Characteristics on International Performance: Are Knowledge-Based Firms Different？［J］. Canadian Journal of Administrative Sciences/Revue Canadienne des Sciences de l'Administration, 2009（1）．

［2］Thomas Maak, Nicola M. Pless. Responsible Leadership in a Stakeholder Society-A Relational Perspective［J］. Journal of Business Ethics, 2006（1）．

［3］Mitsuru Kodama. Innovation and knowledge creation through leadership-based strategic community: Case study on high-tech company in Japan［J］. Technovation, 2005（3）．

［4］Michael E. Brown, Dennis A. Gioia. Making things click［J］. The Leadership Quarterly, 2002（4）．

［5］Buchholz LuAnn. Effective leadership［J］. Plastic Surgical Nursing, 2011, 31（2）．

［6］Rowitz Louis. Management and leadership［J］. Journal of Public Health Management and Practice, 2010, 16（2）．

［7］Giesler Michael L. The art of leadership［J］. Texas Dental Journal, 2010, 127（2）．

［8］Henry Sabra. Transformational leadership a must［J］. Nursing Management, 2010, 41（12）．

［9］Curtis Elizabeth A, Sheerin Fintan K, Vries Jan de. Developing leadership in nursing: the impact of education and training［J］. British Journal of Nursing, 2011,

20（6）.

[10] Zhang Zhen, Peterson Suzanne J. Advice networks in teams: the role of transformational leadership and members' core self-evaluations [J]. Journal of Applied Psychology, 2011, 96（5）.

[11] Casida Jesus, Parker Jessica. Staff nurse perceptions of nurse manager leadership styles and outcomes [J]. Journal of Nursing Management, 2011, 19（4）.

[12] Jasper Melanie. Experiences of leadership in nursing management [J]. Journal of Nursing Management, 2011, 19（4）.

[13] Schwartz Diane Brady, Spencer Tammy, Wilson Brigitte et al.. Transformational leadership: implications for nursing leaders in facilities seeking magnet designation [J]. AORN Journal, 2011, 93（6）.

[14] Firestone Deborah T. A study of leadership behaviors among chairpersons in allied health programs [J]. Journal of Allied Health, 2010, 39（1）.

[15] Künzle Barbara, Zala-Mezö Enikö, Wacker Johannes et al.. Leadership in anaesthesia teams: the most effective leadership is shared [J]. Quality & safety in health care, 2010, 19（6）.

[16] Malby Becky. Human resources. Peer leadership for joint impact [J]. The Health Service Journal, 2010, 120（6201）.

[17] Duygulu Sergul, Kublay Gulumser. Transformational leadership training programme for charge nurses [J]. Journal of Advanced Nursing, 2010, 67（3）.

[18] Patel Vanash M, Warren Oliver, Humphris Penny et al.. What does leadership in surgery entail? [J]. ANZ Journal of Surgery, 2010, 80（12）.

[19] Martin Graham P, Learmonth Mark. A critical account of the rise and spread of "leadership": The case of UK healthcare [J]. Social Science & Medicine, 2011.

[20] Wells Wendy, Hejna William. Developing leadership talent in healthcare organizations [J]. Healthcare financial management : journal of the Healthcare Financial Management Association, 2009, 63（1）.

[21] Kearney Eric, Gebert Diether. Managing diversity and enhancing team outcomes: the promise of transformational leadership [J]. Journal of Applied Psychology, 2009, 94（1）.

[22] Govier Ian, Nash Sue. Examining transformational approaches to effective leadership in healthcare settings [J]. Nursing Times, 2009, 105 (18).

[23] Wylie David A, Gallagher Helen L. Transformational leadership behaviors in allied health professions [J]. Journal of Allied Health, 2009, 38 (2).

[24] Alimo-Metcalfe Beverly, Alban-Metcalfe John, Bradley Margaret et al.. The impact of engaging leadership on performance, attitudes to work and wellbeing at work: a longitudinal study [J]. Journal of Health, Organization and Management, 2008, 22 (6).

[25] Maas Dina. Assuming quality leadership [J]. Trustee, 2008, 61 (5).

[26] Stanley David. Congruent leadership: values in action [J]. Journal of Nursing Management, 2008, 16 (5).

[27] Weston Marla J, Falter Betty, Lamb Gerri S et al.. Health care leadership academy: a statewide collaboration to enhance nursing leadership competencies [J]. The Journal of Continuing Education in Nursing, 2008, 39 (10).

[28] Shanta Linda L, Kalanek Constance B. Perspectives on nursing leadership in regulation [J]. JONA's Healthcare Law, Ethics, and Regulation, 2008, 10 (4).

[29] Skogstad Anders, Einarsen Ståle, Torsheim Torbjørn et al.. The destructiveness of laissez-faire leadership behavior [J]. Journal of Occupational Health Psychology, 2007, 12 (1).

[30] Mouradian Wendy E, Huebner Colleen E. Future directions in leadership training of MCH professionals: cross-cutting MCH leadership competencies [J]. Maternal and Child Health Journal, 2007, 11 (3).

[31] Schaubroeck John, Lam Simon S K, Cha Sandra E. Embracing transformational leadership: team values and the impact of leader behavior on team performance [J]. Journal of Applied Psychology, 2007, 92 (4).

[32] Bono Joyce E, Foldes Hannah Jackson, Vinson Gregory et al.. Workplace emotions: the role of supervision and leadership [J]. Journal of Applied Psychology, 2007, 92 (5).

[33] Cubero Christopher G. Situational leadership and persons with disabilities [J]. Work, 2007, 29 (4).

[34] Ralston Rossana. Transformational leadership: leading the way for midwives in the 21st century [J]. RCM MIDWIVES, 2005, 8 (1).

[35] Murphy Lorraine. Transformational leadership: a cascading chain reaction [J]. Journal of Nursing Management, 2005, 13 (2).

[36] Millward Lynne J, Bryan Karen. Clinical leadership in health care: a position statement [J]. Leadership in Health Services, 2005, 18 (2-3).

[37] Ford Jackie. Examining leadership through critical feminist readings [J]. Journal of Health, Organization and Management, 2005, 19 (3).

[38] Hader Richard. Success is one leadership strategy away [J]. Nursing Management, 2005, 36 (9).

[39] Xirasagar Sudha, Samuels Michael E, Stoskopf Carleen H. Physician leadership styles and effectiveness: an empirical study [J]. Medical Care Research and Review, 2005, 62 (6).

[40] Judge Timothy A, Piccolo Ronald F, Ilies Remus. The forgotten ones? The validity of consideration and initiating structure in leadership research [J]. Journal of Applied Psychology, 2004, 89 (1).

[41] Souba Wiley W. New ways of understanding and accomplishing leadership in academic medicine [J]. Journal of Surgical Research, 2004, 117 (2).

[42] Dreachslin J L. Diversity leadership [J]. The Journal of nursing administration, 1999, 29 (6).

[43] Langston N. President's message. The sounds of nursing leadership [J]. Nursing and health care perspectives, 2000, 20 (5).

[44] Chesanow N. How one group builds market leadership [J]. Medical economics, 1998, 75 (4).

[45] Geier J G. A trait approach to the study of leadership in small groups [J]. Journal of Communication, 1967, 17 (4): 316-323.

[46] Digman J M. Personality structure: Emergence of the five-factor model [J]. Annual Review of Psychology, 1990, 41 (1): 417-440.

[47] Kirkpatick S A, Locke E A. Leadership: Do traits mat-ter? [J]. Academy of Management Executive, 1991, 5 (2): 48-60.

[48] Smith J A, Foti R J. A pattern approach to the study of leader emergence [J]. The Leadership Quarterly, 1998, 9 (2): 147-160.

[49] House R J. A 1976 theory of charismatic leadership [M] // Hunt J G, Larson L L, Leadership: The Cutting Edge. Carbondale: Southern Illinois University Press, 1977.

[50] Gini A, Moral leadership and business ethics [M] // Ciul-la J B. Ethics, the Heart of Leadership. Connecticut: Praeger, 2004.

[51] Yukl G A, Leadership in Organizations [M]. 5th ed. New Jersey: Prentice Hall, 2002.

[52] Avolio B J, Gardner W L, Walumbwa F O, et al. Un-locking the mask a look at the process by which authentic leaders impact follower attitudes and behaviors [J]. Leadership Quarterly, 2004, 15 (6): 801-823.

[53] Lewin K, Llippit R, White R. K. Patterns of aggressive behavior in experimentally created social climates [J]. Journal of Social Psychology, 1939, 10 (2): 271-301.

[54] Stogdill R D. Personal factors with leadership: A survey of the literature [J]. Journal of Psychology, 1948, 25 (1): 35-71.

[55] Judge T A, Piccolo R F, Ilies R. The forgotten ones? The validity of consideration and initiating structure in leadership research [J]. Journal of Applied Psychology, 2004, 89 (1): 36-51.

[56] Sternberg R J. A systems model of leadership: WICS [J]. American Psychologist, 2007, 62 (1): 34-42.

[57] Avolio B J. Promoting more integrative strategies for leadership theory-building [J]. American Psychologist, 2007, 62 (1): 25-33.

[58] Bass B M, Avolio B J. Transformational leadership: Aresponse to critiques [M] // Chemers M M. Leadership Theory and Research: Perspectives and Directions. California: Academic Press, 1993.

[59] Bennis W. The challenges of leadership in the modern world [J]. American Psychologist January 2007, 62 (1): 2-5.

[60] Cashman K. Leadership from the Inside out: Becoming a Leader for Life [M].

2nd ed. Berrett-Koehler Publishers, 2008.

[61] Fieldler F E. A Theory of Leadership Effectiveness [M]. New York: Wiley, 1977.

[62] Dienesch R M, Liden R G. Leadermember exchange model of leadership: A critique and further development [J]. Academy of Management Review, 1986, 11 (3): 618-634.

[63] Bass B M. Leadership and Performance Beyond Expectations [M]. New York: The Free Press, 1985.

[64] Kotter J P. A Force for Change: How Leadership Differs from Management [M]. New York: The FreePress, 1990.

[65] Bennis W. The four competencies of leadership [J]. Training and Development Journal, 1984, 38 (5): 15-19.